统计学
学习指导书

——

（第4版）

孙静娟 邢 莉◎主编

Guidance to Statistics

清华大学出版社
北 京

内 容 简 介

本书是与《统计学（第4版）》（孙静娟主编 清华大学出版社）相配套的学习指导书，旨在帮助学生及其他读者理解教材内容、掌握和消化教材的重点和难点。本书根据《统计学（第4版）》教材的框架，即总论、统计数据调查与整理、总量指标与相对指标、平均指标与标志变异指标、时间序列分析、统计指数、概率统计、抽样推断、相关与回归分析等内容，总结、整理出每章、每节的学习重点与难点，设计了大量的练习题，并给出了较详细的答案解析，具有较强的实用性和针对性。

本书适合普通高等学校本科及专科层次经济类、管理类统计学课程的教师、学生以及其他读者使用。

图书在版编目（CIP）数据

统计学学习指导书 / 孙静娟，邢莉主编. —4版. —北京：清华大学出版社，2022.3（2023.2重印）
ISBN 978-7-302-60263-7

I. ①统… II. ①孙… ②邢… III. ①统计学－高等学校－教学参考资料 IV. ①C8

中国版本图书馆 CIP 数据核字（2022）第 033241 号

责任编辑：杜春杰
封面设计：刘　超
版式设计：文森时代
责任校对：马军令
责任印制：曹婉颖

出版发行：清华大学出版社
　　　网　　　址：http://www.tup.com.cn，http://www.wqbook.com
　　　地　　　址：北京清华大学学研大厦 A 座　　　邮　　编：100084
　　　社 总 机：010-83470000　　　　　　　　　邮　　购：010-62786544
　　　投稿与读者服务：010-62776969，c-service@tup.tsinghua.edu.cn
　　　质量反馈：010-62772015，zhiliang@tup.tsinghua.edu.cn
印 装 者：北京同文印刷有限责任公司
经　　销：全国新华书店
开　　本：185mm×260mm　　印　　张：12　　　　字　　数：287 千字
版　　次：2009 年 8 月第 1 版　　2022 年 3 月第 4 版　　印　　次：2023 年 2 月第 3 次印刷
定　　价：39.80 元

产品编号：094836-01

第 4 版前言 | I

《统计学学习指导书》(孙静娟、邢莉主编 清华大学出版社出版)自从 2009 年出版第 1 版以来,到现在的第 4 版,致力于帮助学生掌握统计学课程的重点与难点并进行练习训练,帮助教师驾驭学生的课外学习,提高统计学课程的教学水平、教学质量和教学效果,在加强学生的理解能力、判断能力、分析及运用能力,以及帮助学生收到事半功倍的学习效果方面起到了很好的作用。鉴于《统计学(第 4 版)》(孙静娟主编 清华大学出版社出版)重新修订出版,《统计学学习指导书(第 4 版)》做了与之相配套的修改。

本书各章的顺序与《统计学(第 4 版)》教材一致,并覆盖了教材书后各章的计算习题。本书每章由学习重点与难点、练习题、练习题答案三个部分组成。其中练习题是针对教材的各知识点设计的,包括选择题、判断题、填空题、计算题或思考题,且练习题答案的解题过程详细、容易理解。本书是经济类、管理类学生和其他读者更好地熟悉和掌握统计学的基本理论、概念和方法不可或缺的学习辅导材料。

本书由深圳大学经济学院统计学专业的孙静娟、邢莉、杜婷教师编写,其中,孙静娟、邢莉为主编。本书第 4 版是在第 3 版的基础上进行调整和修改的,在本次修订中,孙静娟对第二章、第三章、第四章、第五章、第六章及第八章进行了修改,邢莉对第七章进行了修改。

本书第 1 版至第 3 版的出版,以及第 4 版的修订都一直得到了清华大学出版社的支持,在此表示衷心的感谢。

由于编者水平有限,书中不足之处在所难免,敬请同行、读者不吝赐教,以便我们做进一步的修改和完善。

编　者
2021 年 9 月于深圳大学

目 录 I

第一章 总 论

学习重点与难点

本章介绍了统计学的基本轮廓，是以后各章学习的基础。通过本章的学习，要求理解统计的含义，重点掌握统计学的研究对象、研究对象的特点以及统计学的性质；了解统计学的产生和发展；了解大数定律的方法论意义，掌握统计研究的基本方法及统计研究的阶段；重点掌握统计学中的基本概念；理解统计指标体系的概念；了解统计的职能。

第一节 统计学的研究对象和性质

"统计"一词的含义包括：统计工作、统计资料和统计科学。统计工作即统计实践，是指关于收集、整理、分析和预测社会经济现象以及自然现象总体数量方面资料的活动过程；统计资料即统计信息，是指通过统计工作所获得的反映客观现象的各项数据资料以及与之相关的其他资料的总称；统计科学即统计理论，是指研究如何收集、整理、分析和预测社会经济现象以及自然现象统计资料的方法论科学。统计工作、统计资料、统计科学三者之间存在着密切的联系。统计资料是统计工作的成果，统计科学是统计工作的实践经验总结和理论概括，同时它反过来指导统计工作实践，为统计工作提供科学的理论和方法。因此，统计工作和统计资料是统计实践活动与统计成果的关系，统计科学和统计工作是理论与实践的关系。

统计学的研究对象是客观事物的总体数量特征和数量关系，以反映其发展过程及规律性。统计学研究对象的特点有数量性、总体性、具体性。这里是学习难点，要根据客观事物质和量的辩证关系，结合客观事物事例来加深认识。

统计学是一门认识客观现象总体数量特征和数量关系的方法论科学，是研究如何收集数据、整理数据、分析数据，以便对客观现象总体的规律做出正确推断的方法论科学，这些方法可用于对社会经济现象和自然现象数量方面的研究。

第二节 统计学的研究方法和研究阶段

统计研究的基本方法有大量观察法、统计分组法、统计指标法、统计模型法、统计推断法。大量观察法是指统计研究客观现象和过程的规律，是从总体上加以考察，对总体中的全部或足够多的单位进行调查并进行综合分析的方法，其理论根据是大数定律；统计分组法是指根据统计研究目的和研究对象的特点，将总体各单位按照某一标志划分为不同性质的类型或组别的研究方法；统计指标法是指运用统计指标来描述和研究总体的数量状况，以得到事物数量特征的本质或规律性的认识方法，统计指标法包括总量指标法、相对指标

法、平均指标法、动态指标法、统计指数法等；统计模型法是指根据一定的经济理论和假
设条件，用数学方法去模拟现实客观现象之间相互关系的一种研究方法；统计推断法是指
以一定的置信标准要求，根据随机抽取的样本数据来判断总体数量特征的归纳推理方法。

统计研究的阶段有统计设计、统计调查、统计整理以及统计分析。统计设计是在正式
进行具体统计工作之前，根据统计研究目的和统计对象的性质，对统计工作的各个方面和
各个环节所进行的总体规划和全面安排；统计调查是根据统计研究的任务和统计设计规定
的调查方案的要求，运用科学的调查方法有组织地收集被研究对象的各项数字或文字资料；
统计整理是指根据统计研究的目的，将统计调查所得的资料进行科学的分组、汇总、列表
的加工处理过程；统计分析是根据统计研究的目的，综合运用各种分析方法和统计指标，
对加工整理后的资料和具体情况进行定性和定量的分析，并对未来进行趋势预测。这四个
阶段虽然有各自的独立性，但它们又是相互连接的统一过程。

第三节　统计学中的几个基本概念

统计总体简称总体，是指根据一定的研究目的，统计所要研究的、客观存在的、具有
某一共同性质的许多个别单位所构成的整体。构成总体的各个个别单位，就是总体单位，
简称单位或个体，它是构成总体的最基本单位。统计总体的特征是同质性、大量性、变异
性；总体和总体单位具有相对性，它们随着研究目的的不同是可以变换的。

指标亦称统计指标，是说明总体现象数量特征的概念及其数值。统计指标有两种使用
方法：一是进行统计设计或理论研究时所使用的仅有数量概念而没有具体数字的统计指标；
二是统计指标由指标名称和指标数值构成。统计指标分为数量指标和质量指标：数量指标
是反映现象总规模、总水平和工作总量的统计指标，也称为总量指标或统计绝对数；质量
指标是反映现象相对水平或工作质量的统计指标，通常是由两个总量指标对比而派生的指
标，用相对指标或平均指标来表示，反映现象之间的内在联系和对比关系。

标志是说明总体单位属性和特征的名称。标志按其性质不同可分为品质标志和数量标
志：品质标志是表明总体单位品质属性或特征的名称，它不能用数值表示，只能用文字说
明；数量标志是表明总体单位数量特征的名称，是用数值表示的。

指标与标志的区别：指标是说明总体特征的，而标志是说明总体单位特征的；标志有
能用数值表示的数量标志和不能用数值表示的品质标志，而指标不论是数量指标还是质量
指标，都是用数值表示的。

指标与标志的联系：统计指标的数值是从总体单位数量标志的标志值进行直接汇总或
间接计算的；指标与数量标志之间存在着变换关系。

以上这几个基本概念是学习难点，要结合实例来深刻理解。

变异是指统计所研究的指标与标志，其具体表现在总体及总体单位之间是可变的，即
指标及标志的具体表现在各总体或各单位之间不尽相同或有差异。

变量是可变的统计指标和可变的数量标志，是一种概念或名称。

变量值是变量的具体数值或具体表现，即为指标数值或数量标志的标志值。变量按变
量值是否连续可以分为连续变量和离散变量，按对变量值的作用不同可以分为确定性变量

和随机性变量。

统计指标体系是指由若干个相互联系的统计指标所构成的有机整体，用以说明所研究的总体现象各方面的相互依存和相互制约的关系。社会经济统计指标体系可以分为基本统计指标体系和专题统计指标体系两大类。统计指标体系按其功能不同，可以分为描述统计指标体系、评价统计指标体系和预警统计指标体系。

练 习 题

一、单项选择题

1．统计学的研究对象是（　　）。
A．客观事物的总体数量特征和数量关系 　　B．统计工作过程
C．总体与样本的关系 　　D．抽象数量的联系和空间形式

2．统计学研究对象的基本特点是（　　）。
A．具体性 　　B．社会性 　　C．数量性 　　D．总体性

3．概率论的发展和数学方法在客观事物方面的应用，促进了概率论和政治算术的结合，从而形成了数理统计学派，在这方面做出杰出贡献的是（　　）。
A．威廉·配弟 　　B．凯特勒
C．皮尔生 　　D．葛尔登

4．政治算术学派的代表人物是威廉·配弟，其代表作是（　　）。
A．《概率论书简》
B．《对死亡率公报的自然观察和政治观察》
C．《社会物理学》
D．《政治算术》

5．统计研究所运用的大量观察法，其根据是（　　）。
A．个别事物偶然因素的影响会互相抵消 　　B．对总体中的全部单位进行调查
C．对总体中的足够多单位进行调查 　　D．个别事物偶然因素的影响很小

6．若要调查某地区 80 个工业企业职工的工资水平情况，则统计总体是（　　）。
A．80 个工业企业的全部职工 　　B．80 个工业企业
C．80 个工业企业职工的全部工资 　　D．80 个工业企业每个职工的工资

7．统计总体的同质性是指（　　）。
A．总体各单位的标志值没有差异
B．总体的各指标都是相同性质
C．总体各单位具有某一个相同的数量标志值或品质标志属性
D．同质性是构成总体的前提条件

8．对无限总体进行观察和分析，最适宜的统计研究方法是（　　）。
A．统计分组法 　　B．统计模型法
C．统计指标法 　　D．抽样推断法

9. 一个统计总体（   ）。

    A. 只能有一个标志　　　　　　　　　　B. 可以有多个标志

    C. 只能有一个指标　　　　　　　　　　D. 可以有多个指标

10. 研究某城市全部中学高中学生的状况，则某中学高中学生人数是（   ）。

    A. 数量指标　　　　　　　　　　　　　B. 数量标志

    C. 数量标志值　　　　　　　　　　　　D. 标志总量

11. 某班五位学生统计学考试成绩分别为67、78、85、89和96分，这五个数字是（   ）。

    A. 变量　　　　　　　　　　　　　　　B. 数量标志

    C. 品质标志　　　　　　　　　　　　　D. 变量值

12. 某车间有四名工人，其月产量分别为1 000、1 200、1 500和1 800件，这四名工人的月平均产量是对（   ）。

    A. 四个变量求平均数　　　　　　　　　B. 四个变量值求平均数

    C. 四个指标求平均数　　　　　　　　　D. 四个指标值求平均数

13. 某产品的质量好坏用一等品、二等品和三等品来反映，产品等级是（   ）。

    A. 数量指标　　　　B. 质量指标　　　　C. 数量标志　　　　D. 品质标志

14. 变异是统计研究的前提，它是指（   ）。

    A. 标志各不相同　　　　　　　　　　　B. 标志和指标的具体表现各不相同

    C. 总体各不相同　　　　　　　　　　　D. 指标各不相同

15. 以某地区的全部IT企业为总体，每一个IT企业为总体单位，则该地区的全部IT企业职工人数为（   ）。

    A. 品质标志　　　　　　　　　　　　　B. 数量标志

    C. 数量指标　　　　　　　　　　　　　D. 质量指标

16. 总体和总体单位具有相对性，它们随着研究目的的不同（   ）。

    A. 任何一对总体和总体单位都可以互换

    B. 总体单位有可能变换为总体，总体也有可能变换为总体单位

    C. 总体单位只能变换为总体，总体不能变换为总体单位

    D. 总体只能变换为总体单位，总体单位不能变换为总体

17. 下列指标中属于质量指标的是（   ）。

    A. 人口数　　　　　　　　　　　　　　B. 国内生产总值

    C. 劳动生产率　　　　　　　　　　　　D. 总成本

18. 统计学中通常把统计指标分为数量指标和质量指标，质量指标的表现形式是（   ）。

    A. 总量指标　　　　　　　　　　　　　B. 相对指标或平均指标

    C. 绝对指标　　　　　　　　　　　　　D. 变异指标

19. 离散变量的变量值是（   ）。

    A. 以整数断开

    B. 连续不断，相邻两个值之间可取无限多个数值

    C. 用平均数表示

    D. 用相对数表示

20．基本统计指标体系是反映（　　　）。

    A．社会经济的某一个专门问题的统计指标体系

    B．整个国民经济与社会发展基本情况的统计指标体系

    C．国民经济与社会发展及其各个组成部分的基本情况的指标体系

    D．基层基本情况的指标体系

二、判断题（正确的打"√"，错误的打"×"，并填写在题后的括号中）

1．统计工作和统计资料是理论与实践的关系。（　　）

2．一般来说，统计学的研究对象是客观事物的各个方面。（　　）

3．统计学和数学都是研究数量关系的，因此它们是两个相同性质的学科。（　　）

4．国势学派注重于事件的文字记述，缺乏数量的分析。（　　）

5．大数定律是说明在大量随机现象中，其平均结果具有稳定性的法则。（　　）

6．大量观察法是指对总体中的全部单位进行调查并进行综合分析的方法。（　　）

7．总体单位是标志的承担者。（　　）

8．没有总体就无法确定总体单位。（　　）

9．总体的大量性是指总体是由许多乃至无限多的单位组成的。（　　）

10．统计总体可分为有限总体和无限总体、同质总体和变异总体。（　　）

11．任何一个统计指标值都应该是对客观现象在一定时间、地点条件下的数量反映。（　　）

12．品质标志能用数值表示。（　　）

13．指标与标志的表现形式完全不同。（　　）

14．总体标志总量是总体单位某数量标志值的总和，因此它是标志值。（　　）

15．总体和总体单位具有相对性，它们随着研究目的的不同互相变换。（　　）

16．数量指标是由总体单位的数量标志值汇总而来的，质量指标是由总体单位的品质标志值汇总而来的。（　　）

17．质量指标与品质标志都可以用数值表示。（　　）

18．可变的统计指标和可变的数量标志称作变量。（　　）

19．变量按其性质不同可以分为连续变量和离散变量。（　　）

20．统计指标体系是由多个统计指标所构成的整体。（　　）

三、填空题

1．"统计"一词的含义有三种，即_____、_____和_____。

2．统计工作和统计资料是_____与_____的关系，_____和_____是理论与实践的关系。

3．统计理论的产生和发展的过程中，主要的统计学派有_____、_____、_____和_____。

4．统计研究是通过_____、_____、_____以及_____这四个阶段来完成的。

5．统计总体的各个单位必须具有某一个共同的特征和性质，称为＿＿＿＿＿＿＿＿＿。

6．总体单位的数量标志值汇总成为统计指标数值的前提条件是＿＿＿＿＿＿＿＿＿。

7．一个统计指标主要是由＿＿＿＿＿＿＿和＿＿＿＿＿＿＿两部分构成的。

8．指标与标志的区别是：指标是说明＿＿＿＿＿特征的，而标志是说明＿＿＿＿＿特征的。标志有能用数值表示的＿＿＿＿＿＿＿和不能用数值表示的＿＿＿＿＿＿＿，而指标不论是＿＿＿＿＿＿＿还是＿＿＿＿＿＿＿，都是用数值表示的。

9．由若干个相互联系的统计指标所构成的有机整体是＿＿＿＿＿＿＿，按其功能不同可分为＿＿＿＿＿＿＿、＿＿＿＿＿＿＿和＿＿＿＿＿＿＿。

10．统计咨询职能是＿＿＿＿＿＿＿的延续和深化，使＿＿＿＿＿＿＿能对科学决策、管理和人们的实践发挥作用。

四、思考题

1．"统计"一词有几种含义？它们之间是什么关系？

2．统计学的研究对象是什么？其研究对象有哪些特点？

3．统计学是一门什么性质的学科？它与相关的实质性学科有什么关系？

4．统计学与数学有什么关系？

5．统计学的产生和发展过程中出现了哪些主要学派？其主要代表人物是谁？

6．论述大数定律在统计研究中的方法论意义。

7．统计研究的基本方法有哪些？

8．统计研究包括哪几个阶段？

9．什么是总体和总体单位？它们之间有什么关系？试举例说明。

10．怎样理解统计总体的同质性和变异性？

11．什么是指标、标志、变量、变量值？试举例说明。

12．构成统计指标的要素是什么？

13．指标与标志有何区别与联系？

14．如何区别数量指标与质量指标？

15．如何区别数量标志与品质标志？

16．什么是连续变量与离散变量？两者有何区别？

17．什么是确定性变量与随机性变量？两者有何区别？

18．什么是指标体系？它与指标之间的关系是什么？

19．社会经济统计指标体系的种类是什么？

20．统计的职能有哪些？它们之间有什么关系？

练习题答案

一、单项选择题

1．A   2．C   3．B   4．D   5．A

6.A	7.C	8.D	9.D	10.B
11.D	12.B	13.D	14.B	15.C
16.B	17.C	18.B	19.A	20.C

二、判断题

1.×	2.×	3.×	4.√	5.√
6.×	7.√	8.√	9.√	10.×
11.√	12.×	13.×	14.×	15.×
16.×	17.×	18.√	19.×	20.×

三、填空题

1．统计工作　统计资料　统计科学
2．统计实践活动　统计成果　统计科学　统计工作
3．国势学派　政治算术学派　数理统计学派　社会统计学派
4．统计设计　统计调查　统计整理　统计分析
5．总体的同质性
6．这些单位必须是同质的
7．指标名称　指标数值
8．总体　总体单位　数量标志　品质标志　数量指标　质量指标
9．统计指标体系　描述统计指标体系　评价统计指标体系　预警统计指标体系
10．统计信息职能　统计信息

四、思考题

1．答："统计"一词的含义有三种，即统计工作、统计资料和统计科学。它们三者之间存在着密切的联系。统计资料是统计工作的成果，统计科学是统计工作的实践经验总结和理论概括，同时它反过来指导统计工作实践，为统计工作提供科学的理论和方法。因此，统计工作和统计资料是统计实践活动与统计成果的关系，统计科学和统计工作是理论与实践的关系。

2．答：统计学的研究对象是指统计研究所要认识的客体，它决定着统计科学的研究领域以及相应的研究方法。一般来说，统计学的研究对象是客观事物的总体数量特征和数量关系，以反映其发展过程及规律性。统计学研究对象的特点有数量性、总体性以及具体性。

3．答：统计学是一门认识客观现象总体数量特征和数量关系的方法论科学，即它是研究如何收集数据、整理数据、分析数据，以便对客观现象总体的规律做出正确推断的方法论科学，这些方法既可用于对社会经济现象数量方面的研究，也可用于对自然现象数量方面的研究。

统计学与相关的实质性学科的区别是：它们两者的性质不同，统计学是一门方法论学科，而实质性学科是研究该领域现象的本质关系和发展变化规律的。统计学与实质性学科的联系是：统计学与相关的实质性学科有共同的研究对象，在实质性学科的基础理论指导下，统计学帮助各实质性学科探索其学科内在关系与数量规律性，再由该实质性学科对数

量的规律性做出理论的解释并进一步研究本学科内在的规律。统计学的实证研究又可以检验实质性学科理论的可靠性和完善程度。统计归纳分析所获得的新知识往往又为实质性学科开辟新的领域。

4．答：统计学与数学都是研究数量关系的，但它们是两个不同性质特点的学科。两者的区别是：数学是撇开具体的对象去研究"纯"数量的联系和空间形式，采用的是逻辑推理和演绎论证的方法，根据严格的定义、假设命题以及给定的条件去推证有关的结论。而统计学在研究方法中所采用的数据则是客观的具体对象的数量表现，统计学是将这些具体数据进行适当的运算，取得一定的结果，然后再根据其客观现象，说明计算结果所反映出的实际意义，为决策提供科学的依据。统计学所运用的方法是归纳法，它是根据试验或调查、观察到的大量的个别单位，加以归纳来推断总体的情况。统计学与数学的联系是：数学为统计理论和统计方法的发展提供了数学基础，在统计学中运用了大量的数学知识；统计学则运用这些数学方法，根据研究对象的性质和特点，形成各种专门的统计方法。

5．答：统计学的产生和发展过程中的主要学派及其主要代表人物有：（1）国势学派（记述学派），其代表人物是德国的康令和阿亨瓦尔。（2）政治算术学派，其代表人物是英国的威廉·配弟。（3）数理统计学派，其主要代表人物是比利时的阿道夫·凯特勒。（4）社会统计学派，其主要代表人物是德国的恩格尔和梅尔。

6．答：统计学研究现象总体的数量特征，所运用的基本方法都与数量的总体性有关，其数学依据是大数定律。大数定律又称大数法则，它是说明在大量随机现象中，其平均结果具有稳定性的法则。统计学所研究的对象，无论是自然现象还是社会现象，它们的出现都受许多因素的影响，既有必然的因素，也有偶然的因素，使得同一现象在每个单位的数量表现上具有随机性。统计研究就是对这些随机现象通过大量观察法对总体中所有单位或足够多的单位进行调查，并运用综合指标法对各单位变量加以综合，所得到的平均结果可以消除偶然因素的影响，反映出现象的必然性。由大数定律使我们通过偶然性达到发现必然性，认识现象规律的表现形式，但它并不能说明现象的本质，这必须借助相关的实质性学科的知识来解释现象的本质及其内在联系。

7．答：统计研究的基本方法有：（1）大量观察法，是指统计研究客观现象和过程的规律，是从总体上加以考察，对总体中的全部或足够多的单位进行调查并进行综合分析的方法。（2）统计分组法，是指根据统计研究目的和研究对象的特点，将总体各单位按照某一标志划分为不同性质的类型或组别的研究方法。（3）统计指标法，是指运用统计指标来描述和研究总体的数量状况，以得到事物数量特征的本质或规律性的认识方法。统计指标法包括总量指标法、相对指标法、平均指标法、动态指标法、统计指数法等。（4）统计模型法，是指根据一定的经济理论和假设条件，用数学方法去模拟现实客观现象之间相互关系的一种研究方法。（5）统计推断法，是指以一定的置信标准要求，根据随机抽取的样本数据来判断总体数量特征的归纳推理方法。

8．答：统计研究包括四个阶段：（1）统计设计，是在正式进行具体统计工作之前，根据统计研究目的和统计对象的性质，对统计工作的各个方面和各个环节所进行的总体规划和全面安排。（2）统计调查，是根据统计研究的任务和统计设计规定的调查方案的要求，运用科学的调查方法有组织地收集被研究对象的各项数字或文字资料。（3）统计整理，是根据统计研究的目的，将统计调查所得的资料进行科学的分组、汇总、列表的加工处理过程。（4）统计分析，是根据统计研究的目的，综合运用各种分析方法和统计指标，对加工整理后的资料和具体情况进行定性和定量的分析，并对未来进行趋势预测。

这四个阶段虽然有各自的独立性，但它们又是相互连接的统一过程。

9．答：总体是指根据一定的研究目的，统计所要研究的、客观存在的、具有某一共同性质的许多个别单位所构成的整体。构成总体的各个个别单位就是总体单位，简称单位或个体，它是构成总体的最基本单位。总体和总体单位具有相对性，它们随着研究目的的不同是可以变换的。例如，要研究某地区工业企业的生产经营情况，则该地区全部工业企业构成总体，而每一个工业企业是单位；如果要研究该地区某一个企业的生产经营情况，那么该企业就成了总体，该企业下属的各个职能部门就是单位。

10．答：统计总体的同质性是指构成总体的各个单位必须具有某一个共同的特征和性质。同质性是各个个别单位构成统计总体的先决条件，即由同质性才能正确确定统计总体。变异性是指构成总体的各单位只是在某一性质上相同，而在其他性质上或特征上具有一定的差异，差异是统计研究的前提条件，也就是说，只有在总体各单位性质一致的前提下，才能研究其数量差异，变异性使统计研究成为必要。

11．答：指标是说明总体现象数量特征的概念及其数值。标志是说明总体单位属性和特征的名称，标志可分为品质标志和数量标志，其数量标志是表明总体单位数量特征的名称。可变的指标和可变的数量标志称作变量。变量是一种概念或名称，变量的具体数值或具体表现就是变量值，即变量值是指标数值或数量标志的标志值。例如，以某企业为总体研究，该企业有 500 名职工，工资总额为 100 万元，某车间有四名职工，其工资分别为 1 800元、2 000 元、2 200 元和 2 500 元，这里的指标为职工人数、工资总额，标志为工资，它们均为变量，变量值分别为 500 名、100 万元以及 1 800 元、2 000 元、2 200 元和 2 500 元。

12．答：统计指标由六个要素构成：时间限制、空间限制、指标名称、指标数值、计量单位和计算方法。这六个要素可归纳为两个部分：统计指标的概念和范畴；统计指标的数值。

13．答：指标与标志的区别为：（1）指标是说明总体特征的；而标志是说明总体单位特征的。（2）标志有能用数值表示的数量标志和不能用数值表示的品质标志；而指标不论是数量指标还是质量指标，都是用数值表示的。

指标与标志的联系为：（1）统计指标的数值是从总体单位数量标志的标志值进行直接汇总或间接计算的。（2）指标与数量标志之间存在着变换关系。当研究目的发生变化，原来的统计总体如果变成了总体单位，则相对应的统计指标也就变为数量标志，反之亦然。

14．答：统计学中通常把统计指标分为数量指标和质量指标。数量指标是反映现象总规模、总水平和工作总量的统计指标。由于有些数量指标是由数量标志值直接汇总而来的，反映现象的总量，所以也称为总量指标，并且由于用绝对数表示，也称为统计绝对数。数量指标是计算质量指标的基础。质量指标是反映现象相对水平或工作质量的统计指标。质量指标通常是由两个数量指标对比而派生的指标，用相对指标或平均指标来表示，反映现象之间的内在联系和对比关系。

15．答：标志按其性质不同可分为品质标志和数量标志。数量标志是表明总体单位数量特征的名称，是用数值表示的，有的数量标志的标志值可直接汇总为数量指标。品质标志是表明总体单位品质属性或特征的名称，它不能用数值表示，只能用文字说明，无法直接汇总为统计指标，只能对其单位数进行汇总形成统计指标。

16．答：变量按变量值是否连续可以分为连续变量和离散变量。连续变量的变量值是连续不断的，相邻两个值之间可做无限分割，即可取无限多个数值。连续变量的数值可以通过称重、测量或计算取到小数点以后的任意一个位数。离散变量的数值都是以整数断开的，不可能有小数。离散变量的数值只能用计数的方法取得。

17．答：变量按其性质不同可以分为确定性变量和随机性变量。确定性变量是指影响变量值的变动，起某种决定性作用的因素，致使该变量值沿着一定的方向呈上升或下降的变动。随机性变量是指变量值的变化受不确定因素的影响，变量值的变化没有一个确定的方向，有很大的偶然性。

18．答：统计指标体系是指由若干个相互联系的统计指标所构成的有机整体，用以说明所研究的总体现象各方面的相互依存和相互制约的关系。单个的统计指标只能反映总体现象的某一个侧面的特征，而一个总体往往具有多种数量表现和数量特征，并且彼此不是孤立的。如果要全面地认识总体的基本特征，就要涉及多个统计指标，将反映总体各方面特征的一系列相互联系的统计指标结合起来，形成统计指标体系，从而使我们对总体有更全面、更系统、更深入的认识，更好地发挥统计的整体功能。

19．答：社会经济统计指标体系有基本统计指标体系和专题统计指标体系两大类。（1）基本统计指标体系是反映和研究国民经济与社会发展及其各个组成部分的基本情况的指标体系，分为三个层次：最高层是反映整个国民经济与社会发展的统计指标体系，是由社会统计指标体系、经济统计指标体系、科技统计指标体系三个子系统构成的；中间层则是各个地区和各个部门的统计指标体系，它是最高层统计指标体系的横向分支和纵向分支，是为了满足本地区和本部门的社会经济管理、检查、监督的需要而设置的指标体系；基层统计指标体系是指各种企业和事业单位的统计指标体系，它既要满足本企业和本单位的管理和监督的需要，同时也要满足中间层和最高层建立统计指标体系的需要。（2）专题统计指标体系是针对社会经济的某一个专门问题而制定的统计指标体系。

20．答：统计的职能有信息职能、咨询职能与监督职能。统计的信息职能、咨询职能和监督职能是一个相互促进、相互制约、紧密联系的有机整体。统计的信息职能是保证统计咨询职能和统计监督职能有效发挥的基础和前提，没有准确、丰富、系统、灵敏的统计信息，统计咨询和监督职能就是无源之水、无本之木。统计咨询职能是统计信息职能的延续和深化，使统计信息能对科学决策、管理和人们的实践发挥作用。统计监督职能是在统计信息、咨询职能基础上的进一步拓展，它可以通过对统计信息的分析研究来评价和检验决策、计划方案是否科学、可行，并及时对决策、计划执行和管理过程出现的偏差提出矫正意见。对统计监督职能的强化，必然对统计信息和咨询职能提出更高的要求，从而促进统计信息和咨询职能的优化。

第二章　统计数据调查与整理

学习重点与难点

　　统计数据是统计分析的基础，统计学与统计数据之间有着密不可分的联系。通过本章的学习，要求理解统计数据的概念，掌握统计数据的各种分类方法；掌握统计调查的种类和方法，重点掌握普查、抽样调查、重点调查和典型调查四种统计调查；了解统计调查问卷的类型、结构及设计的程序；了解统计数据整理的概念，重点掌握统计分组的方法及频数分布表的编制；掌握统计表的编制及各种统计图形的绘制。

第一节　统　计　数　据

　　统计数据是对客观现象计量的结果，其表现形式有两种：一种是数值型的；另一种是文字型的。统计数据按计量层次可以分为定类数据、定序数据、定距数据和定比数据，其中难点是定距数据与定比数据的区别；按来源可分为第一手数据和第二手数据；按时间状况可分为时间序列数据和截面型数据。

第二节　统计数据调查

　　统计数据调查就是对统计资料的收集，它是根据统计研究的目的和任务要求，有组织、有计划地收集原始资料的工作过程。统计调查按不同的分类方法可分为普查、抽样调查、重点调查、典型调查等。这里的学习难点是要掌握每种统计调查形式的概念、优缺点，并能够根据客观情况正确选择统计调查的组织形式。

　　统计调查是一项复杂细致的科学工作，为了使这项工作顺利进行，事先必须制定统计调查方案。一个完整的统计调查方案应包括确定调查目的、明确调查对象和调查单位、确定调查项目和设计调查表、确定调查时间和调查期限、拟定调查的组织实施计划等。这里的学习难点是调查时间和调查期限的确定。

　　统计调查误差就是调查结果所得的统计数字与调查总体实际数量表现的差别。误差主要有登记性误差和代表性误差两种。这里的重点是要掌握两种误差产生的原因。

第三节　统计数据整理

　　统计整理是统计工作的第三阶段，它既是统计调查的继续，又是统计分析的前提。统计整理的内容有统计资料的审核、统计分组、资料汇总及统计表和统计图的编制（绘制）。

　　统计分组是根据统计研究的目的和客观现象的内在特点，按某个标志（或几个标志）把被研究对象的总体划分为若干个不同性质的组。按分组标志的性质不同，可以分为品质分组和数量分组；按分组标志的多少，可以分为简单分组、复合分组和统计分组体系。这里学习的难点是结合实际情况灵活运用统计分组的穷尽及互斥两个原则对原始数据进行分组。在按数量标志分组后又可按变量的性质、变量值的多少分为单项式分组与组距式分组、等距分组与异距分组、间断式分组与连续式分组。这里应特别注意，在连续组距式分组中会出现以同一个数值作为相邻两组共同组限的情况，为明确该数值究竟应归属于何组，在统计中规定各组一般均只包括本组下限变量值而不包括本组上限变量值，即所说的"上限不在内"的原则。

第四节　频 数 分 布

频数分布是在统计分组的基础上，将总体中的所有单位按组归类整理，形成总体中各个单位数在各组间的分布。频数分布有两个基本要素：一是总体按某标志所分的组别；二是与各组对应的总体单位数，即频数或次数。由于统计分组是频数分布的基础，因此有怎样的分组就形成怎样的频数分布。这里学习的难点是根据客观实际编制频数分布表，并能正确计算频数、频率、组中值、向上累计频数（频率）、向下累计频数（频率），并对每个指标进行解释。尤其需要注意开口组组中值的计算。

$$上开口组：组中值=本组下限+\frac{相邻组组距}{2}$$

$$下开口组：组中值=本组上限-\frac{相邻组组距}{2}$$

第五节　数 据 显 示

统计表和统计图是显示统计数据的两种方式。

从形式上看，统计表由总标题、横行标题、纵栏标题和指标数值四部分组成。从内容上看，统计表分为两部分：一部分是统计表所要说明的总体，它可以是各个总体单位的名称、总体的各个组，或者是总体单位的全部，这一部分习惯上称为主词；另一部分则是说明总体的统计指标，包括指标名称和指标数值，这一部分习惯上称为宾词。

统计表按主词是否分组以及分组程度不同，可分为简单表、简单分组表、复合分组表；按宾词设计不同，可分为宾词简单排列、分组平行排列和分组层叠排列三种。

统计图是以图形表现统计资料的一种形式。常用的统计图形有条形图、饼形图、直方图、茎叶图、折线图。这里的学习难点是注意直方图与条形图的适用条件、区别以及茎叶图中茎干的选取。

练 习 题

一、单项选择题

1. 抽样调查是（　　）。
   A. 非全面调查　　　　　　　　　　B. 全面调查
   C. 调查重点单位　　　　　　　　　D. 调查典型单位

2. 简单分组和复合分组的区别是（　　）。

　　A. 分组标志的性质不同　　　　　　B. 分组标志的多少不同

　　C. 组数的多少不同　　　　　　　　D. 组距的大小不同

3. 了解我国城乡居民生活状况，最宜采用（　　）。

　　A. 普查　　　　　　　　　　　　　B. 抽样调查

　　C. 典型调查　　　　　　　　　　　D. 重点调查

4. 在编制填列统计表时，若某项数据缺失，其符号为（　　）。

　　A. ～　　　　　B. …　　　　　C. /　　　　　D. —

5. 我国 2020 年进行的第七次人口调查是（　　）。

　　A. 典型调查　　　　　　　　　　　B. 抽样调查

　　C. 重点调查　　　　　　　　　　　D. 普查

6. 统计表的内容结构由（　　）组成。

　　A. 总标题　　　　　　　　　　　　B. 横行标题

　　C. 纵栏标题　　　　　　　　　　　D. 主词和宾词

7. 2021 年 7 月 24 日深圳市最高气温为 35℃，这一数据属于（　　）。

　　A. 定类数据　　　B. 定序数据　　　C. 定据数据　　　D. 定比数据

8. 主词按两个及两个以上的标志分组排列的是（　　）。

　　A. 简单表　　　　　　　　　　　　B. 简单分组表

　　C. 复合分组表　　　　　　　　　　D. 分组表

9. 某商品的价格为 295 元，"295" 这一数字是（　　）。

　　A. 标志　　　　　B. 标志值　　　　C. 变量　　　　D. 指标

10. 对现象总体只按一个标志分组的是（　　）。

　　A. 品质标志分组　　　　　　　　　B. 数量标志分组

　　C. 简单分组　　　　　　　　　　　D. 复合分组

11. 频数分布表中，某组的向下累计频数为 1 250，这表示总体单位中（　　）。

　　A. 大于该组下限的累计次数是 1 250　　B. 大于该组上限的累计次数是 1 250

　　C. 小于该组下限的累计次数是 1 250　　D. 小于该组上限的累计次数是 1 250

12. 变量数列中，组距和组数的关系是（　　）。

　　A. 组距的大小和组数的多少成正比　　B. 组距的大小和组数的多少成反比

　　C. 组数越多，组距越大　　　　　　　D. 组数越少，组距越小

13. 按年龄分组的人口死亡率表现为（　　）。

　　A. 钟形分布　　　　　　　　　　　B. 对称分布

　　C. J 形分布　　　　　　　　　　　D. U 形分布

14. 我国第七次人口普查规定的标准时点是 2020 年 11 月 1 日零时，下列情况应计入人口数的是（　　）。

　　A. 2020 年 11 月 1 日 2 时死亡的人

　　B. 2020 年 11 月 3 日出生的婴儿

　　C. 2020 年 10 月 30 日 23 时死亡的人

　　D. 2020 年 10 月 29 日 22 时出生，10 月 31 日 23 时死亡的婴儿

15．各组的组中值代表组变量值的（　　　）。

    A．平均水平　　　　　　　　　　　B．最高水平

    C．最低水平　　　　　　　　　　　D．随机水平

16．频数分布用来表明（　　　）。

    A．总体单位在各组的分布状况　　　B．各组变量值构成情况

    C．各组标志值分布情况　　　　　　D．各组变量值的变动程度

17．属于按品质标志分组的是（　　　）。

    A．人口按年龄分组　　　　　　　　B．人口按性别分组

    C．居民家庭按总收入分组　　　　　D．居民家庭按生活消费量分组

18．属于按数量标志分组的是（　　　）。

    A．职工按工龄分组　　　　　　　　B．职工按职别分组

    C．职工按民族分组　　　　　　　　D．职工按性别分组

19．对企业先按经济类型分组，再按企业规模分组，这样的分组属于（　　　）。

    A．简单分组　　　　　　　　　　　B．平行分组

    C．复合分组　　　　　　　　　　　D．统计分组体系

20．下列情况属于连续变量的是（　　　）。

    A．汽车台数　　　　　　　　　　　B．工人人数

    C．工厂数　　　　　　　　　　　　D．工业总产值

二、判断题（正确的打"√"，错误的打"×"，并填写在题后的括号中）

1．统计调查对象是总体各单位标志值。　　　　　　　　　　　　　　（　　　）

2．统计表都是频数分布表。　　　　　　　　　　　　　　　　　　　（　　　）

3．统计分组的结果表现为组内同质性、组间同质性。　　　　　　　　（　　　）

4．重点调查中的重点单位是标志值较大的单位。　　　　　　　　　　（　　　）

5．离散变量的分组只能进行组距式分组。　　　　　　　　　　　　　（　　　）

6．全面调查和非全面调查是根据调查结果所得的资料是否全面来划分的。（　　　）

7．二手数据的特点是采集数据的成本低，但收集比较困难。　　　　　（　　　）

8．如果调查的间隔时间相等，这种调查就是经常性调查。　　　　　　（　　　）

9．判断抽样的样本不是随机选取的。　　　　　　　　　　　　　　　（　　　）

10．离散型变量可以做单项式分组或组距式分组，而连续型变量只能做组距式分组。

    　　　　　　　　　　　　　　　　　　　　　　　　　　　　　（　　　）

11．统计分组的关键在于分组标志的选择和各组界限的划分。　　　　　（　　　）

12．在全国工业普查中，全国所有工业企业是统计总体，每个工业企业是总体单位。

    　　　　　　　　　　　　　　　　　　　　　　　　　　　　　（　　　）

13．组距式分组的开口组的组中值由于缺少组限，无法计算。　　　　　（　　　）

14．只有按数量标志分组所形成的变量数列才是次数分配数列。　　　　（　　　）

15．民族作为分组标志时属于质量标志。　　　　　　　　　　　　　　（　　　）

16．单项式频数分布的组数等于变量所包含的变量值的总数。　　　　　（　　　）

17．为调查某校学生的购书费用支出，从男生中抽取 60 名学生调查，从女生中抽取 40 名学生调查，这种调查方法是分层抽样。　　　　　　　　　　　　　　（　　）

18．为把握开发区土地利用情况而进行的全国开发区规模和土地利用效益调查属于专门调查。　　　　　　　　　　　　　　　　　　　　　　　　　　　　　（　　）

19．在进行统计分组时，总体中的任何一个单位有可能同时归属于两个或两个以上的组。　　　　　　　　　　　　　　　　　　　　　　　　　　　　　　　（　　）

20．重点调查中重点单位指的是在总体中具有举足轻重地位的单位。　　　　（　　）

三、填空题

1．按连续型变量分组，其末组为开口组，下限为 2 000，已知相邻组的组中值为 1 750，则末组组中值为_____。

2．统计分组按采用分组标志的多少，分为_____和_____。

3．统计分组的原则是_____和_____。

4．次数分布的三种主要类型为钟形分布、_____和_____。

5．在组距数列中，每一组上限与_____之和的一半称为_____。

6．组距数列根据组距是否相等可以分为_____和_____两类。

7．_____变量可以做单项式分组或组距式分组，而_____变量只能做组距式分组，其组限表示方式必须是_____。

8．某市工业企业 2020 年生产经营成果年报呈报时间规定在 2021 年 1 月 31 日，则调查期限为_____。

9．按其形成的具体形式，统计分组有_____和_____之分。

10．按研究现象不断变化而连续不断地进行登记或观察，以反映事物在一定时期的全部发展过程的调查，称为_____。

四、计算题

1．某班有 40 名学生，数学成绩如下。

81	79	85	86	74	73	62	94	68	53
57	92	96	83	84	76	54	68	78	52
83	87	77	74	85	83	87	63	75	61
80	78	60	81	86	73	61	90	69	66

要求：按数学成绩 60 以下、60～70、70～80、80～90、90～100 进行分组，编制频数分布表。

2．某车间有工人 30 人，每人日产零件数如下（单位：件）。

30	35	34	30	32	30	35	34	30
32	36	34	40	35	35	36	34	40
35	35	34	36	38	34	35	34	36
38	34	35

要求编制单项式分配数列。

3．根据下表数据，绘制直方图和次数分布曲线图。

工人按完成生产定额百分比分组	工人数/人	比率/%
80～90	5	5
90～100	20	20
100～110	40	40
110～120	27	27
120～130	8	8
合计	100	100

4．对50只灯泡的耐用时数进行测试，所得数据如下（单位：小时）。

886	928	999	946	950	864	1 050	927	949	852
1 027	928	978	816	1 000	918	1 040	854	1 100	900
866	905	954	890	1 006	926	900	999	886	1 120
893	900	800	938	864	919	863	981	916	818
946	926	895	967	921	978	821	924	651	850

要求：

（1）根据上述资料编制次数分布数列，并计算向上累计和向下累计频数和频率。

（2）根据所编制的次数分布数列，绘制直方图、折线图。

（3）根据图形说明灯泡耐用时数的分布属于何种类型。

5．某服装厂某月每日的服装产量如下表所示。

某服装厂×月服装产量表

日　期	产量/套	日　期	产量/套	日　期	产量/套
1	38	11	90	21	休假
2	210	12	95	22	112
3	105	13	140	23	230
4	130	14	休假	24	170
5	140	15	165	25	205
6	110	16	182	26	125
7	休假	17	120	27	115
8	100	18	150	28	休假
9	160	19	155	29	135
10	180	20	98	30	108

将表中资料编制成组距式分配数列，用两种方式分组，各分为5组，比较哪一种分组较为合理。

6．某驾驶学校有学员32人，他们的情况如下表所示。

学员编号	性　别	年　龄	来自部门	学员编号	性　别	年　龄	来自部门
1	男	25	商业	5	男	21	工业
2	男	42	工业	6	男	31	工业
3	男	24	农业	7	女	22	商业
4	女	29	商业	8	女	30	工业

学员编号	性　别	年　龄	来自部门	学员编号	性　别	年　龄	来自部门
9	女	46	工业	21	男	45	农业
10	男	27	农业	22	男	24	商业
11	男	28	工业	23	男	24	商业
12	女	24	工业	24	女	23	工业
13	女	26	农业	25	女	25	工业
14	男	24	工业	26	女	23	工业
15	女	32	工业	27	男	47	工业
16	男	25	工业	28	女	27	农业
17	女	20	商业	29	男	37	工业
18	男	26	工业	30	女	44	工业
19	男	23	商业	31	男	25	工业
20	女	28	农业	32	女	20	农业

利用表中资料编制以下统计表。

（1）主词用一个品质标志分组，宾词用一个品质标志和一个数量标志平行分组的设计表。

（2）主词用一个品质标志分组，宾词用一个品质标志和一个数量标志层叠分组的设计表。

7．某学院中文系有讲师 12 人，副教授 5 人，教授 4 人；数学系有讲师 12 人，副教授 6 人，教授 5 人；外语系有讲师 19 人，副教授 5 人，教授 4 人。根据前述资料按教员职称和所属院系两个标志进行层叠式分组设计复合分组表。

8．某班学生统计学原理考试成绩次数分布如下表所示。

考分/分	人数/人	比率/%	向 上 累 计		向 下 累 计	
			人数/人	比率/%	人数/人	比率/%
60 以下	2					
60～70	7					
70～80	11					
80～90	12					
90 以上	8					
合计	40					

要求：根据上表资料计算相应的数字，填入表中空格，并说明各指标的意义。

9．某兵工集团所属各分厂的战车月产量如下表所示。

分　厂	产 品 类 型	每台马力数	产量/台
第一分厂	履带式	36	75
	履带式	18	105
	轮式	28	400
第二分厂	履带式	75	85
	轮式	15	94
	轮式	12	150

分　厂	产 品 类 型	每台马力数	产量/台
第三分厂	履带式	45	40
	履带式	75	25
	轮式	24	50

分别按产品类型和马力分组，设计统计表（提示：马力分组为 10~20、20~40、40~80）。

10. 对某地区某月生产同类产品的 50 个企业进行调查，得到产量（单位：万吨）资料如下。

181	191	106	109	224	215	236	119	179	213
151	176	186	142	193	171	208	91	194	177
163	201	197	172	185	131	124	138	155	178
146	149	157	166	189	133	121	117	182	163
199	111	169	139	164	241	156	128	243	188

要求：

（1）分别根据组距为 10 万吨、15 万吨和 20 万吨编制分配数列，并比较哪种分配数列更合适。

（2）按你认为最合适的分配数列，计算相应的组中值、频率。

11. 已知一组 15 名工人的资料如下表所示。

工 人 编 号	性　　别	年龄/岁	文 化 程 度	技 术 级 别
1	男	52	文盲	6
2	男	30	初中	3
3	男	19	初中	2
4	男	46	高中	4
5	女	47	小学	4
6	男	34	小学	2
7	女	22	初中	3
8	男	31	高中	5
9	男	55	高中	3
10	男	32	初中	5
11	女	49	中专	4
12	男	34	初中	4
13	男	34	初中	4
14	男	61	中专	7
15	男	36	初中	4

要求：

（1）按性别和文化程度分别编制品质数列。

（2）按技术级别编制单项式数列。

（3）以组距为 10、20 岁以下、60 岁以上各为一组，按年龄编制组距式数列。

12. 某企业某班组工人日产量资料如下表所示。

日产量分组/件	工人数/人
50~60	12
60~70	24
70~80	36
80~90	20
90~100	14
合计	106

根据上表指出：

（1）表中的变量数列属于哪一种变量数列。

（2）表中的变量、变量值、上限、下限、频数。

（3）计算组距、组中值、频率，绘制频数直方图、折线图，并指出其分布形态。

13. 为了确定灯泡的使用寿命（单位：小时），在一批灯泡中随机抽取 100 只进行测试，所得结果如下。

700	716	728	719	685	709	691	684	705	718
706	715	712	722	691	708	690	692	707	701
708	729	694	681	695	685	706	661	735	665
668	710	693	697	674	658	698	666	696	698
706	692	691	747	699	682	698	700	710	722
694	690	736	689	696	651	673	749	708	727
688	689	683	685	702	741	698	713	676	702
701	671	718	707	683	717	733	712	683	692
693	697	664	681	721	720	677	679	695	691
713	699	725	726	704	729	703	696	717	688

要求：

（1）对上面的数据进行排序。

（2）以组距为 10 进行等距分组，整理成频数分布表，并绘制直方图。

14. 将下列数据整理成茎叶图，取茎的单位为 10，叶的单位为 1。

一组工人一日加工零件个数

31	35	44	33	44	43	48	42	45	30
41	32	42	36	49	37	45	37	36	42
35	39	43	46	34	40	43	37	37	49
36	42	45	36	37	43	39	36	46	42
33	43	34	38	47	35	25	42	40	41

15. 某年随机抽取我国 229 个城市（包括县级市），其人口总数分组资料如下表所示。

人数分组/万人	频数城市个数）/个	频率/%	向上累计频率/%	向下累计频率/%
10 以下				
10~30	86		44.10	

续表

人数分组/万人	频数城市个数)/个	频率/%	向上累计频率/%	向下累计频率/%
30～50		21.84		
50～100		17.90		
100～200			94.32	
200 以上				
合计	229	100		

要求：在表中空白处补充数字。

16. 某市 2020 年进行城市住户抽样调查，随机抽取 800 户住户家庭的月均收入数据，如下表所示。

按户月均收入水平分组/元	户数/户
10 000 以下	30
10 000～15 000	80
15 000～20 000	120
20 000～25 000	150
25 000～30 000	180
30 000～35 000	140
35 000～40 000	60
40 000 以上	40
合计	800

根据上述资料确定：

（1）第三组上限。

（2）第五组下限。

（3）第六组的组中值。

（4）第七组的频数和频率。

（5）第一组和最后一组的组中值。

（6）户月均收入 25 000 元应该属于哪一组？

（7）户月均收入的户数不少于 20 000 元但小于 35 000 元的比重。

（8）该频数分布表属于哪种数列？为什么？

17. 我国城镇居民人均可支配收入 2016 年为 33 616.2 元/人，2017 年为 36 396.2 元/人，2018 年为 39 250.8 元/人，2019 年为 42 358.8 元/人；我国农村居民人均可支配收入 2016 年为 12 363.4 元/人，2017 年为 13 432.4 元/人，2018 年为 14 617.0 元/人，2019 年为 16 020.7 元/人。请根据统计表的编制原则设计一张反映 2016～2019 年我国城镇居民与我国农村居民人均可支配收入情况对比的统计表。

练习题答案

一、单项选择题

1. A   2. B   3. B   4. B   5. D

6. D　　　　7. C　　　　8. C　　　　9. B　　　　10. C

11. A　　　　12. B　　　　13. D　　　　14. A　　　　15. A

16. A　　　　17. B　　　　18. A　　　　19. C　　　　20. D

二、判断题

1. ×　　　　2. ×　　　　3. ×　　　　4. ×　　　　5. ×

6. ×　　　　7. ×　　　　8. ×　　　　9. √　　　　10. √

11. √　　　　12. √　　　　13. ×　　　　14. ×　　　　15. √

16. ×　　　　17. √　　　　18. √　　　　19. ×　　　　20. √

三、填空题

1. 2 250

2. 简单分组　复合分组

3. 穷尽原则　互斥原则

4. U 形分布　J 形分布

5. 下限　组中值

6. 等距数列　异距数列

7. 离散　连续　重叠

8. 2021 年 1 月 1 日至 1 月 31 日

9. 单项式分组　组距式分组

10. 经常性调查

四、计算题

1. 解：

数 学 成 绩	学生人数/人
60 以下	4
60～70	9
70～80	10
80～90	13
90～100	4
合计	40

2. 解：

日生产零件数/件	工人人数/人
30	4
32	2
34	8
35	8
36	4
38	2

日生产零件数/件	工人人数/人
40	2
合计	30

3．解：

工人完成生产定额直方图如下。

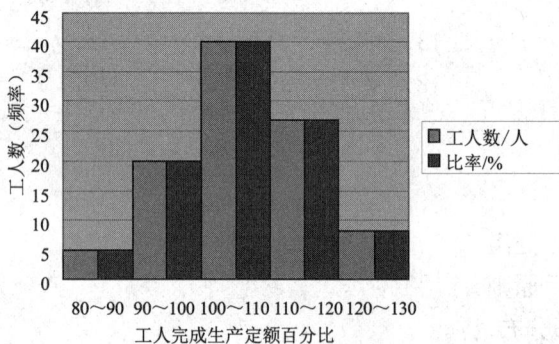

工人完成生产定额折线图如下。

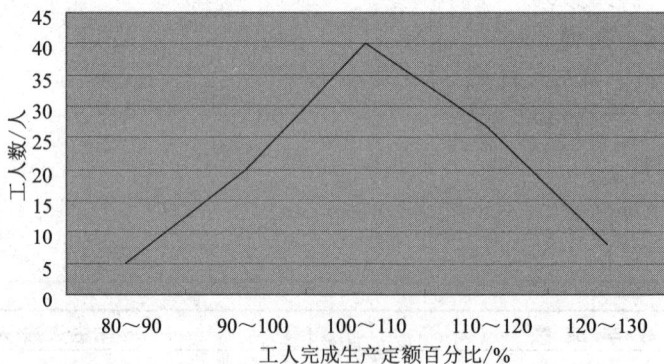

4．解：

（1）$X_{\min}=651$，$X_{\max}=1\ 120$，$R=1\ 120-651=469$

$k=1+3.3\lg N=1+3.3\lg 50=6.6$　　$d=R/k=469/7=67$

为分组方便，取组距为 70。

灯泡耐用时数/小时	灯泡个数/只	频率/%	向上累计		向下累计	
			频数	频率/%	频数	频率/%
800 以下	1	2	1	2	50	100
800~870	11	22	12	24	49	98
870~940	20	40	32	64	38	76
940~1 010	13	26	45	90	18	36
1 010~1 080	3	6	48	96	5	10
1 800~1 150	2	4	50	100	2	4
合计	50	100	—	—	—	—

由于耐用时数在 800 小时以下的只有一只灯泡，因此第一组采用开口组的形式。

（2）

50 只灯泡耐用时数直方图如下。

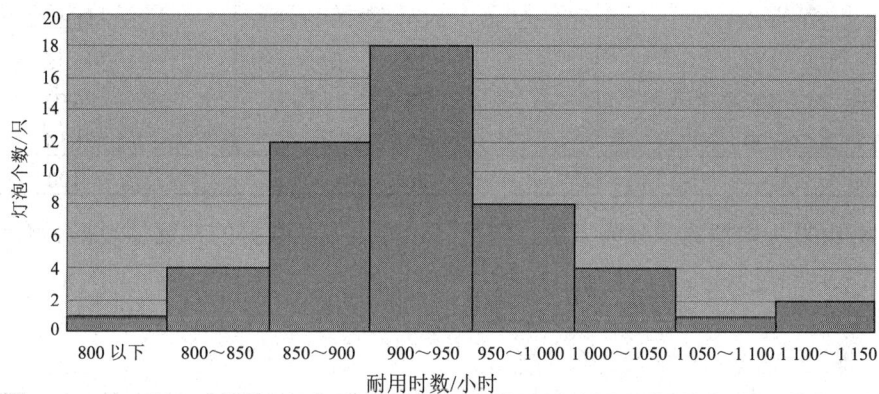

50 只灯泡耐用时数折线图如下。

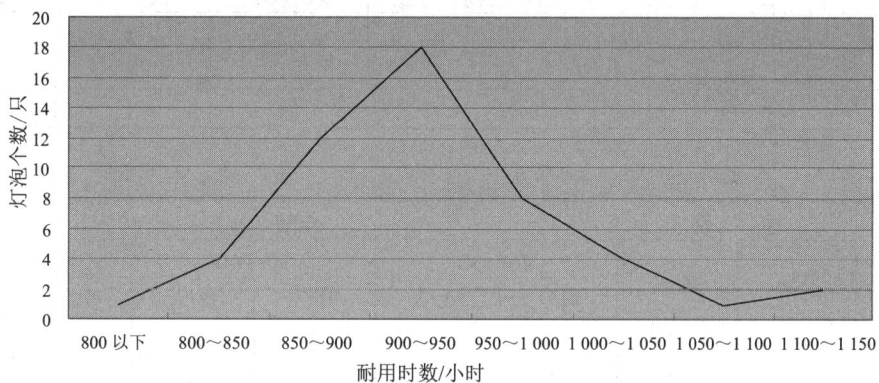

（3）根据图形可看出灯泡耐用时数的分布属于钟形分布中的右偏分布。

5．解：

以 40 为组距的等距分组如下。

产量/套	生产天数/天	频率/%
100 以下	4	15.38
100～140	10	38.46
140～180	7	26.93
180～220	4	15.38
220～260	1	3.85
合计	26	100

以 50 为组距的等距分组如下。

产量/套	生产天数/天	频率/%
50 以下	1	3.85
50～100	3	11.54
100～150	12	46.15
150～200	7	26.92
200～250	3	11.54
合计	26	100

两种分组方法均把数据分为五组，但后一种分组方法数据的特征体现得更为明显，因此更好。

6．解：

（1）

性　别	来自各部门的人数/人			年龄（岁）		
	工　业	农　业	商　业	20～30	30～40	40～50
男	10	3	4	12	2	3
女	8	4	3	11	2	2
合计	18	7	7	23	4	5

（2）

来自部门	性　别		年龄（岁）					
	男/人	女/人	20～30		30～40		40～50	
			男/人	女/人	男/人	女/人	男/人	女/人
工业	10	8	6	4	2	2	2	2
农业	3	4	2	4	0	0	1	0
商业	4	3	4	3	0	0	0	0
合计	17	15	12	11	2	2	3	2

7．解：

教员职称	教员所属院系	教员人数/人
讲师	中文系	12
	数学系	12
	外语系	19
副教授	中文系	5
	数学系	6
	外语系	5
教授	中文系	4
	数学系	5
	外语系	4

8．解：

考分/分	人数/人	比率/%	向 上 累 计		向 下 累 计	
			人数/人	比率/%	人数/人	比率/%
60 以下	2	5.0	2	5.0	40	100.0
60~70	7	17.5	9	22.5	38	95.0
70~80	11	27.5	20	50.0	31	77.5
80~90	12	30.0	32	80.0	20	50.0
90 以上	8	20.0	40	100.0	8	20.0
合计	40	100.0	—	—	—	—

比率：代表每组学生占全部学生中的比重；向上累计人数（比率）：代表该组上限以下的累计人数（累计比率）；向下累计人数（比率）：代表该组下限以上的累计人数（累计比率）。

9．解：

按产品类型分组如下。

产 品 类 型	产量/台
履带式	330
轮式	694
合计	1 024

按马力分组如下。

每台马力数	产量/台
10~20	349
20~40	525
40~80	150
合计	1 024

10．解：

（1）$R=243-91=152$

组距 10 万吨		组距 15 万吨	
月产量/万吨	企业数/个	月产量/万吨	企业数/个
90~100	1	90~105	1
100~110	2	105~120	5
110~120	3	120~135	5
120~130	3	135~150	5
130~140	4	150~165	7
140~150	3	165~180	8
150~160	4	180~195	9
160~170	5	195~210	4
170~180	6	210~225	3
180~190	6	225~240	1
190~200	5	240~255	2

组距 10 万吨		组距 15 万吨	
月产量/万吨	企业数/个	月产量/万吨	企业数/个
200～210	2		
210～220	2		
220～230	1		
230～240	1		
240～250	2		
合计	50	合计	50

组距 20 万吨的分配数列如下。

月产量/万吨	企业数/个
90～110	3
110～130	6
130～150	7
150～170	9
170～190	12
190～210	7
210～230	3
230～250	3
合计	50

从以上三个分配数列可以看出，组距 10 万吨太小，组数太多，各组单位数分散，看不出分布规律；组距为 15 万吨时，总体单位和组的分布规律开始表现出来，但特征仍不明显。因此最合适的为组距 20 万吨的分配数列。

（2）

月产量/万吨	企业数/个	频率/%	组 中 值
90～110	3	6	100
110～130	6	12	120
130～150	7	14	140
150～170	9	18	160
170～190	12	24	180
190～210	7	14	200
210～230	3	6	220
230～250	3	6	240
合计	50	100	—

11. 解：

（1）

性　　别	工人数/人	频率/%
男	12	80
女	3	20
合计	15	100

续表

文 化 程 度	工人数/人	频率/%
文盲	1	6.67
小学	2	13.33
初中	7	46.67
中专	2	13.33
高中	3	20
合计	15	100

（2）

技 术 级 别	工人数/人	频率/%
2	2	13.33
3	3	20
4	6	40
5	2	13.33
6	1	6.67
7	1	6.67
合计	15	100

（3）

年龄/岁	工人数/人	频率/%
20 以下	1	6.67
20～30	1	6.67
30～40	7	46.67
40～50	3	20
50～60	2	13.33
60 以上	1	6.67
合计	15	100

12．解：

（1）该数列为等距式数列。

（2）变量是日产量，变量值是 50～100，下限是 50、60、70、80、90，上限是 60、70、80、90、100，频数是 12、24、36、20、14。

（3）组距是 10，组中值分别是 55、65、75、85、95，频率分别是 11.32%、22.64%、33.96%、18.87%、13.21%。

某企业某班组工人日产量直方图如下。

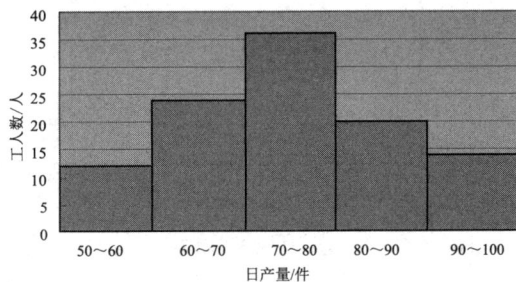

某企业某班组工人日产量折线图如下。

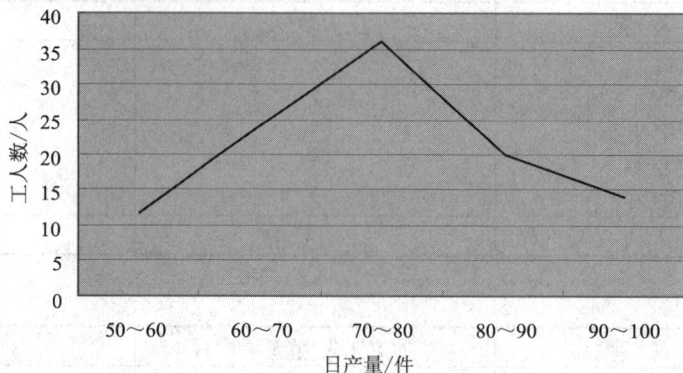

基本呈正态分布。

13．解：

（1）

651	658	661	664	665	666	668	671	673	674
676	677	679	681	681	682	683	683	683	684
685	685	685	688	688	689	689	690	690	691
691	691	691	692	692	692	693	693	694	694
695	695	696	696	696	697	697	698	698	698
698	699	699	700	700	701	701	702	702	703
704	705	706	706	706	707	707	708	708	708
709	710	710	712	712	713	713	715	716	717
717	718	718	719	720	721	722	722	725	726
727	728	729	729	733	735	736	741	747	749

（2）

灯泡使用寿命/小时	灯泡个数/只	频率/%
650～660	2	2
660～670	5	5
670～680	6	6
680～690	14	14
690～700	26	26
700～710	18	18
710～720	13	13
720～730	10	10
730～740	3	3
740～750	3	3
合计	100	100

灯泡使用寿命直方图如下。

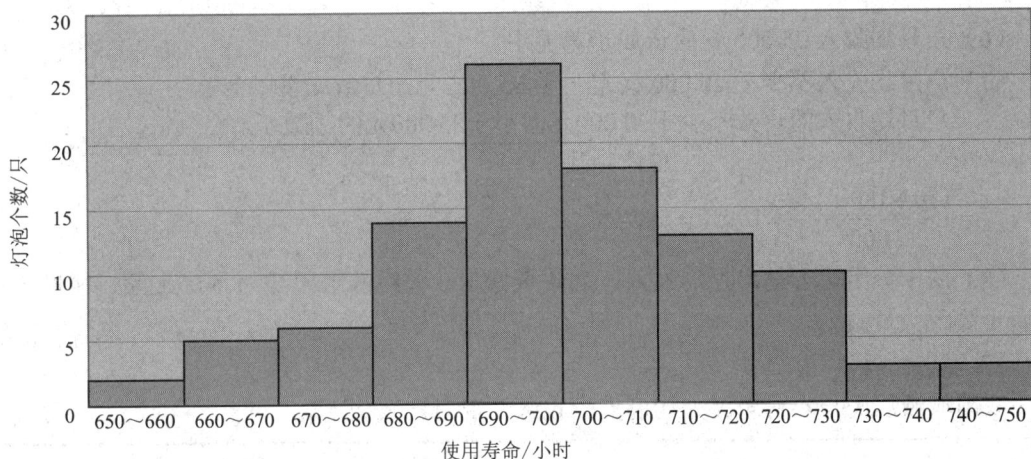

14．解：

"茎"	"叶"	"频次"
2	5	1
3	0，1，2，3，3，4，4，4，5，5，5，6，6，6，6，6，7，7， 7，7，8，9，9	23
4	0，0，1，1，2，2，2，2，2，2，3，3，3，3，3，4，4，5， 5，5，6，6，7，8，9，9	26

15．解：

人数分组/万人	频数（城市个数）/个	频率/%	向上累计频率/%	向下累计频率/%
10 以下	15	6.55	6.55	100
10～30	86	37.55	44.10	93.45
30～50	50	21.84	65.94	55.9
50～100	41	17.90	83.84	34.06
100～200	24	10.48	94.32	16.16
200 以上	13	5.68	100	5.68
合计	229	100	—	—

16．解：

（1）第三组上限是 20 000 元。

（2）第五组下限是 25 000 元。

（3）第六组组中值 $= \dfrac{\text{第六组上限} + \text{第六组下限}}{2} = \dfrac{35\,000 + 30\,000}{2} = 32\,500（元）$

（4）第七组的频数是 60 户，第七组频率 $= \dfrac{\text{第七组频数}}{\text{总体频数}} \times 100\% = \dfrac{60}{800} \times 100 = 7.5\%$

（5）第一组组中值 $= \text{第一组上限} - \dfrac{\text{相邻组距}}{2} = 10\,000 - \dfrac{5\,000}{2} = 7\,500（元）$

$$最后一组组中值 = 最后一组下限 + \frac{相邻组距}{2} = 40\,000 + \frac{5\,000}{2} = 42\,500（元）$$

（6）户月均收入 25 000 元应该属于第五组。

（7）户月均收入不少于 20 000 元但小于 35 000 元的户数比重

$$= \frac{户月均收入的户数不少于20\,000元但小于35\,000元的频数}{总体频数} \times 100\%$$

$$= \frac{150 + 180 + 140}{800} \times 100\% = 58.75\%$$

（8）由于分组标志是户月均收入，为数量标志，每组的组距都为 5 000 元，所以该数列属于等距数量数列。

17. 解：

我国城镇居民与农村居民人均可支配收入情况对比表如下。

年　份	我国人均可支配收入/（元/人）	
	城 镇 居 民	农 村 居 民
2016	33616.2	12363.4
2017	36396.2	13432.4
2018	39250.8	14617.0
2019	42358.8	16020.7

第三章 总量指标与相对指标

学习重点与难点

综合指标是反映现象总体的规模、数量对比关系和一般水平的综合性指标，按其反映总体数量特征的不同可分为总量指标、相对指标、平均指标。本章要讨论的是总量指标和相对指标。通过本章的学习，要求理解总量指标和相对指标的概念，了解其性质和种类，熟练掌握六种相对指标的计算方法，并利用总量指标与相对指标对社会经济现象进行简单的分析。

第一节 总 量 指 标

总量指标是反映社会经济现象发展的总规模、总水平的综合指标，也称为数量指标或统计绝对数。总量指标按反映的内容不同，可分为总体单位总量与总体标志总量；按反映的时间状况不同，可分为时期指标与时点指标；按所采用计量单位的不同，可分为实物指标、价值指标和劳动量指标。本节的学习难点是，要注意时期指标与时点指标的区别：

（1）时期指标说明现象在某一时期内的规模或水平；时点指标说明现象在某一时点所达到的规模或水平。

（2）时期指标是连续的，可以累计，且指标值的大小与时期长短有直接联系；时点指标是间断的，不可以累计，指标值的大小与时间间隔长短无关。

（3）时期指标是通过经常性调查获得的；时点指标是通过一次性调查获得的。

第二节 相 对 指 标

相对指标又称统计相对数。它是两个有联系的现象数值的比率，用以反映现象的发展程度、结构、强度、普遍程度或比例关系。相对指标通常包括计划完成相对数、结构相对数、比例相对数、比较相对数、强度相对数和动态相对数六种。

计划完成相对数又称计划完成百分比，是现象在某一段时间内的实际完成数与计划任务数之比，用以检查、监督计划执行情况的相对指标，通常用"%"表示。计划完成相对数的计算方法如下。

根据总量指标计算：

$$计划完成相对数 = \frac{实际完成数}{计划任务数} \times 100\%$$

根据相对指标计算：

$$计划完成相对数 = \frac{1 \pm 实际提高（降低）百分数}{1 \pm 计划提高（降低）百分数} \times 100\%$$

根据平均指标计算：

$$计划完成相对数 = \frac{实际完成的平均数}{计划规定的平均数} \times 100\%$$

这里的学习难点是：

（1）在实际应用中，计划任务数与实际完成数既可能是总量指标，也可能是相对指标或平均指标，因此，在计算时要根据具体情况采用不同的方法。

（2）计划完成相对数中正、逆指标的区分。计划完成相对数的数值越大，代表计划完成得越好，为正指标；计划完成相对数的数值越大，代表计划完成得越差，则为逆指标。

（3）计算提前完成计划时间时，若长期计划中只规定最后一年应达到的水平，应采用水平法；若长期计划规定整个计划期内累计应达到的水平，应采用累计法。

结构相对数，是在对总体分组的基础上，以总体总量作为比较标准，求出各组总量占总体总量的比重，来反映总体内部组成情况的综合指标。通常用"%"表示。

$$结构相对数 = \frac{总体中某部分数值}{总体全部数值} \times 100\%$$

这里要注意总体中各部分的结构相对指标之和应为100%或1。

比例相对数，是反映总体中不同部分数量对比关系的相对指标，用以分析总体范围内各个局部、各个分组之间的比例关系和协调平衡状况。通常表示为比例的形式 A∶B。

$$比例相对数 = \frac{总体中某一部分数值}{总体中另一部分数值}$$

比较相对数，是将两个同类指标做静态对比得出的相对指标，表明同类现象在不同条件下的数量对比关系，通常用"%"表示。

$$比较相对数 = \frac{某条件下的某类指标数值}{另一条件下的同类指标数值} \times 100\%$$

强度相对指标，是两个性质不同但有一定联系的总量指标之间的对比，表明某一现象在另一现象中发展的强度、密度和普遍程度，通常是有名数，但也有一些强度相对指标的数值用千分数或百分数表示。

$$强度相对指标 = \frac{某一总量指标数值}{另一有联系但性质不同的总量指标数值}$$

这里的学习难点是：

（1）强度相对指标可分为正指标与逆指标，计算方法不同，所得到的指标含义是不同的。

（2）注意区分强度相对指标与平均指标。强度相对指标中的分子与分母是两个不同总体的总量指标之比；而平均指标是同一总体中的总体标志总量与总体单位总量之比。

动态相对指标又称发展速度，是同类事物的报告期水平与基期水平对比所得，反映事物发展变化的速度。它是将不同时期的同类现象进行对比计算的相对指标，也可以叫动态相对数，通常用"%"表示。

$$动态相对指标（发展速度）= \frac{报告期水平}{基期水平} \times 100\%$$

$$增长速度 = 发展速度 - 1$$

第三节 总量指标与相对指标的运用原则

运用总量指标与相对指标时应遵循可比性原则、相对指标与总量指标相结合原则、各种相对指标相结合原则。

练 习 题

一、单项选择题

1. 人们认识现象总体数量特征的基础指标是（ ）。
   A．总量指标　　　　　　　　　B．相对指标
   C．平均指标　　　　　　　　　D．标志变异指标

2. 总量指标按表现形式不同分为（ ）。
   A．时期指标和时点指标　　　　B．总体单位总量和总体标志总量
   C．数量指标和质量指标　　　　D．实物指标和价值指标

3. 总体各部分指标数值与总体数值对比得到的结构相对指标值之和（ ）。
   A．大于 100%　　　　　　　　B．等于 100%
   C．小于 100%　　　　　　　　D．无法确定

4. 下列为时点指标的是（ ）。
   A．在校学生人数　　　　　　　B．商品销售额
   C．新出生人口数　　　　　　　D．国内生产总值

5. 根据第七次全国人口普查数据，我国 65 岁及以上人口比重达到 13.50%是（ ）。
   A．比例相对指标　　　　　　　B．强度相对指标
   C．结构相对指标　　　　　　　D．比较相对指标

6. 计划规定商品销售额较上一年增长 3%，实际增长 5%，则商品销售额计划完成情况相对指标的算式为（ ）。

   A．$\dfrac{5\%}{3\%}$　　　　　　　　　B．$\dfrac{105\%}{103\%}$

   C．$\dfrac{3\%}{5\%}$　　　　　　　　　D．$\dfrac{103\%}{105\%}$

7. 某城市 2020 年年末有人口 800 万人，实体书店有 2000 家，则该城市的实体书店密度的逆指标是（ ）。
   A．4 000 人/家　　　　　　　B．2 千人/家
   C．0.2 家/千人　　　　　　　D．0.25 家/人

8. 平均每千户城市居民汽车保有量是（ ）。
   A．结构相对指标　　　　　　　B．平均指标
   C．比较相对指标　　　　　　　D．强度相对指标

9. 表现不同类产品产量的无法直接汇总的总量指标是（　　）。

    A. 价值量指标　　　　　　　　　　B. 时期指标

    C. 实物量指标　　　　　　　　　　D. 劳动量指标

10. 总量指标数值大小（　　）。

    A. 随总体范围扩大而增大　　　　　B. 随总体范围扩大而减小

    C. 与总体范围大小无关　　　　　　D. 随总体范围减小而增大

11. 研究从业人员劳动收入水平，则从业人员人数与劳动报酬总量等指标（　　）。

    A. 前者是标志总量，后者是总体单位总量

    B. 前者是总体单位总量，后者是标志总量

    C. 都是总体单位总量

    D. 都是标志总量

12. 下列相对数可以相加的是（　　）。

    A. 比例相对数　　　　　　　　　　B. 结构相对数

    C. 比较相对数　　　　　　　　　　D. 强度相对数

13. 我国第七次人口普查结果是，我国总人口男女之间的性别比为105.1∶100，这个指标是（　　）。

    A. 结构相对指标　　　　　　　　　B. 强度相对指标

    C. 比例相对指标　　　　　　　　　D. 比较相对指标

14. 若要了解某地区居民的收入状况，总体单位总量是（　　）。

    A. 该地区居民总人数　　　　　　　B. 该地区居民总收入

    C. 居民社区数　　　　　　　　　　D. 人均收入额

15. 由反映总体各单位数量特征的标志值汇总得到的指标是（　　）。

    A. 质量指标　　　　　　　　　　　B. 数量指标

    C. 总体单位总量指标　　　　　　　D. 总体标志总量指标

16. 相对指标中有正指标和逆指标之分的只有（　　）。

    A. 利用程度相对指标　　　　　　　B. 强度相对指标

    C. 比例相对指标　　　　　　　　　D. 比较相对指标

17. 对甲、乙两个企业生产的饮料进行质量检验，不合格率分别为6%和10%，则甲、乙两个企业生产的饮料不合格品数量为（　　）。

    A. 甲＞乙　　　　　　　　　　　　B. 甲＜乙

    C. 甲＝乙　　　　　　　　　　　　D. 无法判断

18. 我国第七次人口普查结果显示，2020年大陆地区每10万人中具有大学文化程度的为15 467人。该数字资料为（　　）。

    A. 绝对数　　　　　　　　　　　　B. 比较相对数

    C. 强度相对数　　　　　　　　　　D. 结构相对数

19. 某大学下属10个学院共有学生9 000人、专职教师880人、设置专业28个。若每个分院为调查单位，则总体单位总量是（　　）。

    A. 学院数　　　　B. 学生数　　　　C. 教师数　　　　D. 专业数

20. 强度相对指标与平均指标相比（   ）。

    A．都具有平均意义   B．都可用复名数表示

    C．都是两个有联系的总体对比   D．都具有正逆指标

二、判断题（正确的打"√"，错误的打"×"，并填写在题后的括号中）

1．不同总体的不同性质指标对比得到的相对数是比较相对数。   （   ）

2．同一个总体，时期指标值的大小与时期长短成正比，时点指标值的大小与时间间隔成反比。   （   ）

3．恩格尔系数属于结构相对数。   （   ）

4．时期指标的数值大小与时间长短成反比。   （   ）

5．若甲、乙、丙三个企业的产值计划完成程度分别为 90%、100% 和 110%，则这三个企业平均的产值计划完成程度应为 100%。   （   ）

6．结构相对指标具有可加性。   （   ）

7．在计算和运用相对指标时，不能只凭相对数的大小来判断，只有将相对指标和总量指标结合起来分析，才能对问题的实质做出正确的判断。   （   ）

8．全国金融业从业人数和工资总额都是时点指标。   （   ）

9．结构相对指标一定小于 100%。   （   ）

10．每名医生服务的居民人数属于正指标。   （   ）

11．能计算总量指标的总体必须是有限总体。   （   ）

12．某企业的"职工人数"指标肯定是一个总体单位总量。   （   ）

13．在计算相对指标时，比较相对指标的分子、分母不可以互换。   （   ）

14．所有总量指标都可以累加。   （   ）

15．相对指标是两个有联系的指标数值之比，所以它们之间必须是同质的。   （   ）

16．结构相对指标一般用百分数表示，其分子和分母既可以是时期指标，也可以是时点指标。   （   ）

17．一个特定的总体有多个总体单位总量和总体标志总量。   （   ）

18．相对指标的分子和分母互换便产生了正指标和逆指标。   （   ）

19．检查长期计划执行情况的方法有水平法和累计法。   （   ）

20．某企业单位成本计划完成百分数是 103%，表示超额完成计划。   （   ）

三、填空题

1．总量指标表现为_____的形式，其指标数值随着_____的大小而发生增减变动。

2．当计划指标为长期计划最后一个时期应达到的水平时，计算计划完成程度应采用_____，当计划指标为计划期内累计完成工作总量时，计算计划完成程度应采用_____。

3．按总量指标反映的内容不同，可分为_____和_____。

4．强度相对指标的数值大小如果与所反映现象的密度、普遍程度成正比，称为_____，反之称为_____。

5．某工业企业2020年计划产量比上年产量增长10%，实际产量为上年产量的1.2倍，则该企业2020年产量的计划完成程度为_____。

6．从反映的时间状态讲，国内生产总值指标属于_____指标，而年末人口数目属于_____指标。

7．相对指标的表现形式有两种：_____和_____。

8．各种相对指标中，属于两个总体之间对比的相对指标有_____和_____。

9．同类指标数值在不同空间做静态对比形成_____指标；而同类指标数值在不同时间对比形成_____指标。

10．人均国内生产总值是_____指标。

四、计算题

1．某地区2020年年末人口数为3 200万人，其中男性人口数为1 650万人，女性人口数为1 550万人，该地区土地面积为10万平方千米。计算所有可能的相对指标，并指出其属于哪一类相对指标。

2．某总公司各企业计划完成程度和实际利润额如下表所示。

企　业	计划完成/%	实际利润额/万元
甲	120	280
乙	105	120
丙	150	200
丁	90	140

试计算该总公司的平均利润计划完成程度。

3．某企业的工人人数和月平均工资资料如下表所示。

工　人　类　别	2019年		2020年	
	工人人数/人	月平均工资金额/（元/人）	工人人数/人	月平均工资金额/（元/人）
技术工	270	10 000	280	10 300
辅助工	180	8 000	420	8 200
合计	450	9 200	700	9 040

要求：

（1）计算工人人数结构相对指标。

（2）分析技术工及辅助工工人的月平均工资额报告期比基期均有提高，但全厂工人的月平均工资额却下降了，其原因是什么？

4．某地区2020年完成生产总值43 000亿元，其中第一产业完成增加值4 000亿元，第二产业完成增加值17 000亿元，第三产业完成增加值22 000亿元，试计算2020年第一、二、三产业的结构相对指标和比例相对指标。

5. 某地区计划五年固定资产投资额为 25 亿元，这五年实际各年完成情况如下表所示。

年　　　度	第一年	第二年	第三年	第四年	第五年			
					第一季度	第二季度	第三季度	第四季度
固定资产投资总额（亿元）	4.5	4.5	5.1	5.9	2.5	2.5	1.3	1.7

要求：

（1）计算这五年固定资产投资计划完成程度。

（2）计算该地区提前多少时间完成了固定资产投资计划确定的目标。

6. 某工厂上半年钢材进货计划执行情况如下表所示。

单位：万吨

全年进货计划	第一季度进货		第二季度进货	
	计　　划	实　　际	计　　划	实　　际
5 000	1 200	1 180	1 400	1 450

计算和分析：

（1）各季度进货计划完成程度。

（2）上半年进货计划完成情况。

7. 某企业产值计划完成 103%，产值比上一年增长 5%，计算产值计划规定比上一年增长多少？

8. 某企业所属三个分厂某年下半年的利润额资料如下表所示。

企　　业	第三季度利润/万元	第四季度				计划完成百分比/%	第四季度为第三季度的百分比/%
		计　　划		实　　际			
		利润/万元	比重/%	利润/万元	比重/%		
	①	②	③	④	⑤	⑥	⑦
A 厂	1 082	1 234		1 358			
B 厂	1 418	1 724				95	
C 厂	915			1 140		105	
合计	3 415						

要求：

（1）计算空格指标数值，并指出①～⑦栏是何种统计指标。

（2）若未完成计划的分厂能完成计划，则该企业的利润将增加多少？超额完成计划多少？

（3）若 B、C 两分厂都能达到 A 厂完成计划的程度，该企业将增加多少利润？超额完成计划多少？

9. 某冰箱厂要求五年计划最后一年产量达到 400 万台，该厂在五年计划最后两年的每月实际产量如下表所示。

单位：万台

月份	1	2	3	4	5	6	7	8	9	10	11	12
第四年各月产量	25	27	24	26	29	30	31	32	34	31	35	35
第五年各月产量	34	35	36	38	39	40	41	42	44	44	44	47

要求：

（1）计算该冰箱厂最后一年计划上半年的完成进度。

（2）计算该冰箱厂提前完成五年计划的时间。

10．某地区的森林状况如下表所示。

项　　目	2010 年	2020 年
森林总面积/亿公顷	1.61	2.22
森林蓄积量/亿立方米	119	154

要求：

（1）计算平均每公顷森林蓄积量。

（2）计算相关的动态相对指标。

11．某市三个商场下半年零售额情况如下表所示。

商　　场	第三季度实际零售额/万元	第 四 季 度				
		计　划		实　际		计划完成/%	乙、丙分别为甲的/%
		零售额/万元	比重/%	零售额/万元	比重/%		
甲	90	100		110			
乙	130	150				100	
丙	230			237.5		95	
合计	450		100				

要求：

（1）填写表中空白数字。

（2）指出各栏是何种相对数。

12．某地区某年国民收入为 320 亿元，其中用于消费的为 220 亿元，用于积累的为 100 亿元。该地区该年年平均人口 2 950 万人。

要求：

（1）分析该地区该年国民收入中积累和消费的构成比例关系。

（2）计算人均国民收入强度相对指标。

13．某企业计划本年总产值比上年增长 20%，实际比计划多增长 5%，试计算本年实际比上年增长多少。

14．某地区年末总人口为 4 570 万人，其中男性人口为 2 420 万人，总人口比上年末净增长 58 万人，年内新出生人口 101 万人。试利用上述数据计算结构相对指标、比例相对指标、动态相对指标。

15．甲、乙两地区的机动车保有量资料如下表所示。

单位：万辆

地　　区	2016 年	2020 年
甲地区	300	360
乙地区	210	280

要求：

（1）计算比较相对指标。

（2）计算动态相对指标。

16．某企业产量资料如下。根据动态指标的相互关系，确定并填入下表空缺数值。

年　　份	产量/万件	与上一年比较		
		增长量/万件	发展速度/%	增长速度/%
2017	600	—	—	—
2018		50		
2019			109	
2020				6

17．某地区 2018 年每千人医疗卫生机构床位数为 6 张，2020 年每千人医疗卫生机构床位数为 7 张，请用逆指标表示该地区医疗卫生机构床位的配备情况。

18．某企业三个班组同种产品产量资料如下表所示。

班　　组	第 一 季 度		第 二 季 度	
	实际产量/吨	完成计划/%	计划产量/吨	完成计划/%
甲	85	103	88	105
乙	200	104	210	102.5
丙	110	100	116	105

计算：

（1）该企业三个班组第一季度、第二季度产量计划平均完成程度。

（2）该企业三个班组上半年年产量计划平均完成程度。

19．2020 年甲市人口 2 200 万人，机动车保有量 590 万辆；乙市人口 950 万人，机动车保有量 340 万辆。计算两市的人均机动车保有量，并进行比较。

20．某企业计划通过单位产品成本降低 10%，劳动生产率提高 10%，使利润总额在原来的 100 万元的基础上增加 50%。实际执行结果是单位产品成本降低 8%，劳动生产率提高了 20%，利润计划完成 105%。

计算：

（1）该企业成本计划完成指标。

（2）劳动生产率计划完成指标。

（3）企业实现利润总额。

练习题答案

一、单项选择题

1. A	2. D	3. B	4. A	5. C
6. B	7. A	8. D	9. C	10. A
11. B	12. B	13. C	14. A	15. D
16. B	17. D	18. C	19. A	20. B

二、判断题

1. ×	2. ×	3. √	4. ×	5. ×
6. √	7. √	8. ×	9. √	10. ×
11. √	12. ×	13. ×	14. ×	15. ×
16. √	17. ×	18. ×	19. √	20. ×

三、填空题

1. 绝对数　统计范围
2. 水平法　累计法
3. 总体单位总量　总体标志总量
4. 正指标　逆指标
5. 109.09%
6. 时期　时点
7. 有名数　无名数
8. 比较相对指标　强度相对指标
9. 比较相对　动态相对
10. 强度相对

四、计算题

1. 解：

2020 年年末该地区男性人口比重 $= \dfrac{1\,650}{3\,200} \times 100\% = 51.56\%$，属于结构相对指标；

2020 年年末该地区女性人口比重 $= \dfrac{1\,550}{3\,200} \times 100\% = 48.44\%$，属于结构相对指标；

2020 年年末该地区的男女性别比例 $= \dfrac{1\,650}{1\,550} = 106.45 : 100$，属于比例相对指标；

2020 年年末该地区的人口密度 $= \dfrac{3\,200}{10} = 320$（人 / 平方千米），属于强度相对指标。

2．解：

$$该总公司的平均利润计划完成程度 = \frac{实际完成数}{计划完成数} = \frac{280+120+200+140}{\dfrac{280}{120\%}+\dfrac{120}{105\%}+\dfrac{200}{150\%}+\dfrac{140}{90\%}}$$

$$= \frac{740}{636.51} = 116.26\%$$

该总公司的平均利润计划完成程度为 116.26%。

3．解：

（1）结构相对数 $= \dfrac{总体内部分数值}{总体全部数值} \times 100\%$

2019 年技术工占全部工人的比重 $= \dfrac{270}{450} \times 100\% = 60\%$

2019 年辅助工占全部工人的比重 $= \dfrac{180}{450} \times 100\% = 40\%$

2020 年技术工占全部工人的比重 $= \dfrac{280}{700} \times 100\% = 40\%$

2020 年辅助工占全部工人的比重 $= \dfrac{420}{700} \times 100\% = 60\%$

（2）虽然 2020 年技术工及辅助工工人的月平均工资额均比 2019 年高，但影响平均指标大小的因素有两个：一是各组标志值的大小；二是每组数值占总体数值的比重。由于 2020 年技术工人数占工人总体人数的比重大大降低，而辅助工人数占工人总体人数的比重大大提高，因此使得 2020 年工人的总月平均工资降低。

4．解：

结构相对指标如下。

2020 年生产总值中第一产业所占比重 $= \dfrac{4\,000}{43\,000} \times 100\% = 9.30\%$

2020 年生产总值中第二产业所占比重 $= \dfrac{17\,000}{43\,000} \times 100\% = 39.54\%$

2020 年生产总值中第三产业所占比重 $= \dfrac{22\,000}{43\,000} \times 100\% = 51.16\%$

比例相对指标如下。

2020 年第一、二、三产业的生产总值比例=4 000∶17 000∶22 000=1∶4.25∶5.50

5．解：

（1）计划完成百分数 $= \dfrac{实际完成数}{计划数} \times 100\%$

产量计划完成百分数 $= \dfrac{4.5+4.5+5.1+5.9+2.5+2.5+1.3+1.7}{25} \times 100\% = 112\%$

（2）用累计法计算提前完成时间：从第一年始到第五年第二季度止，该地区固定资产投资累计实际完成 25 亿元，比计划要求的时间提前半年完成。

6. 解：

（1）第一季度进货计划完成程度 $= \dfrac{\text{实际进货数}}{\text{计划进货数}} = \dfrac{1\,180}{1\,200} = 98.33\%$

　　第二季度进货计划完成程度 $= \dfrac{\text{实际进货数}}{\text{计划进货数}} = \dfrac{1\,450}{1\,400} = 103.57\%$

（2）上半年进货计划完成程度 $= \dfrac{\text{上半年实际进货数}}{\text{上半年计划进货数}} = \dfrac{1\,180+1\,450}{1\,200+1\,400} = \dfrac{2\,630}{2\,600} = 101.15\%$

7. 解：设产值计划规定比上一年增长 x，则

$$\frac{1+5\%}{1+x} \times 100\% = 103\%$$

解之得，$x=1.94\%$，即产值计划规定比上一年增长 1.94%。

8. 解：

企　业	第三季度利润/万元	第 四 季 度				计划完成百分比/%	第四季度为第三季度的百分比/%
		计　划		实　际			
		利润/万元	比重/%	利润/万元	比重/%		
	①	②	③	④	⑤	⑥	⑦
A 厂	1 082	1 234.00	30.52	1 358	32.84	110.05	125.51
B 厂	1 418	1 724.00	42.63	1 637.8	39.60	95.00	115.50
C 厂	915	1 085.71	26.85	1 140	27.56	105.00	124.59
合计	3 415	4 043.71	100	4 135.8	100	102.28	121.11

（1）①、②、④为时期指标；③、⑤为结构相对指标；⑥为计划完成相对指标；⑦为动态相对指标。

（2）若 B 厂完成计划，该企业的利润将增加：1 724×5%=86.2（万元）；

超额完成计划绝对数为：4 135.8−4 043.71+86.2=178.29（万元）；

超额完成计划相对数为：178.29/4 043.71=4.41%。

（3）若 B、C 两分厂都达到 A 厂完成计划的程度，企业将增加利润：

　　（1 358+1 724×110.05%+1 085.71×110.05%）−4 135.8=314.29（万元）

超额完成计划绝对数为：4 135.8+314.29−4 043.71=406.38（万元）；

超额完成计划相对数为：10.05%。

9. 解：

（1）该冰箱厂最后一年计划上半年的完成进度 $= \dfrac{34+35+36+38+39+40}{400} = 55.5\%$

（2）从第四年 5 月始至第五年 4 月底，该厂共产冰箱 400（29+30+31+32+34+31+35+35+34+35+36+ 38=400）万台，达到五年计划最后一年标准，按水平法计算的提前完成五年计划的时间为 8 个月。

10. 解：

（1）2010 年该地区平均每公顷森林蓄积量：$\dfrac{119}{1.61} = 73.91$（立方米/公顷）；

2020 年该地区平均每公顷森林蓄积量：$\dfrac{154}{2.22}=69.37$（立方米/公顷）。

（2）2020 年比 2010 年森林总面积增加：2.22-1.61=0.61（亿公顷）；

2020 年比 2010 年森林总面积增长：$\dfrac{2.22}{1.61}\times100\%-1=37.89\%$；

2020 年比 2010 年森林蓄积量增加：154-119=35（亿立方米）；

2020 年比 2010 年森林蓄积量增长：$\dfrac{154}{119}\times100\%-1=29.41\%$。

2020 年比 2010 年平均每公顷森林蓄积量减少：69.37-73.91=-4.54（立方米/公顷）；

2020 年比 2010 年平均每公顷森林蓄积量下降：$1-\dfrac{69.37}{73.91}\times100\%=6.14\%$。

11．解：

（1）

商　　　场	第三季度实际零售额/万元	第　四　季　度				计划完成/%	乙、丙分别为甲的比重/%
		计　　划		实　　际			
		零售额/万元	比重/%	零售额/万元	比重/%		
甲	90	100	20	110	22.1	110	—
乙	130	150	30	150	30.2	100	136.4
丙	230	250	50	237.5	47.7	95	215.9
合计	450	500	100	497.5	100	99.5	—

（2）零售额是总量指标，比重是结构相对指标，计划完成百分数是计划完成相对指标，乙、丙分别为甲的百分数是比较相对指标。

12．解：

（1）该地区该年国民收入中用于积累的比重为：100/320=31.25%，用于消费的比重为220/320=68.75%，积累与消费之比为 100：220。

（2）人均国民收入为 $\dfrac{320\times10^{8}}{2\,950\times10^{4}}=1\,084.75$（元/人）。

13．解：

本年实际比上年增长：(100%+20%)+(100%+20%)×5%-100%=26%。

14．解：

结构相对指标如下。

男性人口比重为 2 420/4 570 = 52.95%；

女性人口比重为(4 570-2 420)/4 570 = 47.05%；

新生人口比重为 101/4 570 = 2.21%。

比例相对指标如下。

男：女=2 420：2 150 = 113：100。

动态相对指标如下。

该地区人口发展速度为 4 570/(4 570-58)=101.29%。

15．解：

（1）2016 年甲地区的机动车保有量相对于乙地区 $\frac{300}{210} \times 100\% = 142.86\%$；

乙地区的机动车保有量相对于甲地区 $\frac{210}{300} \times 100\% = 70\%$；

2020 年甲地区的机动车保有量相对于乙地区 $\frac{360}{280} \times 100\% = 128.57\%$；

乙地区的机动车保有量相对于甲地区 $\frac{280}{360} \times 100\% = 77.78\%$。

（2）甲地区机动车保有量 2020 年对 2016 年的发展速度为 $\frac{360}{300} \times 100\% = 120\%$，增长速度为 $120\% - 1 = 20\%$；

乙地区机动车保有量 2020 年对 2016 年的发展速度为 $\frac{280}{210} \times 100\% = 133.33\%$，增长速度为 $133.33\% - 1 = 33.33\%$。

16．解：

年　份	产量/万件	与上年比较		
		增长量/万件	发展速度/%	增长速度/%
2017	600	—	—	—
2018	650	50	108	8
2019	709	59	109	9
2020	752	43	106	6

17．解：

用逆指标表示该地区医疗卫生机构床位的配备情况如下。

2018 年每张医疗卫生机构床位的服务人数：$\frac{1\,000}{6} = 167$（人／张）；

2020 年每张医疗卫生机构床位的服务人数：$\frac{1\,000}{7} = 143$（人／张）。

18．解：

（1）该企业三个班组第一季度产量计划平均完成程度

$= \frac{\text{三个班组第一季度实际产量}}{\text{三个班组第一季度计划产量}} = \frac{85 + 200 + 110}{\dfrac{85}{103\%} + \dfrac{200}{104\%} + \dfrac{110}{100\%}} = \frac{395}{384.83} = 102.64\%$

该企业三个班组第二季度产量计划平均完成程度

$= \frac{\text{三个班组第二季度实际产量}}{\text{三个班组第二季度计划产量}} = \frac{88 \times 105\% + 210 \times 102.5\% + 116 \times 105\%}{88 + 210 + 116}$

$= \frac{429.45}{414} = 103.73\%$

（2）该企业三个班组上半年产量计划平均完成程度 $= \frac{395 + 429.45}{384.83 + 414} = \frac{824.45}{798.83} = 103.21\%$

19．解：

甲市每万人机动车保有量：$\dfrac{590}{2\,200} \times 10\,000 = 2\,682$（辆）；

乙市每万人机动车保有量：$\dfrac{340}{950} \times 10\,000 = 3\,579$（辆）；

从每万人机动车保有量看，乙市超过甲市。

20．解：

（1）该企业成本计划完成程度 $= \dfrac{1-8\%}{1-10\%} = 102.22\%$

（2）劳动生产率计划完成程度 $= \dfrac{1+20\%}{1+10\%} = 109.09\%$

（3）企业利润总额 $=(100+100\times50\%)\times105\%=157.5$（万元）

第四章 平均指标与标志变异指标

学习重点与难点

平均指标和标志变异指标是进行统计描述的重要指标。通过本章的学习，要求理解平均指标和标志变异指标的基本概念；熟练掌握各种平均指标和标志变异指标的计算方法；了解几种平均指标之间的关系；明确平均指标与标志变异指标的区别。

第一节 平 均 指 标

平均指标是用以反映社会经济现象总体各单位某一数量标志在一定时间、地点条件下所达到的一般水平的综合指标，是总体内各单位参差不齐的标志值的代表值。根据计算方式、代表意义、应用场合和性质的差异，可将平均指标归纳为数值平均数和位置平均数。

数值平均数包括简单算术平均数、加权算术平均数、简单调和平均数、加权调和平均数、简单几何平均数和加权几何平均数。

简单算术平均数：$\bar{x} = \dfrac{x_1 + x_2 + \cdots + x_n}{n} = \dfrac{\sum x}{n}$

加权算术平均数：$\bar{x} = \dfrac{x_1 f_1 + x_2 f_2 + \cdots + x_n f_n}{f_1 + f_2 + \cdots + f_n} = \dfrac{\sum xf}{\sum f} = \sum x \dfrac{f}{\sum f}$

这里学习的难点是在利用公式计算加权算术平均数时，应注意所给数据。若数据为频数，采用绝对权数的公式；若数据为频率，采用相对权数的公式。

简单调和平均数：$H = \dfrac{1}{\dfrac{\dfrac{1}{x_1} + \dfrac{1}{x_2} + \cdots + \dfrac{1}{x_n}}{n}} = \dfrac{n}{\dfrac{1}{x_1} + \dfrac{1}{x_2} + \cdots + \dfrac{1}{x_n}} = \dfrac{n}{\sum \dfrac{1}{x}}$

加权调和平均数：$H = \dfrac{1}{\dfrac{\dfrac{m_1}{x_1} + \dfrac{m_2}{x_2} + \cdots + \dfrac{m_n}{x_n}}{m_1 + m_2 + \cdots + m_n}} = \dfrac{m_1 + m_2 + \cdots + m_n}{\dfrac{m_1}{x_1} + \dfrac{m_2}{x_2} + \cdots + \dfrac{m_n}{x_n}} = \dfrac{\sum m}{\sum \dfrac{m}{x}}$

这里的学习难点是在具体应用时，应注意算术平均数与调和平均数的适用条件。若已知条件为分组资料的各组变量值 x 及各组的频数 f 时，应采用算术平均方法计算；若已知条件为分组资料的各组变量值 x 及各组的标志值总和 m 即 xf 时，应采用调和平均数计算。

简单几何平均数：$G = \sqrt[n]{x_1 x_2 \cdots x_n} = \sqrt[n]{\prod x}$

加权几何平均数：$G = \sqrt[\sum f]{x_1^{f_1} x_2^{f_2} \cdots x_n^{f_n}} = \sqrt[\sum f]{\prod x^f}$

这里的学习难点是注意几何平均数的适用条件。几何平均数是平均数的一种独立形式，与算术平均数和调和平均数在统计意义上有很大差别。只有变量值的连乘积等于总比率或总速度的现象，才能使用几何平均数计算其平均发展速度。

位置平均数包括众数、中位数和其他分位数。

众数：$Mo = L_{Mo} + \dfrac{\Delta_1}{\Delta_1 + \Delta_2} d_{Mo}$ （下限公式）

$$Mo = U_{Mo} - \dfrac{\Delta_2}{\Delta_1 + \Delta_2} d_{Mo}$$ （上限公式）

中位数：$Me = L_{Me} + \dfrac{\dfrac{\sum f}{2} - S_{Me-1}}{f_{Me}} d_{Me}$ （下限公式）

$$Me = U_{Me} - \dfrac{\dfrac{\sum f}{2} - S_{Me+1}}{f_{Me}} d_{Me}$$ （上限公式）

这里的学习难点是在计算分组情况下的众数和中位数时，首先应找到众数和中位数所在的组。

第二节　标志变异指标

标志变异指标是反映总体各单位标志值之间的差异程度的指标，它反映总体变量的分布特征、变动范围或离散程度。常用的标志变异指标有以下几种。

标准差：$\sigma = \sqrt{\dfrac{\sum\limits_{i=1}^{n}(x_i - \overline{x})^2}{n}}$ 　　或　　$\sigma = \sqrt{\dfrac{\sum\limits_{i=1}^{n}(x_i - \overline{x})^2 f_i}{\sum\limits_{i=1}^{n} f_i}}$

方差：$\sigma^2 = \dfrac{\sum\limits_{i=1}^{n}(x_i - \overline{x})^2}{n}$ 　　或　　$\sigma^2 = \dfrac{\sum\limits_{i=1}^{n}(x_i - \overline{x})^2 f_i}{\sum\limits_{i=1}^{n} f_i}$

这里的学习难点是分组情况下标准差和方差的计算。

成数指标的均值和标准差分别为 $\overline{x} = p$，$\sigma = \sqrt{p(1-p)}$。

这里的学习难点是能够根据客观实际判断哪些属于成数指标。

标准差系数：$V_{\sigma} = \dfrac{\sigma}{\overline{x}} \times 100\%$

这里的学习难点是当水平不同或计量单位不同的总体间比较离散程度时，不能直接用标准差进行比较，而要采用标准差系数进行比较。

第三节　偏度与峰度

偏度是反映变量数列偏斜程度的指标，即指分布不对称的方向和程度。为了准确地测定分布的偏斜程度和进行比较分析，最常见的方法是计算偏度系数。

偏度系数：$SK = (\bar{x} - M_0)/\sigma$

偏度系数取值在-3～+3，其绝对值越大，表明偏斜程度越大；反之，则表明偏斜程度越小。

在社会经济现象中，许多变量数列的曲线与正态分布的曲线相比，其顶部的形态会有所不同，即分布图形的尖峭程度或扁平程度有所不同。如果一个总体在众数周围集中的程度很高，其分布的图形就会比较陡峭；反之，如果总体在众数周围的集中程度较低，其分布的图形就会比较平坦。峰度指标就是反映这方面分布情况的一个数值特征。

峰度系数：$\beta = \dfrac{\nu_4}{\sigma^4} - 3 = \dfrac{\nu_4}{(\nu_2)^2} - 3$

当 $\beta > 0$ 时，分布为高峰度；当 $\beta = 0$ 时，分布为正态分布；当 $\beta < 0$ 时，分布为低峰度。

练 习 题

一、单项选择题

1. 某企业某年上半年月产量（单位：万件）分别为 410、420、380、410、420、420，则该企业上半年的平均月产量、中位数和众数分别为（　　）。

    A. 410、420、420 　　　　　　　　B. 420、420、420

    C. 410、415、420 　　　　　　　　D. 415、420、410

2. 一组数据从小到大排序后处于中间位置上的变量值称为（　　）。

    A. 众数 　　　　　　　　　　　　B. 四分位数

    C. 中位数 　　　　　　　　　　　D. 平均数

3. 已知水果店四种水果的销售单价和销售数量，计算四种水果的平均价格应用（　　）。

    A. 加权算术平均法 　　　　　　　B. 加权调和平均法

    C. 简单算术平均法 　　　　　　　D. 几何平均法

4. 非众数组的频数占总频数的比例称为（　　）。

    A. 平均差 　　　　　　　　　　　B. 变异系数

    C. 异众比率 　　　　　　　　　　D. 标准差

5. 算术平均数的数学性质中，各单位标志值与平均数离差平方之和等于（　　）。

    A. 0 　　　　　　　　　　　　　　B. 最小值

    C. 1 　　　　　　　　　　　　　　D. 各标志值之和

6. 四分位距是（　　）。

    A. 上四分位数减下四分位数的结果 　　B. 下四分位数减上四分位数的结果

    C. 上四分位数减中位数 　　　　　　　D. 下四分位数减中位数

7. 某服装公司为了解某类服装的代表性尺寸，最适合的指标是（　　）。

    A. 中位数 　　　　　　　　　　　B. 众数

    C. 算术平均数 　　　　　　　　　D. 几何平均数

8. 一种数据中出现频数最多的变量值称为（　　　）。

    A．中位数　　　　　　　　　　　　B．平均数

    C．众数　　　　　　　　　　　　　D．四分位数

9. 是非标志方差的最大值为（　　　）。

    A．1　　　　　　　　　　　　　　B．0.5

    C．0.25　　　　　　　　　　　　　D．0.025

10. 下列不受极端值影响的平均数是（　　　）。

    A．算术平均数　　　　　　　　　　B．调和平均数

    C．几何平均数　　　　　　　　　　D．中位数

11. 在（　　　）的条件下，简单算术平均数与加权算术平均数计算结果一致。

    A．权数不相等　　　　　　　　　　B．权数相等

    C．变量值相等　　　　　　　　　　D．变量值不相等

12. 各变量值与其平均数的离差的平方的平均数为（　　　）。

    A．极差　　　　　　　　　　　　　B．标准差

    C．方差　　　　　　　　　　　　　D．平均差

13. 从一批产品中随机抽取 100 件进行质量检验，结果发现 5 件不合格，样本合格率的平均数及标准差分别为（　　　）。

    A．95%，95%×5%　　　　　　　　B．95%，$\sqrt{95\% \times 5\%}$

    C．5%，$\sqrt{95\% \times 5\%}$　　　　　D．5%，95%×5%

14. 变量值与其平均数的离差除以标准差后的值称为（　　　）。

    A．变异系数　　　　　　　　　　　B．标准分数

    C．方差　　　　　　　　　　　　　D．标准差

15. 用同一组数据 x_1, x_2, ⋯, x_n（$x > 0$）计算的算术平均数 $\bar{x}$、几何平均数 G 和调和平均数 H 之间的关系是（　　　）。

    A．$\bar{x} \leqslant G \leqslant H$　　　　　　　　B．$H \leqslant G \leqslant \bar{x}$

    C．$\bar{x} = H = G$　　　　　　　　D．$G \leqslant \bar{x} \leqslant H$

16. 比较两组数据的离散程度最适合的统计量是（　　　）。

    A．极差　　　　　　　　　　　　　B．变异系数

    C．平均差　　　　　　　　　　　　D．标准差

17. 可以反映标志值变化范围的标志变异指标是（　　　）。

    A．平均差　　　　　　　　　　　　B．标准差

    C．方差　　　　　　　　　　　　　D．极差（全距）

18.（　　　）是对极差指标的一种改进，就是从变量数列中剔除了一部分极端值之后重新计算的类似于极差的指标。

    A．四分位差　　　　　　　　　　　B．分位差

    C．平均差　　　　　　　　　　　　D．方差

19．可以反映变量数列偏斜程度的指标是（　　　）。

　　A．方差　　　　　　　　　　　　　B．标准差

　　C．偏度　　　　　　　　　　　　　D．峰度

20．对于右偏分布，平均数、中位数和众数之间的关系是（　　　）。

　　A．平均数＞中位数＞众数　　　　　B．平均数＞众数＞中位数

　　C．众数＞平均数＞中位数　　　　　D．中位数＞平均数＞众数

二、判断题（正确的打"√"，错误的打"×"，并填写在题后的括号中）

1．如果一个数据的标准分数是-2，表明该数据比平均数低2个标准差。（　　　）

2．权数对算术平均数的影响作用只表现为各组出现次数的多少，与各组次数占总次数的比重无关。（　　　）

3．相较于算术平均数，中位数更易受到极端值的影响。（　　　）

4．众数是一种数值平均数，它是指总体中出现次数最多的标志值。（　　　）

5．变异系数是用来比较计量单位不同的总体之间离散程度的，如果总体的水平不同，则可以用标志变异指标来进行比较。（　　　）

6．两组数据的平均数不等，但标准差相等，则平均数小的，离散程度小。（　　　）

7．当总体单位数 n 为奇数时，中位数=$(n+1)/2$。（　　　）

8．任一组数据的众数都是唯一的。（　　　）

9．如果两组数据的标准差不同，则它们平均数的代表性也不同。（　　　）

10．如果一组数据的分布是对称的，则偏态系数等于0。（　　　）

11．三种数值平均数中调和平均数的应用范围最广，且不受变量取值的限制。（　　　）

12．峰态系数大于0，表明该组数据是尖峰分布。（　　　）

13．在一个变量数列中，中位数把全部标志值分成两个部分，即两端的标志值个数相等。（　　　）

14．众数不受极端变量值的影响。（　　　）

15．内四分位间距等于上四分位数与下四分位数之差。（　　　）

16．在比较成人组和幼儿组身高的稳定性时，可以使用平均差或标准差。（　　　）

17．标准差的计算应用了最小平方原理，所以标准差是反映标志变异的最理想的计算方法。（　　　）

18．运用平均指标时可以不考虑总体的同质性。（　　　）

19．变异系数的计算公式为平均指标除以变异指标。（　　　）

20．偏度系数是以标准差为度量单位计算的算术平均数与众数的离差。（　　　）

三、填空题

1．某一算术平均数为 24，若所有的标志值都扩大三倍，所有标志值的频数变为原来的 1/2，则新的算术平均数为＿＿＿＿＿＿。

2．对于一组数据，各值与其算术平均数的离差之和等于＿＿＿＿＿＿。

3．当标志值较大而次数较多时，平均数接近于标志值较＿＿＿＿＿＿的一方；当标志值较小而次数较多时，平均数靠近于标志值较＿＿＿＿＿＿的一方。

4．某组数据的平均数是 10，变异系数为 0.3，则其方差为＿＿＿＿＿。

5．对某企业 4 个车间的 50 名工人进行调查，所得的结果是，人均收入 8 000 元，其离差平方和为 720 000，则标准差是＿＿＿＿＿，标准差系数是＿＿＿＿＿。

6．当频数分布呈左偏分布时，众数、中位数和算术平均数的关系为＿＿＿＿＿。

7．在某城市随机抽取 12 个家庭，调查得到每个家庭的人均月收入（单位：元）数据如下：8 820，6 480，8 820，5 950，6 100，8 340，7 310，8 820，6 860，8 820，7 520，8 820。则众数为＿＿＿＿，中位数为＿＿＿＿。

8．7 个人的身高（单位：厘米）分别为 155，164，167，175，178，185，180，则平均差为＿＿＿＿。

9．从一批产品中随机抽取 1 000 件进行质量检验，结果发现有 50 件不合格，则样本合格率的方差为＿＿＿＿。

10．某数量变量值平方的平均数等于 16，而变量值平均值的平方等于 7，则标准差为＿＿＿＿＿。

四、计算题

1．某单位职工工资情况如下表所示。

按月工资分组 x/千元	职工人数 f/人
10～12	28
12～14	56
14～16	110
16～18	65
18～20	41
合计	300

计算该单位职工的月平均工资。

2．某地区某年个体工商户开业登记注册资本金分组资料如下表所示。

注册资本金分组/万元	50 以下	50～100	100～150	150～200	200 以上
各组个体工商户比重/%	60	20	10	8	2

试计算该地区个体工商户注册资本金的平均数。

3．两种不同水稻品种，分别在五个田地上试种，其产量如下表所示。

甲品种		乙品种	
田地面积/亩	产量/千克	田地面积/亩	产量/千克
1.2	600	1.5	840
1.1	495	1.4	770
1.0	445	1.2	540
0.9	540	1.0	520
0.8	420	0.9	450

注：1 亩≈666.67 平方米。

试问：假定生产条件相同，确定哪一品种具有较大稳定性，宜于推广。

4. 某地区 2020 年住户抽样调查得城镇居民住户月收入情况如下表所示。

按月收入分组/元	户数/户
10 000 以下	55
10 000～20 000	91
20 000～30 000	132
30 000 以上	82
合计	360

计算该地区城镇居民住户月收入的中位数。

5. 依据下列资料，计算车间工人定额完成程度的众数。

按定额完成程度分组/%	工人人数/人
80～90	10
90～100	22
100～110	28
110～120	54
120～130	40
130～140	28
140～150	18
合计	200

6. 某地区甲、乙两村玉米生产情况如下表所示。

按土地条件分组	甲　村 播种面积 面积/公顷	甲村 播种面积 比重/%	甲村 总产量/吨	甲村 单产/（吨/公顷）	乙　村 播种面积 面积/公顷	乙村 播种面积 比重/%	乙村 总产量/吨	乙村 单产/（吨/公顷）
山地	100		300		180		540	
丘陵	150		750		120		600	
平原	80		400		50		300	
合计	330							

要求：

（1）填写表中空白数字。

（2）试分析说明哪个村生产情况好。为什么？

7. 某班共有 100 名学生，在期末英语考试中，男生的平均成绩是 75 分，标准差是 6 分，女生的平均成绩为 80 分，标准差是 6 分。请根据以下条件回答问题。

（1）如果该班的男女生各为 50 人，全班英语考试的平均分是多少？标准差是多少？

（2）如果该班的男生为 60 人，女生为 40 人，全班英语考试的平均分是多少？标准差是多少？

（3）如果该班的男生为 40 人，女生为 60 人，全班英语考试的平均分是多少？标准差是多少？

（4）比较（1）、（2）、（3）的平均分有何变化，并解释变化的原因。

（5）比较（2）和（3）的标准差有何变化，并解释变化的原因。

8. 某公司三个销售部门的年度销售情况如下表所示。

销售部门	销售利润率/%	利润额/万元
甲	10	150
乙	12	240
丙	13	390
合计	—	780

按调和平均数法计算公司销售部门的平均销售利润率。

9. 一种产品需要工人组装，现有三种组装方法。为检验这三种方法哪种好，随机选了10名工人让他们分别用三种方法组装产品。10名工人用三种方法在相同时间内组装产品的数量如下表所示。

方法1	方法2	方法3
164	129	165
167	130	168
168	129	170
165	130	165
170	131	175
165	130	167
164	129	164
168	127	170
162	128	163
163	128	164

请说明：

（1）你准备用哪种方法评价组装方法的优劣？

（2）如果让你选择，你会选哪种方法？说明理由。

10. 分别用三种平均数的计算方法计算下列两组数列的平均数，比较三种平均数的结果，并说明三种平均数的数量关系。

第一组：75，80，90，60，55，65，85

第二组：80，80，80，80，80，80，80

11. 某项10年期的投资，开始5年的年利率为5%，中间2年的年利率为8%，最后3年的年利率为10%，按几何平均数法计算年平均利率。

12. 某农贸市场出售三种水果，三种水果的价格和销量如下表所示。

等级	单价/（元/千克）	销量/千克	销售额/元
一级	1.20	2 000	2 400
二级	1.05	3 000	3 150
三级	0.90	4 000	3 600

要求：按加权算术平均数和加权调和平均数两种方法计算产品的平均收购价格。

13．有两个生产班组，各 7 名工人，日产量如下表所示。

单位：件

一组	7	8	10	11	13	14	16
二组	10	11	12	13	14	15	16

要求：计算各组工人产量的算术平均数和标准差。

14．已知标志值总和为 415，标志值平方和为 1 775，总体单位数为 100，计算其方差和标准差。

15．甲、乙两个单位工人的生产资料如下表所示。

日产量/（件/人）	甲单位工人数/人	乙单位总产量/件
2	120	30
3	60	120
4	20	40
合计	200	190

要求：

（1）分别计算甲、乙两个单位工人的平均日产量。

（2）分析哪个单位工人的日产量稳定。为什么？

16．某公司下属 50 个企业，生产同种产品，某月对产品质量进行调查，得资料如下表所示。

合格率/%	企业数/个	合格品数量/件
70～80	10	25 500
80～90	25	59 500
90～100	15	34 200
合计	50	119 200

计算：

（1）公司该产品的合格率的平均数。

（2）合格率的标准差。

（3）标准差系数。

17．已知某班学生统计学考试成绩如下表所示。

成绩/分	学生人数/人
60 以下	5
60～70	15
70～80	20
80～90	15
90～100	5

要求：计算偏度系数，并计算成绩及格率的均值和方差。

18. 对某地区 120 个企业按利润额进行分组，结果如下表所示。

按利润额分组/万元	企业数/个
200～300	19
300～400	30
400～500	42
500～600	18
600 以上	11
合计	120

要求：

（1）计算 120 个企业利润额的众数、中位数、四分位数和均值。

（2）计算利润额的四分位差和标准差。

（3）计算分布的偏态系数和峰度系数。

19. 某班组 10 个工人平均每小时加工 18 个零件，标准差为 3 件。此外，工龄两年以下的 4 个工人平均每小时生产 15 个零件，工龄两年以上的 6 个工人平均每小时生产 20 个零件，则组内方差的平均数为多少？

20. 某地区调查城镇住户和农户各 400 户的年收入资料如下表所示。

城镇户年收入/万元	户数/户	农户年收入/万元	户数/户
10～20	10	0～10	30
20～30	50	10～20	90
30～40	120	20～30	100
40～50	130	30～40	120
50～60	70	40～50	50
60 以上	20	50 以上	10
合计	400	合计	400

试计算组间方差。

练习题答案

一、单项选择题

1. C	2. C	3. A	4. C	5. B
6. A	7. B	8. C	9. C	10. D
11. B	12. C	13. B	14. B	15. B
16. B	17. D	18. B	19. C	20. A

二、判断题

1. √	2. ×	3. ×	4. ×	5. ×
6. ×	7. ×	8. ×	9. ×	10. √

11．×   12．√   13．√   14．√   15．√

16．×   17．√   18．×   19．×   20．×

三、填空题

1．96

2．0

3．大   小

4．9

5．120   1.5%

6．算术平均数<中位数<众数

7．8 820 元   7 930 元

8．8.57 厘米

9．0.047 5

10．3

四、计算题

1．解：

按月工资分组/千元	组中值 x	职工人数 f/人	工资额 xf/千元
10～12	11	28	308
12～14	13	56	728
14～16	15	110	1 650
16～18	17	65	1 105
18～20	19	41	779
合计	—	300	4 570

该单位职工月平均工资为：

$$\bar{x} = \frac{\sum xf}{\sum f} = \frac{11 \times 28 + 13 \times 56 + 15 \times 110 + 17 \times 65 + 19 \times 41}{300} = \frac{4\,570}{300} = 15.23(\text{千元})$$

2．解：

注册资本金分组/万元	50 以下	50～100	100～150	150～200	200 以上
组中值 x	25	75	125	175	225
各组个体工商户比重 $\left(f\Big/\sum f\right)$/%	60	20	10	8	2

$$注册资本金平均数 = \sum x \frac{f}{\sum f}$$
$$= 25 \times 0.6 + 75 \times 0.2 + 125 \times 0.1 + 175 \times 0.08 + 225 \times 0.02 = 61(\text{万元})$$

3．解：$\bar{x} = \dfrac{\sum x}{n}$

$$\bar{x}_甲 = \frac{600+495+445+540+420}{1.2+1.1+1+0.9+0.8} = \frac{2\,500}{5} = 500（千克/亩）$$

$$\bar{x}_乙 = \frac{840+770+540+520+450}{1.5+1.4+1.2+1+0.9} = \frac{3\,120}{6} = 520（千克/亩）$$

$$\sigma = \sqrt{\frac{\sum(x-\bar{x})^2 f}{\sum f}}，\quad V = \frac{\sigma}{\bar{x}}$$

甲品种平均产量标准差计算表如下。

田地面积 f/亩	亩产 xf/千克	平均亩产/x（千克/亩）	$(x_i-\bar{x}_甲)^2 \times f$
1.2	600	500	0
1.1	495	450	2 750
1.0	445	445	3 025
0.9	540	600	9 000
0.8	420	525	500
合计	2 500	500	15 275

$$\sigma_甲 = \sqrt{\frac{\sum(x-\bar{x})^2 f}{\sum f}} = \sqrt{\frac{15\,275}{5}} = 55.27（千克）$$

$$V_甲 = \frac{55.27}{500} = 11.05\%$$

乙品种平均产量标准差计算表如下。

田地面积 f/亩	亩产 xf/千克	平均亩产 x/（千克/亩）	$(x_i-\bar{x}_乙)^2 \times f$
1.5	840	560	2 400
1.4	770	550	1 260
1.2	540	450	5 880
1.0	520	520	0
0.9	450	500	360
合计	3 120	520	9 900

$$\sigma_乙 = \sqrt{\frac{\sum(x-\bar{x}_乙)^2 f}{\sum f}} = \sqrt{\frac{9\,900}{6}} = 40.62（千克）$$

$$V_乙 = \frac{40.62}{520} = 7.81\%$$

由于 $V_乙 < V_甲$，所以乙品种具有较大的稳定性，宜于推广。

4. 解：

按月收入分组/元	户数/户	向上累计次数
10 000 以下	55	55
10 000～20 000	91	146
20 000～30 000	132	278
30 000 以上	82	360
合计	360	—

$$中位数位置 = \frac{\sum f}{2} = \frac{360}{2} = 180$$

由向上累计，第三组累计次数为278，超过180，故该组为中位数所在组。该地区城镇居民住户月收入中位数由下限公式得：

$$Me = L_{Me} + \frac{\frac{\sum f}{2} - S_{Me-1}}{f_{Me}} d_{Me} = 20\,000 + \frac{360/2 - 146}{132} \times 10\,000 = 22\,575.76（元）$$

5．解：车间工人定额完成程度众数 $= L + \left(\frac{\Delta_1}{\Delta_1 + \Delta_2}\right) \times d = 110\% + \left(\frac{26}{26+14}\right) \times 10\% = 116.5\%$

6．解：

（1）

按土地条件分组	甲 村				乙 村			
	播 种 面 积		总产量/吨	单产/（吨/公顷）	播 种 面 积		总产量/吨	单产/（吨/公顷）
	面积/公顷	比重/%			面积/公顷	比重/%		
山地	100	30.30	300	3	180	51.42	540	3
丘陵	150	45.46	750	5	120	34.29	600	5
平原	80	24.24	400	5	50	14.29	300	6
合计	330	100	1 450	4.39	350	100	1 440	4.11

（2）$\bar{x} = \frac{\sum x_i}{n}$

$$\bar{x}_甲 = \frac{1\,450}{330} = 4.39 \text{（吨/公顷）}$$

$$\bar{x}_乙 = \frac{1\,440}{350} = 4.11 \text{（吨/公顷）}$$

$$\sigma = \sqrt{\frac{\sum (x_i - \bar{x})^2 f_i}{\sum f_i}}$$

$$\sigma_甲 = \sqrt{\frac{(3-4.39)^2 \times 100 + (5-4.39)^2 \times 150 + (5-4.39)^2 \times 80}{330}}$$

$$= \sqrt{\frac{193.21 + 55.815 + 29.768}{330}}$$

$$= 0.92 \text{（吨）}$$

$$\sigma_乙 = \sqrt{\frac{(3-4.11)^2 \times 180 + (5-4.11)^2 \times 120 + (6-4.11)^2 \times 50}{350}}$$

$$= \sqrt{\frac{221.778 + 95.052 + 178.605}{350}} = 1.19 \text{（吨）}$$

$$V_\sigma = \frac{\sigma}{\bar{x}}$$

$$V_{\sigma甲} = \frac{\sigma_甲}{\bar{x}_甲} = \frac{0.92}{4.39} = 20.96\%$$

$$V_{\sigma乙} = \frac{\sigma_乙}{\bar{x}_乙} = \frac{1.19}{4.11} = 28.95\%$$

由于 $\bar{x}_甲 > \bar{x}_乙$，$V_甲 < V_乙$，所以甲村生产情况好。

7. 解：（1）$\bar{x} = \dfrac{\sum x_i f_i}{\sum f_i}$

$$\bar{x} = \frac{75 \times 50 + 80 \times 50}{100} = 77.5（分）$$

$$\sigma = \sqrt{\frac{\sum (x_i - \bar{x})^2 f_i}{\sum f_i}}$$

$$= \sqrt{\frac{(75 - 77.5)^2 \times 50 + (80 - 77.5)^2 \times 50}{100}} = \sqrt{\frac{312.5 + 312.5}{100}} = 2.5（分）$$

（2）$\bar{x} = \dfrac{75 \times 60 + 80 \times 40}{100} = 77$（分）

$$\sigma = \sqrt{\frac{\sum (x_i - \bar{x})^2 f_i}{\sum f_i}}$$

$$= \sqrt{\frac{(75 - 77)^2 \times 60 + (80 - 77)^2 \times 40}{100}} = \sqrt{\frac{240 + 360}{100}} = 2.45（分）$$

（3）$\bar{x} = \dfrac{75 \times 40 + 80 \times 60}{100} = 78$（分）

$$\sigma = \sqrt{\frac{\sum (x_i - \bar{x})^2 f_i}{\sum f_i}}$$

$$= \sqrt{\frac{(75 - 78)^2 \times 40 + (80 - 78)^2 \times 60}{100}} = \sqrt{\frac{360 + 240}{100}} = 2.45（分）$$

（4）当男生和女生各为 50 人时，平均分 $= \dfrac{75 + 80}{2} = 77.5$（分）；由于男生的平均成绩低，当男生的人数比女生多时，全班平均成绩降低；当男生的人数比女生少时，全班平均成绩提高。

（5）标准差相同。因为男生和女生的标准差相同，都是 6 分。改变男女生的比例并不改变标准差的大小。

8. 解：

销 售 部 门	销售利润率 $x/\%$	利润额 $m/$万元	销售额 $m/x/$万元
甲	10	150	1 500
乙	12	240	2 000
丙	13	390	3 000
合计		780	6 500

$$公司销售部门平均销售利润率 = \frac{\sum m}{\sum \dfrac{m}{x}} = \frac{780}{6\,500} = 12\%$$

9．解：

（1）用平均指标和标志变异指标结合来评价。

（2）$\bar{x} = \dfrac{\sum x}{n}$

$$\bar{x}_{法1} = \frac{164+167+168+165+170+165+164+168+162+163}{10} = 165.6\ （个）$$

$$\bar{x}_{法2} = \frac{129+130+129+130+131+130+129+127+128+128}{10} = 129.1\ （个）$$

$$\bar{x}_{法3} = \frac{165+168+170+165+175+167+164+170+163+164}{10} = 167.1\ （个）$$

$$\sigma = \sqrt{\frac{\sum(x-\bar{x})^2}{n}}$$

$$\sigma_{法1} = \sqrt{\frac{(164-165.6)^2+(167-165.6)^2+(168-165.6)^2+\cdots+(163-165.6)^2}{10}} = 2.42\ （个）$$

$$\sigma_{法2} = \sqrt{\frac{(129-129.1)^2+(130-129.1)^2+(129-129.1)^2+\cdots+(128-129.1)^2}{10}} = 1.14\ （个）$$

$$\sigma_{法3} = \sqrt{\frac{(165-167.1)^2+(168-167.1)^2+(170-167.1)^2+\cdots+(164-167.1)^2}{10}} = 3.53\ （个）$$

$$V_\sigma = \frac{\sigma}{\bar{x}}$$

$$V_{\sigma法1} = \frac{\sigma_{法1}}{\bar{x}_{法1}} = \frac{2.42}{165.6} = 1.46\%$$

$$V_{\sigma法2} = \frac{\sigma_{法2}}{\bar{x}_{法2}} = \frac{1.14}{129.1} = 0.88\%$$

$$V_{\sigma法3} = \frac{\sigma_{法3}}{\bar{x}_{法3}} = \frac{3.53}{167.1} = 2.11\%$$

根据上述结果，可以选择方法1。因为虽然从平均数上比较，方法1的平均数是165.6，小于方法3的平均数167.1，但二者的差距不大；然而从标准差系数上比较，方法1的标准差系数是1.46%，小于方法3的标准差系数，说明采用方法1这种组装方式比方法3这种组装方式稳定，因此选择方法1。

10．解：

第一组：$\bar{x} = \dfrac{\sum x}{n} = \dfrac{75+80+90+60+55+65+85}{7} = 72.86$

$$H = \frac{n}{\sum \dfrac{1}{x}} = \frac{7}{\dfrac{1}{75}+\dfrac{1}{80}+\dfrac{1}{90}+\dfrac{1}{60}+\dfrac{1}{55}+\dfrac{1}{65}+\dfrac{1}{85}} = 70.75$$

$$G = \sqrt[n]{\prod x} = \sqrt[7]{75 \times 80 \times 90 \times 60 \times 55 \times 65 \times 85} = 71.81$$

所以，用同一组大于零的数据分别计算算术平均数 $\bar{x}$、几何平均数 G 和调和平均数 H，三者之间的关系是 $H \leqslant G \leqslant \bar{x}$。

第二组：$\bar{x} = \dfrac{\sum x}{n} = 80$ 　　　$H = \dfrac{n}{\sum \dfrac{1}{x}} = 80$ 　　　$G = \sqrt[n]{\prod x} = 80$

所以，当且仅当 $x_1 = x_2 = \cdots = x_{n-1} = x_n$ 时，三种数值平均数的计算结果相等。

11．解：

年平均利率 $= \sqrt[10]{(1+5\%)^5 \times (1+8\%)^2 \times (1+10\%)^3} - 1 = 7.07\%$

12．解：

$$\bar{x} = \frac{\sum x_i f_i}{\sum f_i}$$

$$\bar{x} = \frac{1.20 \times 2\,000 + 1.05 \times 3\,000 + 0.90 \times 4\,000}{2\,000 + 3\,000 + 4\,000} = 1.02\,（元 / 千克）$$

$$H = \frac{\sum m}{\sum \dfrac{m}{x_i}}$$

$$H = \frac{2\,400 + 3\,150 + 3\,600}{\dfrac{2\,400}{1.20} + \dfrac{3\,150}{1.05} + \dfrac{3\,600}{0.90}} = \frac{9\,150}{2\,000 + 3\,000 + 4\,000} = 1.02\,（元 / 千克）$$

按加权算术平均数和加权调和平均数两种方法计算的平均销售价格都是 1.02 元/千克。

13．解：

一组计算如下。

平均日产量 $= \dfrac{\sum x}{n} = \dfrac{7 + 8 + 10 + 11 + 13 + 14 + 16}{7} = 11.3\,（件）$

标准差 $= \sqrt{\dfrac{\sum (x - \bar{x})^2}{n}} = 3$

二组计算如下。

平均日产量 $= \dfrac{\sum x}{n} = \dfrac{10 + 11 + 12 + 13 + 14 + 15 + 16}{7} = 13\,（件）$

标准差 $= \sqrt{\dfrac{\sum (x - \bar{x})^2}{n}} = 2$

14．解：由题意知，

$$n = 100, \quad \sum_{i=1}^{100} x_i = 415, \quad \sum_{i=1}^{100} x_i^2 = 1\,775$$

$$\sigma^2 = \frac{\sum x_i^2}{n} - \left(\frac{\sum x_i}{n} \right)^2 = \frac{1775}{100} - \left(\frac{415}{100} \right)^2 = 0.527\,5$$

$$\sigma = \sqrt{0.527\,5} = 0.723\,6$$

15. 解：

日产量 x/（件/人）	甲单位工人数 f/人	乙单位总产量 m/件	m/x
2	120	30	15
3	60	120	40
4	20	40	10
合计	200	190	65

（1）甲单位平均日产量 $\bar{x}_甲 = \dfrac{\sum xf}{\sum f} = \dfrac{2 \times 120 + 3 \times 60 + 4 \times 20}{200} = 2.5$（件）

乙单位平均日产量 $\bar{x}_乙 = \dfrac{\sum m}{\sum m/x} = \dfrac{190}{65} = 2.92$（件）

（2）甲单位的方差 $\sigma^2 = \dfrac{\sum (x-\bar{x})^2 f}{\sum f} = \dfrac{(2-2.5)^2 \times 120 + (3-2.5)^2 \times 60 + (4-2.5)^2 \times 20}{200} = 0.45$

甲单位的标准差 $\sigma = 0.67$

甲单位的标准差系数 $= \dfrac{\sigma}{\bar{x}} = \dfrac{0.67}{2.5} = 26.8\%$

乙单位的方差

$$\sigma^2 = \dfrac{\sum (x-\bar{x})^2 f}{\sum f} = \dfrac{(2-2.92)^2 \times 15 + (3-2.92)^2 \times 40 + (4-2.92)^2 \times 10}{65} = 0.378\,7$$

乙单位的标准差 $\sigma = 0.62$

乙单位的标准差系数 $= \dfrac{\sigma}{\bar{x}} = \dfrac{0.62}{2.92} = 21.23\%$

因为乙单位的标准差系数小于甲单位的标准差系数，所以乙单位工人的产量比甲单位工人的产量稳定。

16. 解：

（1）$p = \dfrac{n_1}{n} = \dfrac{119\,200}{\dfrac{25\,500}{75\%} + \dfrac{59\,500}{85\%} + \dfrac{34\,200}{95\%}} = \dfrac{119\,200}{34\,000 + 70\,000 + 36\,000} = \dfrac{119\,200}{140\,000} = 85.14\%$

（2）$\sigma = \sqrt{p(1-p)} = \sqrt{85.14\% \times (1-85.14\%)} = 35.57\%$

（3）$V = \dfrac{\sigma}{\bar{x}} = \dfrac{35.57\%}{85.14\%} = 41.78\%$

17. 解：

成绩/分	组中值 x	学生人数 f/人	xf	$(x-\bar{x})^2 f$
60 以下	55	5	275	2 000
60～70	65	15	975	1 500
70～80	75	20	1 500	0
80～90	85	15	1 275	1 500
90～100	95	5	475	2 000
合计		60	4 500	7 000

平均数 $\bar{x} = \dfrac{\sum xf}{\sum f} = \dfrac{4\,500}{60} = 75$ （分）

标准差 $\sigma = \sqrt{\dfrac{\sum (x-\bar{x})^2 f}{\sum f}} = \sqrt{\dfrac{7\,000}{60}} = 10.80$ （分）

众数所在组是第三组，利用下限公式求众数：

$$M_0 = L_{M_0} + \frac{\Delta_1}{\Delta_1 + \Delta_2} d_{M_0} = 70 + \frac{20-15}{(20-15)+(20-15)} \times 10 = 75 \text{（分）}$$

偏度系数 SK= $(\bar{x} - M_0)/\sigma = $ (75-75)/10.80=0

所以，该数列是对称分布。

成绩及格率的均值为 p=(60-5)/60=91.67%，方差为 $p(1-p)$=91.67%×8.33%=7.64%。

18. 解：

按利润额分组/万元	组中值 x	企业数（个）f	向 上 累 计
200～300	250	19	19
300～400	350	30	49
400～500	450	42	91
500～600	550	18	109
600 以上	650	11	120
合计	—	120	—

（1）众数 $Mo = L_{Mo} + \dfrac{\Delta_1}{\Delta_1 + \Delta_2} d_{Mo}$

$$= 400 + \frac{42-30}{(42-30)+(42-18)} \times 100 = 433.33 \text{（万元）}$$

中位数 $Me = L_{Me} + \dfrac{\dfrac{\sum f}{2} - S_{Me-1}}{f_{Me}} d_{Me}$

$$= 400 + \frac{\dfrac{120}{2} - 49}{42} \times 100 = 426.19 \text{（万元）}$$

平均数 $\bar{x} = \dfrac{\sum xf}{\sum f}$

$$= \frac{250 \times 19 + 350 \times 30 + 450 \times 42 + 550 \times 18 + 650 \times 11}{120} = 426.67 \text{（万元）}$$

下四分位数 $Q_1 = L_{Q_1} + \dfrac{\dfrac{\sum f}{4} - S_{Q_1-1}}{f_{Q_1}} d_{Q_1} = 350 + \dfrac{\dfrac{120}{4} - 19}{30} \times 100 = 386.67 \text{（万元）}$

上四分位数 $Q_3 = L_{Q_3} + \dfrac{\dfrac{3\sum f}{4} - S_{Q_3-1}}{f_{Q_3}} d_{Q_3} = 400 + \dfrac{\dfrac{120}{4} \times 3 - 49}{42} \times 100 = 497.62 \text{（万元）}$

（2）四分位差 $=\dfrac{Q_3-Q_1}{2}=(497.62-386.67)/2=55.475$（万元）

标准差 $\sigma=\sqrt{\dfrac{\sum(x-\bar{x})^2 f}{\sum f}}$

$$=\sqrt{\dfrac{(250-426.67)^2\times19+\cdots+(650-426.67)^2\times11}{120}}=116.00（万元）$$

（3）偏态系数 $SK=(\bar{x}-M_0)/\sigma=(426.67-433.33)/116.00=-0.0574$

分布呈左偏态，$\bar{x}<M_0$，$\bar{x}-M_0<0$，$SK<0$，也称负偏态。

$$v_4=\dfrac{\sum\limits_{i=1}^{n}(x_i-\bar{x})^4 f_i}{\sum\limits_{i=1}^{n}f_i}=\dfrac{(250-426.67)^4\times19+\cdots+(650-426.67)^4\times11}{120}=425\,728\,680.4$$

峰度系数 $\beta=\dfrac{v_4}{\sigma^4}-3=\dfrac{v_4}{(v_2)^2}-3=\dfrac{425\,728\,680.4}{116^4}-3=2.3513-3=-0.6487<0$

分布为低峰度的。

19. 解：

利用方差加法定理，在总体分组的条件下，变量的总方差可以分解为组内方差平均数与组间方差两部分，即有：

$$\sigma^2=\overline{\sigma^2}+\delta^2$$

组间方差 $\delta^2=\dfrac{(15-18)^2\times4+(20-18)^2\times6}{10}=6$

组内方差的平均数 $\overline{\sigma^2}=$ 总方差-组间方差 $=9-6=3$

20. 解：

城镇户的年平均收入为

$$\bar{x}_{城镇户}=\dfrac{\sum xf}{\sum f}=\dfrac{15\times10+25\times50+35\times120+45\times130+55\times70+65\times20}{400}=41.5（万元）$$

农户的年平均收入为

$$\bar{x}_{农户}=\dfrac{\sum xf}{\sum f}=\dfrac{5\times30+15\times90+25\times100+35\times120+45\times50+55\times10}{400}=27.5（万元）$$

所有住户的年平均收入为 $\bar{x}_{所有住户}=\dfrac{\sum\limits_{i=1}^{2}\bar{x}_i f_i}{\sum\limits_{i=1}^{2}f_i}=\dfrac{41.5\times400+27.5\times400}{800}=34.5（万元）$

组间方差为

$$\delta^2=\dfrac{\sum\limits_{i=1}^{2}(\bar{x}_i-\bar{x}_{所有住户})^2 f_i}{\sum\limits_{i=1}^{2}f_i}=\dfrac{(41.5-34.5)^2\times400+(27.5-34.5)^2\times400}{800}=49$$

第五章　时间序列分析

时间序列分析是对经济现象进行动态分析的主要方法。通过本章的学习，要求掌握时间序列的一般概念、种类及编制的基本原则；熟练掌握并能够应用时间序列的各种分析指标（水平指标和速度指标）；掌握时间序列的构成因素和分解模型；掌握长期趋势分析的数学模型法；了解季节变动和循环变动的分析方法。

第一节　时间序列编制

时间序列是将不同时间上的同类指标数值按时间先后顺序排列而形成的数列，也称时间数列或动态数列。

根据构成时间序列指标形式的不同，时间序列可分为总量指标时间序列、相对指标时间序列和平均指标时间序列。总量指标时间序列是将某一总量指标的一系列数值按时间先后顺序排列而形成的数列。它反映某现象在不同时间上的规模和水平等数量特征。总量指标时间序列分为时期数列和时点数列。相对指标时间序列是将某一相对数指标的一系列数值按时间先后顺序排列而形成的数列，反映社会经济现象之间相互联系的变化过程。平均指标时间序列是将某一平均数指标的一系列数值按时间先后顺序排列而形成的数列，反映现象总体的一般水平和发展变化的过程。这里学习的难点是要区分总量指标时间序列、相对指标时间序列和平均指标时间序列。对于总量指标时间序列要掌握时期数列和时点数列的特点。

编制时间序列的基本原则是：时间跨度尽可能一致；总体范围一致；指标的经济内容一致；计算方法、计量单位一致。

第二节　时间序列分析指标

时间序列的水平指标包括发展水平与平均发展水平、增长量与平均增长量。

发展水平是时间序列中每一个指标数值，反映社会经济现象在各个不同时期发展的规模和所达到的水平，可以是总量指标、相对数指标和平均数指标。发展水平按动态分析中的位置和作用不同分为最初水平、最末水平、报告期水平和基期水平。

平均发展水平是时间序列中不同时间发展水平的平均数，也称序时平均数。这里学习的难点是要掌握序时平均数和第四章学习的静态平均数的共同点和不同点。

总量指标时间序列计算序时平均数。

时期数列的序时平均数：$\bar{a} = \dfrac{\sum a}{n}$

间隔相等且连续的时点数列的序时平均数：$\bar{a} = \dfrac{\sum a}{n}$

间隔不相等且连续的时点数列的序时平均数：$\bar{a} = \dfrac{\sum af}{\sum f}$

间隔相等的不连续的时点数列的序时平均数：$\bar{a} = \dfrac{\frac{1}{2}a_1 + a_2 + \cdots + \frac{1}{2}a_n}{n-1}$

间隔不相等的不连续的时点数列的序时平均数：

$$\bar{a} = \frac{\left(\dfrac{a_1 + a_2}{2}\right)f_1 + \left(\dfrac{a_2 + a_3}{2}\right)f_2 + \cdots + \left(\dfrac{a_{n-1} + a_n}{2}\right)f_{n-1}}{\sum f_{n-1}}$$

相对指标时间序列计算序时平均数，要根据时间序列指标的分子和分母资料，分别计算子项和母项的序时平均数，即 $\bar{a}$ 和 $\bar{b}$，然后将这两个序时平均数对比。其计算公式为

$$\bar{c} = \frac{\bar{a}}{\bar{b}}$$

对于 a 数列和 b 数列可以是时期数列或时点数列，不同的情况采用不同的计算公式，这是学习中的难点，注意以下几种基本情况。

a、b 均为时期数列或间隔相等且连续的时点数列：$\bar{c} = \dfrac{\bar{a}}{\bar{b}} = \dfrac{\sum a}{\sum b} = \dfrac{\sum cb}{\sum b} = \dfrac{\sum a}{\sum \dfrac{a}{c}}$

a、b 均为间隔不相等且连续的时点数列：$\bar{c} = \dfrac{\sum af}{\sum bf}$

a、b 均为间隔相等的不连续的时点数列：$\bar{c} = \dfrac{\frac{1}{2}a_1 + a_2 + \cdots + \frac{1}{2}a_n}{\frac{1}{2}b_1 + b_2 + \cdots + \frac{1}{2}b_n}$

a、b 均为间隔不相等的不连续的时点数列：

$$\bar{c} = \frac{\left(\dfrac{a_1 + a_2}{2}\right)f_1 + \left(\dfrac{a_2 + a_3}{2}\right)f_2 + \cdots + \left(\dfrac{a_{n-1} + a_n}{2}\right)f_{n-1}}{\left(\dfrac{b_1 + b_2}{2}\right)f_1 + \left(\dfrac{b_2 + b_3}{2}\right)f_2 + \cdots + \left(\dfrac{b_{n-1} + b_n}{2}\right)f_{n-1}}$$

a 为时期数列，b 为间隔相等的不连续的时点数列：$\bar{c} = \dfrac{\sum a}{\frac{1}{2}b_1 + b_2 + \cdots + \frac{1}{2}b_n}$

平均指标时间序列计算序时平均数，对于静态平均数时间序列计算序时平均数与相对指标时间序列计算序时平均数方法完全相同；对于序时平均数时间序列计算序时平均数，若时期或间隔相等采用简单算术平均数计算序时平均数，若时期或间隔不相等采用加权算术平均数计算序时平均数。这是学习中要注意的难点，结合例子来学习掌握。

增长量是总量指标的报告期水平与基期水平之差，表明该指标在一定时期内增加或减少的绝对数量。增长量可以分为逐期增长量（各期水平与上一期水平之差）和累计增长量（各期水平与某一固定基期水平之差）。

逐期增长量：$a_1 - a_0$，$a_2 - a_1$，$a_3 - a_2$，$\cdots$，$a_n - a_{n-1}$

累计增长量：$a_1 - a_0$，$a_2 - a_0$，$a_3 - a_0$，$\cdots$，$a_n - a_0$

累计增长量等于相应各期逐期增长量之和，相邻两时期累计增长量之差等于相应的逐期增长量。掌握逐期增长量与累计增长量之间的联系是学习的难点。

平均增长量是时间序列中逐期增长量的序时平均数，它表明现象在一定时段内平均每期增加或减少的数量。

逐期增长量计算平均增长量：$\bar{\Delta} = \dfrac{\sum (a_i - a_{i-1})}{n}$（$i=1$，$2$，$\cdots$，$n$）

累计增长量计算平均增长量：$\bar{\Delta} = \dfrac{a_n - a_0}{N - 1}$（$N$ 为时间序列的项数）

时间序列的速度指标包括发展速度、增长速度、平均发展速度与平均增长速度。

发展速度是报告期水平与基期水平之比，反映报告期水平是基期水平的百分之几或若干倍。由于基期选择的不同，分为环比发展速度和定基发展速度。

环比发展速度：$\dfrac{a_1}{a_0}$，$\dfrac{a_2}{a_1}$，$\dfrac{a_3}{a_2}$，$\cdots$，$\dfrac{a_n}{a_{n-1}}$

定基发展速度：$\dfrac{a_1}{a_0}$，$\dfrac{a_2}{a_0}$，$\dfrac{a_3}{a_0}$，$\cdots$，$\dfrac{a_n}{a_0}$

定基发展速度等于相应时期内各环比发展速度的连乘积，两个相邻时期定基发展速度之比等于相应时期的环比发展速度。掌握环比发展速度与定基发展速度之间的联系是学习的难点。

增长速度是增长量与基期水平之比，反映报告期水平比基期水平增长了百分之几或若干倍，发展速度减 1（100%）等于增长速度。由于基期选择的不同，分为环比增长速度和定基增长速度。

环比增长速度：$\dfrac{a_1 - a_0}{a_0}$，$\dfrac{a_2 - a_1}{a_1}$，$\dfrac{a_3 - a_2}{a_2}$，$\cdots$，$\dfrac{a_n - a_{n-1}}{a_{n-1}}$

或　　　　　$\dfrac{a_1}{a_0} - 1$，$\dfrac{a_2}{a_1} - 1$，$\dfrac{a_3}{a_2} - 1$，$\cdots$，$\dfrac{a_n}{a_{n-1}} - 1$

定基增长速度：$\dfrac{a_1 - a_0}{a_0}$，$\dfrac{a_2 - a_0}{a_0}$，$\dfrac{a_3 - a_0}{a_0}$，$\cdots$，$\dfrac{a_n - a_0}{a_0}$

或　　　　　$\dfrac{a_1}{a_0} - 1$，$\dfrac{a_2}{a_0} - 1$，$\dfrac{a_3}{a_0} - 1$，$\cdots$，$\dfrac{a_n}{a_0} - 1$

这里的学习难点是要注意定基增长速度不等于相应时期内各环比增长速度的连乘积，两个相邻时期定基增长速度之比不等于相应时期的环比增长速度。

平均发展速度是各个时期环比发展速度的平均数，反映现象在一段时期内逐期发展变化的平均程度。平均增长速度反映现象在一段时期内逐期增长的平均程度。平均发展速度减 1（100%）等于平均增长速度。平均发展速度的计算方法有几何平均法和高次方程法。

几何平均法：$\bar{x} = \sqrt[n]{x_1 \cdot x_2 \cdot x_3 \cdots x_n} = \sqrt[n]{\dfrac{a_1}{a_0} \cdot \dfrac{a_2}{a_1} \cdot \dfrac{a_3}{a_2} \cdots \dfrac{a_n}{a_{n-1}}} = \sqrt[n]{\dfrac{a_n}{a_0}}$

高次方程法：$\bar{x} + \bar{x}^2 + \bar{x}^3 + \cdots + \bar{x}^n - \dfrac{\sum\limits_{i=1}^{n} a_i}{a_0} = 0$

这里的学习难点是熟练运用几何平均法计算平均发展速度。注意区分：几何平均法侧重于考察现象的最末期发展水平；而高次方程法侧重于考察现象的各期发展水平之和。

第三节　时间序列的解析

时间序列中各期发展水平的变动是许多因素共同影响的结果。影响因素归纳起来有：长期趋势（T）、季节变动（S）、循环变动（C）和不规则变动（I）。时间序列综合形式有以下两种基本模型。

加法模型：　　　　　　　　　$Y = T + S + C + I$

乘法模型：　　　　　　　　　$Y = T \times S \times C \times I$

测定长期趋势最常用的方法是最小二乘法。最小二乘法是时间序列的实际水平与趋势值的残差平方和为最小。

直线趋势：如果时间序列每期的增长量大体相同，可拟合直线趋势方程为

$$\hat{y}_t = a + bt$$

根据 a，b 组成的正规方程组，可得出 a，b 的最小二乘解：

$$b = \frac{n\sum ty - \sum t \sum y}{n\sum t^2 - \left(\sum t\right)^2}, \quad a = \frac{\sum y}{n} - b\frac{\sum t}{n} = \bar{y} - b\bar{t}$$

简捷法$\left(\sum t = 0\right)$：$b = \dfrac{\sum ty}{\sum t^2}$，$a = \dfrac{\sum y}{n} = \bar{y}$

二次曲线趋势：如果时间序列每期增长量的增长大体相同，可拟合二次曲线趋势方程为

$$\hat{y}_t = a + bt + ct^2$$

采用简捷法$\left(\sum t = 0,\ \sum t^3 = 0\right)$可解得 a、b、c 组成的标准方程组的解：

$$a = \frac{\sum y \sum t^4 - \sum t^2 \sum t^2 y}{n\sum t^4 - \left(\sum t^2\right)^2}, \qquad b = \frac{\sum ty}{\sum t^2}, \qquad c = \frac{n\sum t^2 y - \sum y \sum t^2}{n\sum t^4 - \left(\sum t^2\right)^2}$$

这里的学习难点是要注意时间序列项数为 n，对于最小二乘法的直接法计算，时序号按顺序从小到大排列（1，2，3，…，n）；而用简捷法计算，当时间序列项数为奇数时，时序号取中间项为 0，其他项对称按顺序排列$\left(-\dfrac{n-1}{2}, \cdots, -2, -1, 0, 1, 2, \cdots, \dfrac{n-1}{2}\right)$；当时间序列项数为偶数时，时序号对称排列 $[-(n-1), \cdots, -3, -1, 1, 3, \cdots, (n-1)]$。

在多数情况下，进行曲线趋势分析时，为了便于计算，可将其转换为线性趋势方程。

其转换的方式视曲线趋势方程的形式而定。

练 习 题

一、单项选择题

1．编制时间序列的基本原则是（　　）。

　　A．互斥原则　　　　　　　　　　B．穷尽原则

　　C．排他原则　　　　　　　　　　D．可比性原则

2．下列数列中属于动态数列的是（　　）。

　　A．学生按学习成绩分组形成的数列

　　B．企业按类型分组形成的数列

　　C．职工按工资水平高低排列形成的数列

　　D．进口额按时间先后顺序排列形成的数列

3．下列数列属于时间序列数据的是（　　）。

　　A．2020 年我国全社会固定资产投资额　　B．2020 年我国年末人口数

　　C．2010—2020 年我国国内生产总值　　　D．2021 年 9 月我国出口总额

4．下列数列中属于时点数列的是（　　）。

　　A．国内生产总值数列　　　　　　B．投资率数列

　　C．人口数数列　　　　　　　　　D．出生人数数列

5．下列数列中属于绝对数数列的是（　　）。

　　A．国内生产总值数列　　　　　　B．平均工资数列

　　C．新增人口率数列　　　　　　　D．利润率数列

6．对时点数列计算序时平均数，如果是间隔相等（以日为间隔）且完整的连续资料，计算平均发展水平应按（　　）。

　　A．简单算术平均法　　　　　　　B．几何平均法

　　C．首末折半法　　　　　　　　　D．加权序时平均法

7．c 为相对数时间数列，等于 a/b。计算其序时平均数应为（　　）。

　　A．$\bar{c} = \dfrac{\sum c}{n}$　　　　　　　　　　B．$\bar{c} = \dfrac{\dfrac{c_1}{2} + c_2 + \cdots + c_{n-1} + \dfrac{c_n}{2}}{n}$

　　C．$\bar{c} = \dfrac{a}{b}$　　　　　　　　　　D．$\bar{c} = \dfrac{\bar{a}}{\bar{b}}$

8．4 月、5 月、6 月、7 月的平均职工人数分别为 200、210、205 和 220 人，则该企业二季度的平均职工人数的计算方法为（　　）。

　　A．(200+210+205+220)/4　　　　B．(200+210+205)/3

　　C．(200/2+210+205+220/2)/(4-1)　D．(200/2+210+205+220/2)/4

9. 用累计增长量计算平均增长量的公式是（   ）。

A. $\bar{\Delta} = \dfrac{a_n - a_0}{n-1}$　　　　　　　　B. $\bar{\Delta} = \dfrac{\sum(a_i - a_{i-1})}{n}$（$i=1$，$2$，…，$n$）

C. $\bar{\Delta} = \dfrac{a_n - a_0}{N-1}$（$N$ 为时间序列的项数）　　D. $\bar{\Delta} = \dfrac{a_i}{a_{i-1}}$

10. 某地区的进出口总额 2020 年比 2019 年增长 13%，2019 年比 2018 年增长 14%，则 2020 年比 2018 年增长了（   ）。

A. 4%　　　　　　　　　　　B. 28.82%

C. 27%　　　　　　　　　　　D. 23.41%

11. 已知各期环比增长速度为 3%、4%、8%和 7%，则相应的定基增长速度的计算方法为（   ）。

A. (103%×104%×108%×107%)−100%　　B. 103%×104%×108%×107%

C. 3%×4%×8%×7%　　　　　　D. (3%×4%×8%×7%)−100%

12. 某种股票的价格周一上涨了 5%，周二上涨了 4%，周三下跌了 3%，周四上涨了 10%，周五下跌了 2%，该股票本周的平均涨幅为（   ）。

A. 5%×4%×3%×10%×2%

B. (105%+104%+97%+110%+98%)/5

C. (105%+104%+97%+110%+98%)/(5−1)

D. $\sqrt[5]{105\%×104\%×97\%×110\%×98\%}-1$

13. 计算平均发展速度的方法有（   ）。

A. 移动平均法和最小二乘法　　　　B. 时距扩大法和移动平均法

C. 几何平均法和调和平均法　　　　D. 几何平均法和高次方程法

14. 构成时间序列的因素有季节变动、不规则变动、长期趋势和（   ）。

A. 动态趋势　　　　　　　　　B. 循环变动

C. 时间因素　　　　　　　　　D. 偶然因素

15. 时间序列的模型有（   ）。

A. 加法模型和除法模型　　　　　　B. 加法模型和减法模型

C. 加法模型和乘法模型　　　　　　D. 乘法模型和除法模型

16. 一个时间数列有 20 年数据，若以 4 年移动平均，将会损失（   ）。

A. 4 个数据　　　　　　　　　B. 2 个数据

C. 3 个数据　　　　　　　　　D. 不损失数据

17. 用最小二乘法拟合直线方程时，观测值 y 与其拟合值 $\hat{y}$ 必须满足的一个基本条件是（   ）。

A. $\sum(y-\hat{y})=$最大值　　　　B. $\sum(y-\hat{y})=$最小值

C. $\sum(y-\hat{y})^2=$最大值　　　　D. $\sum(y-\hat{y})^2=$最小值

18. 利用最小二乘法拟合直线趋势方程时，对时间 t 的编码如果采用简捷法，则要求满足的条件是（   ）。

    A. $\sum t =$最大值   B. $\sum t =$最小值

    C. $\sum t =0$ D. $\sum t \neq 0$

19. 如果时间序列的逐期增长量大致相同，则适宜拟合（   ）。

    A. 直线方程   B. 抛物线方程

    C. 指数曲线方程   D. 双曲线方程

20. 若时间序列的二级增长量大体相同，可拟合（   ）。

    A. 直线方程   B. 抛物线方程

    C. 指数曲线方程   D. 双曲线方程

二、判断题（正确的打"√"，错误的打"×"，并填写在题后的括号中）

1. 时间数列也称时间序列、动态数列，是将不同时间上的同类指标按大小顺序排列而形成的数列。 （   ）

2. 绝对数时间序列可分为时期数列和时点数列，而相对数时间数列和平均数时间数列不能区分时期数列和时点数列。 （   ）

3. 若将某地区社会商品库存额按时间先后顺序排列，此种动态数列属于时期数列。 （   ）

4. 在各种动态数列中，指标值的大小都受到指标所反映的时期长短的制约。 （   ）

5. 非随机性时间序列可分为平稳性时间序列、趋势性时间序列和季节性时间序列。 （   ）

6. 随机性时间序列是指由确定性变量构成的时间序列。 （   ）

7. 趋势性时间序列是指各期数值逐期增加或减少，呈现出一定的发展变化趋势的时间序列。 （   ）

8. 只有绝对数时间序列可以计算序时平均数。 （   ）

9. 增长量是总量指标报告期水平与基期水平之比，表明该指标在一定时期内增加或减少的相对数量。 （   ）

10. 累计增长量等于相应各逐期增长量之和。 （   ）

11. 平均增长量是时间序列中逐期增长量的序时平均数，不能用累计增长量计算。 （   ）

12. 发展速度是以相对数形式表示的两个不同时期发展水平的比值，表明报告期水平已发展到基期水平的几分之几。 （   ）

13. 定基增长速度等于相应的各个环比增长速度的连乘积。 （   ）

14. 相应时期内各环比发展速度的连乘积等于相应时期的定基发展速度。 （   ）

15. 几何平均法计算出来的平均发展速度要比高次方程法计算出来的平均发展速度准确。 （   ）

16. 时间序列的乘法模型中的 4 种因素为绝对数。 （   ）

17. 在研究社会经济现象时，一般采用时间序列的加法模型。 （   ）

18. 采用时距扩大法测定长期趋势时只适用于时期数列。 （   ）

19. 移动平均法是测定长期趋势的最好方法，因为移动平均法不会造成信息量的损失。 （   ）

20．若时间序列的环比发展速度大致相同，可拟合指数曲线方程。　　　（　　）

三、填空题

1．按照指标变量的性质和数列形态不同，时间序列可以分为非随机性时间序列和_____。

2．连续 5 天早晨 8:20，统计学生迟到人数分别为 75、45、30、65 和 70 人，这 5 天早晨的平均迟到人数为_____。

3．4 月、5 月、6 月、7 月的各月初职工人数分别为 200、206、205 和 220 人，则该企业第二季度的平均职工人数为_____。

4．15 个数据按时间先后顺序排列，计算出该数列的累计增长量为 140 个单位，其平均增长量为_____个单位。

5．已知某厂的各期环比增长速度为 5%、6%、7% 和 8%，则相应的定基增长速度为_____。

6．某超市的销售额 2020 年比 2018 年增长了 22%，2019 年比 2018 年增长了 11%，则 2020 年比 2019 年增长了_____。

7．某地区 2016 年的粮食总产量为 900 万吨，计划到 2022 年达到 1 300 万吨，则该地区粮食总产量的平均每年增长速度为_____。

8．某发电厂发电量 2016—2018 年的平均发展速度为 106%，2019—2020 年的平均发展速度为 108%，这几年发电量的平均增长速度为_____。

9．一个时间数列有 15 年数据，若以 3 年移动平均，将会损失_____数据。

10．加权移动平均法中，一般计算奇数项加权移动数，各期权数可以以_____为计算基础，使得中项指标值的权数最大。

四、计算题

1．已知某商店某年各月库存额资料如下表所示。

月　份	1 月 1 日	1 月 31 日	2 月 28 日	3 月 31 日	4 月 30 日	5 月 31 日	6 月 30 日	7 月 31 日	8 月 31 日	9 月 30 日	10 月 31 日	11 月 30 日	12 月 31 日
库存额/万元	3.8	4.1	4.4	4.6	3.7	5.0	4.0	3.6	3.4	4.2	4.6	5.0	6.1

试计算该商店每个季度月平均库存额以及全年月平均库存额。

2．某企业某年元月份工业总产值为 3 000 万元，职工人数变动情况如下：1 月 1 日实有 2 000 人，1 月 10 日上午调出 250 人，1 月 22 日上午调入 300 人，1 月 25 日上午调出 200 人。试计算元月份平均每名职工的工业总产值。

3．某企业 2021 年上半年工人数和生产产量资料如下表所示。

月　份	1 月	2 月	3 月	4 月	5 月	6 月	7 月
月初工人数/人	800	840	855	870	890	920	950
产量/万台	200	225	230	250	280	305	—

试计算该企业 2021 年上半年的平均每月工人数、平均每月生产产量和平均月劳动生产率。

4．某商业企业某年资料如下表所示。

单位：万元

月　　份	7 月	8 月	9 月	10 月	11 月	12 月
商品销售额	220	240	206	200	190	180
流通费用额	20	21	19	18	17	17
月初库存额	120	100	90	80	70	68

又知 12 月底的库存额为 60 万元，试计算第三季度、第四季度月平均商品流通费用率及平均商品流转次数。

（商品流通费用率=流通费用额/销售额，商品流转次数=销售额/平均库存额）

5．某企业某年实际产值和产值计划完成程度的资料如下表所示，求该企业该年平均计划完成程度。

季　　度	第一季度	第二季度	第三季度	第四季度
实际产值/万元	1 210	1 380	1 560	1 750
计划完成程度/%	110	115	120	125

6．某只股票 2020 年各统计时点的开盘价和收盘价资料如下表所示。

单位：元

时　　间	1 月 1 日	4 月 1 日	7 月 1 日	9 月 1 日	12 月 31 日
开　盘　价	20.8	17.5	19.4	21.6	23.8
收　盘　价	22.5	17.2	19.9	22.8	24.5

试计算该股票 2020 年的月平均开盘价和收盘价。

7．填写下列表格，并计算平均发展速度和平均增长速度。

单位：%

年　份	2016	2017	2018	2019	2020
定基增长速度		6.00	13.00		26.00
定基发展速度					
环比增长速度				7.00	

8．根据下表中已知资料，运用时间序列指标的相互关系，推算发展水平、累计增长量、定基发展速度和定基增长速度指标，并填入下表。

年　　份	2015	2016	2017	2018	2019	2020
产量/万件	50.0					
累计增长量/万件		2.8			10.0	
定基发展速度/%			113.0			125.0
定基增长速度/%				21.6		

9．某企业生产某产品产量 2020 年比 2018 年上涨 13.8%，2019 年比 2018 年上涨 8%，2018 年比 2017 年上涨 9%，2017 年比 2015 年上涨 13.5%，2016 年比 2015 年上涨 6%，2015

年比 2014 年上涨 8%，2014 年比 2013 年上涨 7.5%，试计算：2020 年比 2019 年上涨多少？2017 年比 2016 年上涨多少？该企业产品产量 2013 年至 2020 年的平均增长速度是多少？

10. 某企业 2021 年 5 月份生产某品牌平板电脑 3 500 台，计划以后每月递增 2%，试计算 2021 年 12 月份该企业生产多少台平板电脑？

11. 某地区 2020 年年底人口数为 940 万人，假定以后每年以 3‰ 的增长率增长；该地区 2020 年粮食产量为 340 万吨，预计到 2025 年平均每人粮食产量达到 0.42 吨，试计算到 2025 年粮食产量应该达到多少万吨？2020—2025 年粮食产量年平均增长速度是多少？

12. 某企业 2016 年生产某种零件 85 万件，试计算：

（1）已知 2017—2020 年增长率为 7%，其后预计增长率为 6.6%，问 2023 年的产量为多少？

（2）若规定 2025 年的产量在 2016 年的基础上翻一番，已知 2017—2020 年增长率为 7%，以后 5 年要达到规定的目标平均增长速度为多少？

（3）若规定 2025 年的产量在 2016 年的基础上翻一番，并要求每年的增长速度为 11%，能提前多少时间达到规定的目标？

（4）若规定 2025 年的产量在 2016 年的基础上翻 1.5 番，2025 年的产量为多少？

13. 甲、乙两企业某种产品产量资料如下表所示。

单位：万吨

年　份	甲企业产量	乙企业产量
2014	10	65
2015	13	67
2016	15	68
2017	18	72
2018	22	77
2019	23	79
2020	25	82

试计算：

（1）甲、乙企业的平均发展速度及平均增长速度。

（2）按甲企业的现有平均发展速度发展，再有多少年可以赶上乙企业的水平？

（3）若甲企业要在 10 年赶上乙企业，甲企业的平均发展速度为多少？

14. 某企业 2014—2019 年某产品产量资料如下表所示。

年　份	2014	2015	2016	2017	2018	2019
产量/万台	72	78	80	85	89	93
逐期增长量/万台						
累计增长量/万台						
环比发展速度/%						
定基增长速度/%						
增长 1% 的绝对值/万台						

要求：

（1）将表中空格数据填齐。

（2）计算 2014—2019 年该企业的年平均产量、年平均增长量和年平均增长速度。

（3）分别用最小二乘法的普通法和简捷法预测 2020 年的产量，并分析 a 与 b 的差别原因。

15．某企业产品产量资料如下表所示。

单位：万吨

年　份	产　量	年　份	产　量
2010	26	2016	36
2011	28	2017	39
2012	29	2018	40
2013	31	2019	42
2014	33	2020	43
2015	34		

试分别采用最小二乘法的普通法和简捷法对时间进行编码，并求出直线趋势方程，预测 2023 年的产量。

16．某地区 2009—2020 年粮食产量资料如下表所示。

单位：万吨

年　份	粮 食 产 量	年　份	粮 食 产 量
2009	75	2015	88
2010	71	2016	89
2011	80	2017	87
2012	82	2018	91
2013	86	2019	90
2014	85	2020	95

试计算 3 年、4 年移动平均数。

17．某企业 2009—2019 年产品产量资料如下表所示。

单位：万件

年　份	产　量	年　份	产　量
2009	29.50	2015	53.78
2010	32.60	2016	59.37
2011	36.03	2017	65.60
2012	39.82	2018	72.49
2013	44.00	2019	80.10
2014	48.62		

要求：建立指数增长曲线趋势的方程，并预测 2021 年的产品产量。

18．某企业产品产量资料如下表所示。

单位：万件

年　份	产 品 产 量	年　份	产 品 产 量
2010	8	2016	53
2011	10	2017	68
2012	14	2018	84
2013	20	2019	102
2014	29	2020	122
2015	40		

试用最小二乘法的简捷法求二次曲线方程，并预测 2024 年的产品产量。

19. 某地区 2016—2020 年某农作物收购量如下表所示。

某地区某农作物收购量

单位：万吨

季　　度	2016 年	2017 年	2018 年	2019 年	2020 年
第一季度	10	11	10	9	11
第二季度	14	13	12	14	13
第三季度	27	25	26	28	27
第四季度	17	17	18	19	20

要求：用同期平均法测定季节比率。

20. 某电器商店连续 4 年各季度某种家用电器销售量资料如下表所示。

某电器商店某种家用电器销售量

单位：台

季　　度	第 一 年	第 二 年	第 三 年	第 四 年
第一季度	51	55	57	58
第二季度	75	74	77	79
第三季度	88	85	89	90
第四季度	58	62	63	64

要求：试用移动平均趋势剔除法计算季节比率。

练习题答案

一、单项选择题

1. D	2. D	3. C	4. C	5. A
6. A	7. D	8. B	9. C	10. B
11. A	12. D	13. D	14. B	15. C
16. A	17. D	18. C	19. A	20. B

二、判断题

1. ×	2. √	3. ×	4. ×	5. √
6. ×	7. √	8. ×	9. ×	10. √
11. ×	12. √	13. ×	14. √	15. ×
16. ×	17. ×	18. √	19. ×	20. √

三、填空题

1. 随机性时间序列

2. 57 人

3. 207 人

4. 10

5. 28.62%

6. 9.91%

7. 6.32%

8. 6.80%

9. 2 个

10. 二项展开式的系数

四、计算题

1. 解：

月　　份	1月 1日	1月 31日	2月 28日	3月 31日	4月 30日	5月 31日	6月 30日	7月 31日	8月 31日	9月 30日	10月 31日	11月 30日	12月 31日
库存额/万元	3.8	4.1	4.4	4.6	3.7	5.0	4.0	3.6	3.4	4.2	4.6	5.0	6.1
	a_1	a_2	a_3	a_4	a_5	a_6	a_7	a_8	a_9	a_{10}	a_{11}	a_{12}	a_{13}

$$第一季度月平均库存额 = \frac{\frac{1}{2}a_1 + a_2 + a_3 + \frac{1}{2}a_4}{n-1}$$

$$= \frac{\frac{3.8}{2} + 4.1 + 4.4 + \frac{4.6}{2}}{4-1} = 4.23（万元）$$

$$第二季度月平均库存额 = \frac{\frac{1}{2}a_4 + a_5 + a_6 + \frac{1}{2}a_7}{n-1}$$

$$= \frac{\frac{4.6}{2} + 3.7 + 5.0 + \frac{4.0}{2}}{4-1} = 4.33（万元）$$

$$第三季度月平均库存额 = \frac{\frac{1}{2}a_7 + a_8 + a_9 + \frac{1}{2}a_{10}}{n-1}$$

$$= \frac{\frac{4.0}{2} + 3.6 + 3.4 + \frac{4.2}{2}}{4-1} = 3.70（万元）$$

$$第四季度月平均库存额 = \frac{\frac{1}{2}a_{10} + a_{11} + a_{12} + \frac{1}{2}a_{13}}{n-1}$$

$$= \frac{\frac{4.2}{2} + 4.6 + 5.0 + \frac{6.1}{2}}{4-1} = 4.92（万元）$$

$$全年月平均库存额 = \frac{\frac{1}{2}a_1 + a_2 + a_3 + \cdots + \frac{1}{2}a_{13}}{n-1}$$

$$= \frac{\dfrac{3.8}{2}+4.1+4.4+4.6+3.7+5.0+4.0+3.6+3.4+4.2+4.6+5.0+\dfrac{6.1}{2}}{13-1}=4.30（万元）$$

2. 解：该年元月份共有 31 天。

天　　数	1—9日	10—21日	22—24日	25—31日
人数/人	2 000	2 000−250=1 750	1 750+300=2 050	2 050−200=1 850

$$元月份平均职工人数 = \frac{\sum af}{\sum f}$$

$$= \frac{2\,000\times9+1\,750\times12+2\,050\times3+1\,850\times7}{31}=1874.19（人）$$

元月份平均每名职工的工业总产值=元月份工业总产值/元月份平均职工人数

$$=3\,000/1\,874.19=1.60（万元/人）$$

3. 解：

$$平均每月工人数 = \frac{\dfrac{1}{2}a_1+a_2+\cdots+\dfrac{1}{2}a_n}{n-1}$$

$$= \frac{\dfrac{800}{2}+840+855+870+890+920+\dfrac{950}{2}}{7-1}=875（人）$$

平均每月生产产量= (200+225+230+250+280+305)/6=248.33（万台）

平均月劳动生产率=平均每月生产产量/平均每月工人数=248.33/875=0.28（万台/人）

4. 解：

$$第三季度月平均商品流通费用率 = \frac{第三季度月平均流通费用额}{第三季度月平均销售额}$$

$$= \frac{(20+21+19)/3}{(220+240+206)/3}=9.01\%$$

$$第四季度月平均商品流通费用率 = \frac{第四季度月平均流通费用额}{第四季度月平均销售额}$$

$$= \frac{(18+17+17)/3}{(200+190+180)/3}=9.12\%$$

$$第三季度月平均商品流转次数 = \frac{第三季度月平均销售额}{第三季度月平均库存额}$$

$$= \frac{(220+240+206)/3}{\left(\dfrac{120}{2}+100+90+\dfrac{80}{2}\right)\Big/(4-1)}=2.30（次）$$

$$第四季度月平均商品流转次数 = \frac{第四季度月平均销售额}{第四季度月平均库存额}$$

$$= \frac{(200+190+180)/3}{\left(\dfrac{80}{2}+70+68+\dfrac{60}{2}\right)\Big/(4-1)}=2.74（次）$$

5．解：

$$平均计划完成程度：\bar{c} = \frac{该年实际产值(\sum a)}{该年计划产值(\sum b)} = \frac{\sum a}{\sum \dfrac{a}{c}}$$

$$= \frac{1\,210 + 1\,380 + 1\,560 + 1\,750}{\dfrac{1\,210}{1.10} + \dfrac{1\,380}{1.15} + \dfrac{1\,560}{1.20} + \dfrac{1\,750}{1.25}} = \frac{5\,900}{5\,000} = 118\%$$

6．解：

$$2020年平均开盘价 = \frac{\left(\dfrac{a_1 + a_2}{2}\right)f_1 + \left(\dfrac{a_2 + a_3}{2}\right)f_2 + \cdots + \left(\dfrac{a_{n-1} + a_n}{2}\right)f_{n-1}}{\sum f_{n-1}}$$

$$= \frac{\dfrac{20.8 + 17.5}{2}\times 3 + \dfrac{17.5 + 19.4}{2}\times 3 + \dfrac{19.4 + 21.6}{2}\times 2 + \dfrac{21.6 + 23.8}{2}\times 4}{3 + 3 + 2 + 4}$$

$$= \frac{244.60}{12} = 20.38(元)$$

$$2020年平均收盘价 = \frac{\left(\dfrac{a_1 + a_2}{2}\right)f_1 + \left(\dfrac{a_2 + a_3}{2}\right)f_2 + \cdots + \left(\dfrac{a_{n-1} + a_n}{2}\right)f_{n-1}}{\sum f_{n-1}}$$

$$= \frac{\dfrac{22.5 + 17.2}{2}\times 3 + \dfrac{17.2 + 19.9}{2}\times 3 + \dfrac{19.9 + 22.8}{2}\times 2 + \dfrac{22.8 + 24.5}{2}\times 4}{3 + 3 + 2 + 4}$$

$$= \frac{252.50}{12} = 21.04(元)$$

7．解：

单位：%

年　份	2016	2017	2018	2019	2020
定基增长速度	—	6.00	13.00	20.91	26.00
定基发展速度	—	106.00	113.00	120.91	126.00
环比增长速度	—	6.00	6.60	7.00	4.21

$$平均发展速度 \sqrt[n]{\frac{a_n}{a_0}} = \sqrt[4]{126.00} = 105.95\%$$

平均增长速度=平均发展速度-1=105.95%-1=5.95%

8．解：

计算结果填入下表：

年　份	2015	2016	2017	2018	2019	2020
产量/万件	50.0	52.8	56.5	60.8	60.0	62.5
累计增长量/万件	—	2.8	6.5	10.8	10.0	12.5
定基发展速度/%	—	105.6	113.0	121.6	120.0	125.0
定基增长速度/%	—	5.6	13.0	21.6	20.0	25.0

9．解：

2020 年比 2019 年上涨：$\dfrac{a_{2020}}{a_{2019}}-1=\dfrac{a_{2020}}{a_{2018}}\Big/\dfrac{a_{2019}}{a_{2018}}-1=\dfrac{113.8\%}{108\%}-1=5.37\%$

2017 年比 2016 年上涨：$\dfrac{a_{2017}}{a_{2016}}-1=\dfrac{a_{2017}}{a_{2015}}\Big/\dfrac{a_{2016}}{a_{2015}}-1=\dfrac{113.5\%}{106\%}-1=7.08\%$

$$平均增长速度=\sqrt[n]{\dfrac{a_1}{a_0}\cdot\dfrac{a_2}{a_1}\cdot\dfrac{a_3}{a_2}\cdots\dfrac{a_n}{a_{n-1}}}-1$$

$$=\sqrt[7]{\dfrac{a_{2014}}{a_{2013}}\cdot\dfrac{a_{2015}}{a_{2014}}\cdot\dfrac{a_{2016}}{a_{2015}}\cdot\dfrac{a_{2017}}{a_{2016}}\cdot\dfrac{a_{2018}}{a_{2017}}\cdot\dfrac{a_{2019}}{a_{2018}}\cdot\dfrac{a_{2020}}{a_{2019}}}-1$$

$$=\sqrt[7]{\dfrac{a_{2014}}{a_{2013}}\cdot\dfrac{a_{2015}}{a_{2014}}\cdot\dfrac{a_{2017}}{a_{2015}}\cdot\dfrac{a_{2018}}{a_{2017}}\cdot\dfrac{a_{2020}}{a_{2018}}}-1$$

$$=\sqrt[7]{107.5\%\times108\%\times113.5\%\times109\%\times113.8\%}-1$$

$$=107.27\%-1=7.27\%$$

10．解：

2021 年 12 月份平板电脑生产量$=3\,500(1+2\%)^7=4\,020.40$（台）

11．解：

2025 年年底人口数 $=940\times(1+3‰)^5=954.18$（万人）

2024 年年底人口数 $=940\times(1+3‰)^4=951.33$（万人）

2025 年平均人口数 $=\dfrac{954.18+951.33}{2}=952.76$（万人）

2025 年粮食产量 $=952.76\times10^4\times0.142=400.16$（万吨）

2020—2025年粮食产量年平均增长速度$=\sqrt[n]{\dfrac{a_n}{a_0}}-1$

$$=\sqrt[5]{\dfrac{400.16}{340}}-1=103.31\%-1=3.31\%$$

12．解：

（1）2023 年的产量$=85\times(1+7\%)^4\times(1+6.6\%)^3=134.97$（万件）

（2）设 2021—2025 年平均增长速度为 x，由题意：$85\times(1+7\%)^4\times(1+x)^5=2\times85$

平均增长速度为 $x=\sqrt[5]{\dfrac{2}{(1+7\%)^4}}-1=108.82\%-1=8.82\%$

（3）设达到规定的目标为 n 年，$85\times(1+11\%)^n=2\times85$

即有 $(1+11\%)^n=2$ 　　　则：$n=\dfrac{\lg2}{\lg1.11}=6.64$（年）

因此，提前达到规定目标的时间$=9-6.64=2.36$（年）

（4）2025 年的产量$=85\times2^{1.5}=240.42$（万件）

13．解：

（1）甲企业平均发展速度$=\sqrt[n]{\dfrac{a_n}{a_0}}=\sqrt[6]{\dfrac{25}{10}}=116.50\%$

$$甲企业平均增长速度 = \sqrt[n]{\frac{a_n}{a_0}} - 1 = \sqrt[6]{\frac{25}{10}} - 1 = 116.50\% - 1 = 16.50\%$$

$$乙企业平均发展速度 = \sqrt[n]{\frac{a_n}{a_0}} = \sqrt[6]{\frac{82}{65}} = 103.95\%$$

$$乙企业平均增长速度 = \sqrt[n]{\frac{a_n}{a_0}} - 1 = \sqrt[6]{\frac{82}{65}} - 1 = 103.95\% - 1 = 3.95\%$$

（2）设甲企业赶上乙企业的时间为 n 年，则有：

$$25 \times (116.50\%)^n = 82 \times (103.95\%)^n, \qquad \frac{(116.50\%)^n}{(103.95\%)^n} = \frac{82}{25} = 3.28$$

$$n \times \lg(116.50\%) - n \times \lg(103.95\%) = \lg 3.28$$

$$n = \frac{\lg 3.28}{\lg 116.50\% - \lg 103.95\%} = \frac{0.52}{0.07 - 0.02} = 10.40 （年）$$

（3）乙企业 10 年后的产量 $= 82 \times (103.95\%)^{10} = 120.80$（万吨）

$$甲企业 10 年后赶上乙企业的平均发展速度 = \sqrt[n]{\frac{a_n}{a_0}} = \sqrt[10]{\frac{120.80}{25}} = 117.06\%$$

14．解：

（1）

年　　份	2014	2015	2016	2017	2018	2019
产量/万台	72	78	80	85	89	93
逐期增长量/万台	—	6	2	5	4	4
累计增长量/万台	—	6	8	13	17	21
环比发展速度/%	—	108.33	102.56	106.25	104.71	104.49
定基增长速度/%	—	8.33	11.11	18.06	23.61	29.17
增长 1%的绝对值/万台	—	0.72	0.78	0.80	0.85	0.89

（2）2014—2019 年该企业的年平均产量

$$= \frac{\sum a}{n} = \frac{72 + 78 + 80 + 85 + 89 + 93}{6} = 82.83 （万台）$$

$$年平均增长量 = \frac{a_n - a_0}{n - 1} = \frac{93 - 72}{6 - 1} = 4.20 （万台）$$

$$年平均增长速度 = \sqrt[n]{\frac{a_n}{a_0}} - 1 = \sqrt[5]{\frac{93}{72}} - 1 = 5.25\%$$

（3）

最小二乘法计算表

年　　份	t	产量 y/万台	ty	t^2
2014	1	72	72	1
2015	2	78	156	4
2016	3	80	240	9

续表

年　　份	t	产量 y/万台	ty	t^2
2017	4	85	340	16
2018	5	89	445	25
2019	6	93	558	36
合计	21	497	1 811	91

$$b = \frac{n\sum ty - \sum t \sum y}{n\sum t^2 - \left(\sum t\right)^2} = \frac{6\times 1\,811 - 21\times 497}{6\times 91 - 21^2} = 4.086$$

$$a = \frac{\sum y}{n} - b\frac{\sum t}{n} = \frac{497}{6} - 4.086\times\frac{21}{6} = 68.532$$

即得 $\qquad \hat{y}_t = a + bt = 68.532 + 4.086t$

预测 2020 年产量，$t=7$，即有

$$\hat{y}_7 = 68.532 + 4.086\times 7 = 97.134（万台）$$

最小二乘法简捷法计算表

年　　份	t	产量 y/万台	ty	t^2
2014	−5	72	−360	25
2015	−3	78	−234	9
2016	−1	80	−80	1
2017	1	85	85	1
2018	3	89	267	9
2019	5	93	465	25
合计	0	497	143	70

$$b = \frac{\sum ty}{\sum t^2} = \frac{143}{70} = 2.043$$

$$a = \frac{\sum y}{n} = \frac{497}{6} = 82.833$$

即得

$$\hat{y}_t = a + bt = 82.833 + 2.043t$$

预测 2020 年产量，$t=7$，即有

$$\hat{y}_7 = a + bt = 82.833 + 2.043\times 7 = 97.134（万台）$$

15．解：

最小二乘法计算表

年　　份	t	产量 y/万吨	ty	t^2
2010	1	26	26	1
2011	2	28	56	4
2012	3	29	87	9
2013	4	31	124	16
2014	5	33	165	25

续表

年 份	t	产量 y/万吨	ty	t^2
2015	6	34	204	36
2016	7	36	252	49
2017	8	39	312	64
2018	9	40	360	81
2019	10	42	420	100
2020	11	43	473	121
合计	66	381	2 479	506

$$b = \frac{n\sum ty - \sum t \sum y}{n\sum t^2 - \left(\sum t\right)^2} = \frac{11 \times 2\,479 - 66 \times 381}{11 \times 506 - 66^2} = 1.75$$

$$a = \frac{\sum y}{n} - b\frac{\sum t}{n} = \frac{381}{11} - 1.75 \times \frac{66}{11} = 24.14$$

即得

$$\hat{y}_t = a + bt = 24.14 + 1.75t$$

预测 2023 年产量，$t=14$，即有

$$\hat{y}_{14} = 24.14 + 1.75 \times 14 = 48.64（万吨）$$

最小二乘法简捷法计算表

年 份	t	产量 y/万吨	ty	t^2
2010	−5	26	−130	25
2011	−4	28	−112	16
2012	−3	29	−87	9
2013	−2	31	−62	4
2014	−1	33	−33	1
2015	0	34	0	0
2016	1	36	36	1
2017	2	39	78	4
2018	3	40	120	9
2019	4	42	168	16
2020	5	43	215	25
合计	0	381	193	110

$$b = \frac{\sum ty}{\sum t^2} = \frac{193}{110} = 1.75$$

$$a = \frac{\sum y}{n} = \frac{381}{11} = 34.64$$

即得

$$\hat{y}_t = a + bt = 34.64 + 1.75t$$

预测 2023 年产量，$t=8$，即有

$$\hat{y}_8 = 34.64 + 1.75 \times 8 = 48.64（万吨）$$

16．解：

移动平均数计算表

单位：万吨

年　　份	粮 食 产 量	3 年移动平均数	4 年移动平均数	
			一次移动平均数	二次移动平均数
2009	75	—	—	—
2010	71	75.33	77.00	—
2011	80	77.67	79.75	78.38
2012	82	82.67	83.25	81.50
2013	86	84.33	85.25	84.25
2014	85	86.33	87.00	86.13
2015	88	87.33	87.25	87.13
2016	89	88.00	88.75	88.00
2017	87	89.00	89.25	89.00
2018	91	89.33	90.75	90.00
2019	90	92.00	—	—
2020	95	—		—

17．解：

指数曲线最小二乘法简捷法计算表

年　　份	t	产量 y/万吨	lg$y$	$t$lg$y$	t^2
2009	−5	29.50	1.47	−7.35	25
2010	−4	32.60	1.51	−6.04	16
2011	−3	36.03	1.56	−4.68	9
2012	−2	39.82	1.60	−3.20	4
2013	−1	44.00	1.64	−1.64	1
2014	0	48.62	1.69	0	0
2015	1	53.78	1.73	1.73	1
2016	2	59.37	1.77	3.54	4
2017	3	65.60	1.82	5.46	9
2018	4	72.49	1.86	7.44	16
2019	5	80.10	1.90	9.50	25
合计	0	561.91	18.55	4.76	110

$$\lg b = \frac{\sum t \lg y}{\sum t^2} = \frac{4.76}{110} = 0.043\,3$$

$$b = 1.10$$

$$\lg a = \frac{\sum \lg y}{n} = \frac{18.55}{11} = 1.686\,4$$

$$a = 48.57$$

即得指数增长曲线趋势方程：$\hat{y}_t = ab^t = 48.57 \times 1.10^t$

预测 2021 年产量，t=7，即有

$$\hat{y}_7 = 48.57 \times 1.10^7 = 94.65（万件）$$

18．解：

二次曲线最小二乘法简捷法计算表

年 份	t	产品产量 y/万件	ty	t^2	t^2y	t^4
2010	−5	8	−40	25	200	625
2011	−4	10	−40	16	160	256
2012	−3	14	−42	9	126	81
2013	−2	20	−40	4	80	16
2014	−1	29	−29	1	29	1
2015	0	40	0	0	0	0
2016	1	53	53	1	53	1
2017	2	68	136	4	272	16
2018	3	84	252	9	756	81
2019	4	102	408	16	1 632	256
2020	5	122	610	25	3 050	625
合计	0	550	1 268	110	6 358	1 958

$$a = \frac{\sum y \sum t^4 - \sum t^2 \sum t^2 y}{n \sum t^4 - \left(\sum t^2\right)^2} = \frac{550 \times 1\,958 - 110 \times 6\,358}{11 \times 1\,958 - 110^2} = \frac{377\,520}{9\,438} = 40$$

$$b = \frac{\sum ty}{\sum t^2} = \frac{1\,268}{110} = 11.53$$

$$c = \frac{n \sum t^2 y - \sum y \sum t^2}{n \sum t^4 - \left(\sum t^2\right)^2} = \frac{11 \times 6\,358 - 550 \times 110}{11 \times 1\,958 - 110^2} = \frac{9\,438}{9\,438} = 1$$

即得二次曲线趋势方程： $\hat{y}_t = a + bt + ct^2 = 40 + 11.53t + t^2$

预测 2024 年产量，$t=9$，即有

$$\hat{y}_9 = 40 + 11.53 \times 9 + 9^2 = 224.77（万件）$$

19．解：

同期平均法：共 4 个季度（i），5 年（j）。

计算历年第一季度的平均数：

$$\bar{x}_1 = \frac{\sum_{j=1}^{5} x_{1j}}{5} = \frac{10+11+10+9+11}{5} = 10.20（吨）$$

同理计算第二季度、第三季度和第四季度的平均数分别为

$$\bar{x}_2 = \frac{\sum_{j=1}^{5} x_{2j}}{5} = 13.20（吨），\quad \bar{x}_3 = \frac{\sum_{j=1}^{5} x_{3j}}{5} = 26.60（吨），\quad \bar{x}_4 = \frac{\sum_{j=1}^{5} x_{4j}}{5} = 18.20（吨）$$

计算总平均数：

$$\overline{x} = \frac{\sum_{i=1}^{4} \overline{x}_i}{4} = \frac{10.20 + 13.20 + 26.60 + 18.20}{4} = 17.05（吨）$$

第一季度季节比率：

$$s_1 = \frac{\overline{x}_1}{\overline{x}} \times 100\% = \frac{10.20}{17.05} \times 100\% = 59.82\%$$

同理计算第二季度、第三季度和第四季度的季节比率分别为

$$s_2 = \frac{\overline{x}_2}{\overline{x}} \times 100\% = \frac{13.20}{17.05} \times 100\% = 77.42\%$$

$$s_3 = \frac{\overline{x}_3}{\overline{x}} \times 100\% = \frac{26.60}{17.05} \times 100\% = 156.01\%$$

$$s_4 = \frac{\overline{x}_4}{\overline{x}} \times 100\% = \frac{18.20}{17.05} \times 100\% = 106.74\%$$

季　　度	某农作物收购量/万吨						季节比率 s_i /%
	2016 年	2017 年	2018 年	2019 年	2020 年	同季平均数 $\overline{x}_i$	
第一季度	10	11	10	9	11	10.20	59.82
第二季度	14	13	12	14	13	13.20	77.42
第三季度	27	25	26	28	27	26.60	156.01
第四季度	17	17	18	19	20	18.20	106.74

20. 解：

应用移动平均趋势剔除法计算季节比率。首先，计算出销售量的四季度移动平均数，并做二项移动平均，由此消除季节变动和部分不规则变动得到趋势值数列。然后，用原始数列除以趋势值数列得到移动平均数系数。计算结果如下表所示。

某家用电器销售量 4 个季度移动平均数计算表

年　　份	季　　度	销售量 Y/台	4 个季度移动平均数/台	趋势值 T/台	移动平均数系数 $\frac{Y}{T}$/%
第一年	第一季度	51	—	—	—
	第二季度	75	68.00	—	—
	第三季度	88	69.00	68.50	128.47
	第四季度	58	68.75	68.88	84.20
第二年	第一季度	55	68.00	68.38	80.43
	第二季度	74	69.00	68.50	108.03
	第三季度	85	69.50	69.25	122.74
	第四季度	62	70.25	69.88	88.72
第三年	第一季度	57	71.25	70.75	80.57
	第二季度	77	71.50	71.38	107.87
	第三季度	89	71.75	71.63	124.25
	第四季度	63	72.25	72.00	87.50

续表

年　　份	季　　度	销售量 Y/台	4 个季度移动平均数/台	趋势值 T/台	移动平均数系数 $\frac{Y}{T}$/%
第四年	第一季度	58	72.50	72.38	80.13
	第二季度	79	72.75	72.63	108.77
	第三季度	90	—	—	—
	第四季度	64	—	—	—

　　对上表同季度的移动平均数系数求平均数，消除不规则变动，由于四个季度的季节比率之和为 400%，而各季度移动平均数系数的平均数之和大于 400%，需要调整，调整系数为

$$调整系数 = \frac{400\%}{各季度移动平均数系数的平均数之和} = \frac{400\%}{400.56\%} = 0.998\,6$$

通过调整得到各季度的季节比率：

$$季节比率 = 各季度移动平均数系数的平均数 \times 调整系数$$

$$第一季度季节比率 = 80.38\% \times 0.998\,6 = 80.27\%$$

　　同理可计算第二季度、第三季度及第四季度的季节比率，计算结果如下表所示。

某家用电器销售量季节比率计算表

单位：%

季　　度	移动平均数系数						季 节 比 率
	第 一 年	第 二 年	第 三 年	第 四 年	合　　计	平　均　数	
第一季度	—	80.43	80.57	80.13	241.13	80.38	80.27
第二季度	—	108.03	107.87	108.77	324.67	108.22	108.07
第三季度	128.47	122.74	124.25	—	375.46	125.15	124.97
第四季度	84.20	88.72	87.50	—	260.42	86.81	86.69
合 计	—	—	—	—	—	400.56	400.00

第六章 统计指数

本章阐述统计指数的理论与方法。通过本章的学习，要求理解统计指数的概念、性质、作用及种类；了解统计指数编制的基本方法及问题；掌握综合指数、平均数指数的编制原理；了解拉氏指数与帕氏指数；熟练运用综合指数方法和平均数指数方法，掌握平均数指数与综合指数的关系；理解指数体系的概念，熟练掌握总量指标的因素分析和运用；熟练掌握平均指标的因素分析和运用；了解指数数列；了解几种常用的经济指数的编制方法。

第一节 统计指数概述

统计指数有广义和狭义之分：从广义来讲，凡是能说明现象总体在时间或空间数量变动程度的相对数都可称之为指数；从狭义来讲，它是指用来反映由许多不能直接相加的和不能直接对比的要素所组成的复杂现象在不同时间或空间的数量综合变动程度的特殊相对数。从指数理论和方法上看，所研究的主要是狭义的指数。区分广义与狭义的指数是学习的难点，要加深理解。

统计指数的性质：综合性、代表性、相对性、平均性。

统计指数的作用有：综合反映复杂现象总体数量的变动方向、变动程度及绝对变动值；分析复杂现象总体变动中各个因素的影响方向、影响程度及绝对影响值；分析研究社会经济现象在长时期内的发展变化趋势；对社会经济现象进行综合评价和测定。

统计指数按指数研究对象的范围不同，可分为个体指数和总指数。个体指数反映单一要素构成的简单现象总体在不同时期的变动程度；总指数反映多要素构成的复杂现象总体在不同时期的综合变动程度。

统计指数按指数反映的内容不同，可分为数量指标指数和质量指标指数。数量指标指数反映数量指标综合变动的程度；质量指标指数反映质量指标综合变动的程度。

统计指数按指数反映现象时期的不同，可分为动态指数和静态指数。动态指数反映同类现象在不同时间（时期或时点）的变动程度。静态指数包括空间指数和计划完成情况指数。空间指数反映同一时期同类现象在不同空间的差异程度；计划完成情况指数反映同一空间实际水平与计划水平的差异程度。

统计指数按指数计算方法及特点不同，可分为简单指数和加权指数。简单指数又称不加权指数，即计入指数的各个因素的重要性相同。加权指数则对计入指数的因素依据重要程度赋予不同的权数，综合指数是将同度量因素作为权数的加权指数。平均数指数是以综合指数的分子或分母资料为权数，对个体指数进行加权计算总指数的加权指数。

统计指数按指数所采用的基期不同，可分为定基指数和环比指数。定基指数是指在指数数列中，各期指数都以某一固定时期为基期的指数；环比指数是指在指数数列中，各期指数都以其前一期为基期的指数。

第二节 综 合 指 数

综合指数是两个总量指标对比而形成的指数，对于包含两个或两个以上因素的总量指标，当研究其中一个因素变动时，要将其余的因素作为同度量因素固定下来。在编制数量指标综合指数时，一般以质量指标作为同度量因素并固定在基期；在编制质量指标综合指数时，一般以数量指标作为同度量因素并固定在报告期。这是一个学习难点，要理解和掌握编制综合指数时同度量因素如何选择、固定在什么时期的意义和作用。根据编制综合指数的一般原则，得到以下两个综合指数的基本公式。

数量指标综合指数公式，即拉氏指数公式：$L_q = \dfrac{\sum q_1 p_0}{\sum q_0 p_0}$

质量指标综合指数公式，即帕氏指数公式：$P_p = \dfrac{\sum q_1 p_1}{\sum q_1 p_0}$

式中，q_0 和 q_1 分别表示基期和报告期的数量指标数值，p_0 和 p_1 分别表示基期和报告期的质量指标数值。

第三节 平均数指数

平均数指数是利用平均法编制总指数的方法，该方法先计算出数量指标或质量指标的个体指数，然后对个体指数进行加权，计算加权平均数得到总指数。对个体指数加权平均的方法有算术平均数指数和调和平均数指数两种形式。

算术平均数指数，是以综合指数的分母资料为权数，对个体指数进行加权计算的加权算术平均数，其计算公式如下。

数量指标算术平均数指数：$I_q = \dfrac{\sum \dfrac{q_1}{q_0} q_0 p_0}{\sum q_0 p_0} = \dfrac{\sum k_q q_0 p_0}{\sum q_0 p_0} = \dfrac{\sum q_1 p_0}{\sum q_0 p_0}$

质量指标算术平均数指数：$I_p = \dfrac{\sum \dfrac{p_1}{p_0} p_0 q_1}{\sum p_0 q_1} = \dfrac{\sum k_p p_0 q_1}{\sum p_0 q_1} = \dfrac{\sum p_1 q_1}{\sum p_0 q_1}$

调和平均数指数，是以综合指数的分子资料为权数，对个体指数进行加权计算的加权调和平均数，其计算公式如下。

数量指标调和平均数指数：$I_q = \dfrac{\sum q_1 p_0}{\sum \dfrac{q_1 p_0}{\dfrac{q_1}{q_0}}} = \dfrac{\sum q_1 p_0}{\sum \dfrac{q_1 p_0}{k_q}} = \dfrac{\sum q_1 p_0}{\sum q_0 p_0}$

质量指标调和平均数指数：$I_p = \dfrac{\sum p_1 q_1}{\sum \dfrac{p_1 q_1}{\dfrac{p_1}{p_0}}} = \dfrac{\sum p_1 q_1}{\sum \dfrac{p_1 q_1}{k_p}} = \dfrac{\sum p_1 q_1}{\sum p_0 q_1}$

若采用经济发展比较稳定的某一时期的代表规格品的价值总量作为固定权数 w，则有固定权数算术平均数指数与固定权数调和平均数指数。

固定权数算术平均数指数计算公式如下。

数量指标算术平均数指数：$I_q = \dfrac{\sum \dfrac{q_1}{q_0} w}{\sum w} = \dfrac{\sum k_q w}{\sum w}$

质量指标算术平均数指数：$I_p = \dfrac{\sum \dfrac{p_1}{p_0} w}{\sum w} = \dfrac{\sum k_p w}{\sum w}$

固定权数调和平均数指数计算公式如下。

数量指标调和平均数指数：$I_q = \dfrac{\sum w}{\sum \dfrac{w}{\dfrac{q_1}{q_0}}} = \dfrac{\sum w}{\sum \dfrac{w}{k_q}}$

质量指标调和平均数指数：$I_p = \dfrac{\sum w}{\sum \dfrac{w}{\dfrac{p_1}{p_0}}} = \dfrac{\sum w}{\sum \dfrac{w}{k_p}}$

平均数指数与综合指数的关系如下。

数量指标算术平均数指数：$I_q = \dfrac{\sum k_q q_0 p_0}{\sum q_0 p_0} = \dfrac{\sum q_1 p_0}{\sum \dfrac{q_1 p_0}{k_q}} = \dfrac{\sum q_1 p_0}{\sum q_0 p_0}$

质量指标算术平均数指数：$I_p = \dfrac{\sum k_p p_0 q_1}{\sum p_0 q_1} = \dfrac{\sum p_1 q_1}{\sum \dfrac{p_1 q_1}{k_p}} = \dfrac{\sum p_1 q_1}{\sum p_0 q_1}$

这里的学习难点是要掌握好以总量指标作为权数的平均数指数是综合指数的变形，注意运用综合指数、平均数指数的不同适用条件。

第四节 指数体系与因素分析

指数体系是由若干相互联系的指数组成的体系，指数体系是因素分析的基础。表现形式为：

总体总量指数=数量指标指数×质量指标指数

总量指标的两因素分析：

$$\frac{\sum q_1 p_1}{\sum q_0 p_0} = \frac{\sum q_1 p_0}{\sum q_0 p_0} \times \frac{\sum p_1 q_1}{\sum p_0 q_1}$$

$$\sum q_1 p_1 - \sum q_0 p_0 = \left(\sum q_1 p_0 - \sum q_0 p_0\right) + \left(\sum p_1 q_1 - \sum p_0 q_1\right)$$

总量指标的多因素分析：

$$\frac{\sum q_1 m_1 p_1}{\sum q_0 m_0 p_0} = \frac{\sum q_1 m_0 p_0}{\sum q_0 m_0 p_0} \times \frac{\sum q_1 m_1 p_0}{\sum q_1 m_0 p_0} \times \frac{\sum q_1 m_1 p_1}{\sum q_1 m_1 p_0}$$

$$\sum q_1 m_1 p_1 - \sum q_0 m_0 p_0 = \left(\sum q_1 m_0 p_0 - \sum q_0 m_0 p_0\right) + \left(\sum q_1 m_1 p_0 - \sum q_1 m_0 p_0\right)$$
$$+ \left(\sum q_1 m_1 p_1 - \sum q_1 m_1 p_0\right)$$

平均指标的两因素分析，就是利用指数因素分析方法，从数量上分析总体结构与总体各部分水平这两个因素变动对总体平均指标变动的影响，即有：

$$可变构成指数=结构影响指数×固定构成指数$$

$$\frac{\dfrac{\sum x_1 f_1}{\sum f_1}}{\dfrac{\sum x_0 f_0}{\sum f_0}} = \frac{\dfrac{\sum x_0 f_1}{\sum f_1}}{\dfrac{\sum x_0 f_0}{\sum f_0}} \times \frac{\dfrac{\sum x_1 f_1}{\sum f_1}}{\dfrac{\sum x_0 f_1}{\sum f_1}}$$

$$\frac{\sum x_1 f_1}{\sum f_1} - \frac{\sum x_0 f_0}{\sum f_0} = \left(\frac{\sum x_0 f_1}{\sum f_1} - \frac{\sum x_0 f_0}{\sum f_0}\right) + \left(\frac{\sum x_1 f_1}{\sum f_1} - \frac{\sum x_0 f_1}{\sum f_1}\right)$$

这部分的学习难点是运用指数理论和方法编制指数体系，从相对数和绝对数对指数体系进行因素分析，理解各因素变动的经济意义，特别是对于总量指标的多因素分析时，要注意各因素的排列顺序，做到数量指标在前，质量指标在后。掌握好总量指标与平均指标的因素分析，可在进一步分析总量指标的变动时，结合平均指标进行因素分析，即：

$$\frac{\sum x_1 f_1}{\sum x_0 f_0} = \frac{\sum f_1}{\sum f_0} \times \frac{\dfrac{\sum x_1 f_1}{\sum f_1}}{\dfrac{\sum x_0 f_0}{\sum f_0}} = \frac{\sum f_1}{\sum f_0} \times \left(\frac{\dfrac{\sum x_0 f_1}{\sum f_1}}{\dfrac{\sum x_0 f_0}{\sum f_0}} \times \frac{\dfrac{\sum x_1 f_1}{\sum f_1}}{\dfrac{\sum x_0 f_1}{\sum f_1}}\right)$$

$$\sum x_1 f_1 - \sum x_0 f_0 = \left(\sum f_1 - \sum f_0\right)\frac{\sum x_0 f_0}{\sum f_0} + \left[\left(\frac{\sum x_0 f_1}{\sum f_1} - \frac{\sum x_0 f_0}{\sum f_0}\right) + \left(\frac{\sum x_1 f_1}{\sum f_1} - \frac{\sum x_0 f_1}{\sum f_1}\right)\right]\sum f_1$$

练 习 题

一、单项选择题

1. 广义的指数说明现象数量变动程度的相对数，也就是指统计指标（　　）。

　　A. 从时间上对比　　　　　　　　　　B. 从空间上对比

　　C. 从条件上对比　　　　　　　　　　D. 从时间或者空间上对比

2. 指数是某一现象在不同时期的两个数值进行对比的结果，因此指数的数值具有（　　）。

    A. 相对性   B. 综合性

    C. 数量性   D. 代表性

3. 从指数的研究范围来看，综合指数属于（　　）。

    A. 个体指数   B. 总指数

    C. 平均指数   D. 组指数

4. 编制综合指数的主要问题是（　　）。

    A. 确定同度量因素   B. 确定同度量因素的固定时期

    C. 确定个体指数及其权数   D. 确定同度量因素及其固定时期

5. 编制总指数的两种基本形式是（　　）。

    A. 综合指数与平均指标指数   B. 综合指数与个体指数

    C. 综合指数与平均数指数   D. 综合指数与总量指标指数

6. 设 q 表示产品产量，p 表示产品价格，公式 $\sum p_1q_1 - \sum p_0q_1$ 的经济意义是（　　）。

    A. 反映产值变动的绝对额

    B. 反映产品产量变动的绝对额

    C. 反映由于产品价格变化而使产值变动的绝对额

    D. 反映由于产品产量变化而使产值变动的绝对额

7. 某超市今年与上一年相比，所有商品的价格平均提高了10%，销售量平均下降了10%，则商品销售额（　　）。

    A. 下降   B. 上升

    C. 保持不变   D. 可能上升也可能下降

8. 某企业若工资水平指数增加，而工资总额不变，则该企业职工人数指数（　　）。

    A. 不变   B. 增加

    C. 下降   D. 无法预期变化

9. 算术平均数指数和调和平均数指数（　　）。

    A. 都是平均指标指数   B. 都是平均指数

    C. 都是综合指数的分解   D. 都是数量指标指数

10. 如果将综合指数 $\dfrac{\sum p_1q_1}{\sum p_0q_1}$ 变成调和平均数指数形式，其权数应是（　　）。

    A. p_0q_1 B. p_1q_1

    C. w D. p_1q_0

11. 以 q、p 分别为产量和产品价格，k 为个体物价指数，则物价的总指数是（　　）。

    A. $\dfrac{\sum q_1p_1}{\sum \frac{1}{k}q_1p_1}$ B. $\dfrac{\sum q_1p_1}{\sum kq_1p_1}$

    C. $\dfrac{\sum \frac{1}{k}q_0p_0}{\sum q_0p_0}$ D. $\dfrac{\sum kq_0p_1}{\sum q_0p_1}$

12. 由三个指数构成的指数体系中，两个因素指数的同度量因素通常（   ）。

    A．都固定在基期   B．都固定在报告期

    C．都用交叉权数   D．一个固定在基期，另一个固定在报告期

13. 在指数体系中，总量指标指数等于（   ）。

    A．各因素指数之和   B．各因素指数之差

    C．各因素指数之积   D．各因素指数之商

14. 指数体系的多因素分析中，各因素的排列顺序是（   ）。

    A．质量指标在前，数量指标在后   B．数量指标在前，质量指标在后

    C．随意排列   D．按时间先后排列

15. 某集团公司下属各企业工人平均劳动生产率由于各个企业工人劳动生产率提高而提高20%，由于各个企业工人技术构成优化组合变动而提高15%，则可变构成指数为（   ）。

    A．138%   B．104.35%

    C．35%   D．133.33%

16. 两个农贸市场蔬菜的平均价格5月份比4月份提高了20%，由于结构的变动使平均价格降低了5%，则固定构成价格指数为（   ）。

    A．79.17%   B．25%

    C．126.32%   D．114%

17. 平均指标的因素分析中，$\dfrac{\sum x_1 f_1}{\sum x_0 f_1}$ 是（   ）。

    A．结构影响指数   B．固定构成指数

    C．可变构成指数   D．数量指标指数

18. 某地区同类商品的平均销售价格报告期为485元，基期为460元，报告期销售量按基期价格计算的平均价格为480元。因此，由于商品销售结构变动和商品销售价格变动而使平均价格分别上涨（   ）。

    A．20元与5元   B．15元与5元

    C．5元与15元   D．5元与20元

19. 一般来讲，属于不变权数指数数列的有（   ）。

    A．质量指标环比指数数列   B．数量指标环比指数数列

    C．质量指标定基指数数列   D．数量指标定基指数数列

20. 将某地区历年工业总产值（按不变价格计算）分别与其前一期相比所形成的指数数列为（   ）。

    A．定基指数数列   B．环比指数数列

    C．可比指数数列   D．不可比指数数列

二、判断题（正确的打"√"，错误的打"×"，并填写在题后的括号中）

1. 广义的指数是反映由许多不能直接相加的要素所构成的复杂现象在不同期间的数量综合变动程度的相对数。   （   ）

2. 单位成本指数、劳动生产率指数、农作物亩产量指数均为质量指标指数。（   ）

3．综合指数分为数量指标指数和质量指标指数。   （   ）

4．某企业产品产量计划数值与实际数值的对比为动态指数。   （   ）

5．编制综合指数，要求其同度量因素必须固定在同一时期。   （   ）

6．如果各种商品的销售量平均上涨了 6%，销售价格平均下降了 6%，则销售额不变。
                                    （   ）

7．某企业职工工资总额报告期比基期减少了 5%，平均工资上升了 8%，则职工人数减少了 3%。   （   ）

8．设 q 表示销售量，p 表示价格，则 $\sum p_0 q_1 - \sum p_0 q_0$ 表示由于商品销售量的变动对商品总销售额的影响。   （   ）

9．以不变价格计算的工业产品产量指数，可以反映产品数量的综合变动，而不能反映产品价值水平的总变动。   （   ）

10．总指数的计算形式包括综合指数、平均数指数和平均指标指数。   （   ）

11．算术平均数指数是用综合指数的分母资料作权数，调和平均数指数是用综合指数的分子资料作权数。   （   ）

12．综合指数的编制通常需要掌握全面的资料，而平均数指数可依据非全面资料来编制，因此综合指数的实际应用更广。   （   ）

13．平均数指数与综合指数在本质上是不同的。   （   ）

14．利用指数体系可以进行指数的因素分析。   （   ）

15．平均指标指数可以分解为结构影响指数和固定构成指数。   （   ）

16．平均指标指数就是平均数指数。   （   ）

17．指数数列中各个指数的权数是质量指标，则该权数为不变权数。   （   ）

18．在采用不变权数时，各个时期环比指数的连乘积等于相应时期的定基指数。（   ）

19．居民消费物价指数不能反映通货膨胀的状况。   （   ）

20．商品零售物价指数的计算形式是平均数指数。   （   ）

三、填空题

1．统计指数的性质有_____、_____、_____、_____。

2．反映单个事物或现象在不同时期上的变动程度的相对数是_____；反映多种事物或现象在不同时期上的综合变动程度的相对数是_____。

3．根据一般原则，在编制数量指标指数时，把质量指标作为同度量因素固定在_____；在编制质量指标指数时，把数量指标作为同度量因素固定在_____。

4．在编制数量指标指数或质量指标指数时将同度量因素都固定在基期是_____；在编制数量指标指数或质量指标指数时将同度量因素都固定在报告期是_____。

5．以 q、p 分别表示商品销售量和价格，若 $\sum q_1 p_1 = 150$，$\sum q_0 p_0 = 80$，$\sum q_0 p_1 = 110$，$\sum q_1 p_0 = 120$，则销售量指数为_____，价格指数为_____，销售额指数为_____。

6．在指数体系中，各因素指数的_____等于总变动指数；各因素的变动差额的_____等于实际发生的总变动差额。

7．某企业职工人数增加 4%，劳动生产率提高 10%，则利润额增加_____。

8．在平均指标因素分析指标体系中，式 $\dfrac{\sum x_1 f_1 / \sum f_1}{\sum x_0 f_0 / \sum f_0}$ 称为_____。

9．反映变量值 x_i 的变动对平均数变动影响情况的指数称为_____，公式为_____。

10．某地区报告期与基期相比，同样多的人民币金额少购 8% 的商品，则价格上涨_____。

四、计算题

1．某企业三种产品报告期、基期产量与出厂价格数据如下表所示。

产 品 名 称	计 量 单 位	产　　量		出厂价格/元	
		基期 q_0	报告期 q_1	基期 p_0	报告期 p_1
甲	件	3 000	4 000	10	12
乙	个	500	600	85	82
丙	双	700	680	250	280

根据表中数据计算：

（1）三种产品的产量个体指数和出厂价格个体指数。

（2）三种产品的产值总指数。

（3）三种产品的产量总指数。

（4）三种产品的出厂价格总指数。

2．某超市报告期与基期三种商品价格及销售量资料如下表所示。

商 品 名 称	计 量 单 位	销　售　量		价格/元	
		基期 q_0	报告期 q_1	基期 p_0	报告期 p_1
甲	件	1 300	2 400	240	300
乙	双	3 000	4 000	100	120
丙	套	4 000	4 800	90	100

根据表中资料列表计算：

（1）报告期与基期相比，三种商品总销售额增长的百分比和绝对额各是多少？

（2）采用拉氏指数公式计算三种商品的销售量综合指数及由于销售量变动而影响的绝对额。

（3）采用帕氏指数公式计算三种商品的价格综合指数及由于价格变动而影响的绝对额。

3．某企业总产值及产量增长速度资料如下表所示。

产 品 名 称	总产值/万元		产量增长/%
	基　期	报　告　期	
甲	120	150	10
乙	200	210	5
丙	400	440	20

根据表中资料列表计算：

（1）产量指数。

（2）物价指数。

（3）由于物价变动所引起的总产值的增加额或减少额。

4．已知某企业某年生产的4种产品数据如下表所示。

产 品 名 称	计 量 单 位	产 量	单位成本/元	成本变动率/%
甲	件	300	80	10
乙	台	250	180	-5
丙	箱	400	280	0
丁	吨	800	300	15

试计算：

（1）四种产品单位成本总指数。

（2）由于单位成本的变动对总生产费用的绝对影响额。

5．某药业公司某年第三季度和第四季度三种药品的销售数据如下表所示。

药品名称	销售额/万元		第四季度与第三季度相比价格提高
	第 三 季 度	第 四 季 度	（+）或下降（-）/%
甲	150	155	5
乙	220	180	-4
丙	90	100	7

根据表中资料列表计算：

（1）三种药品的价格综合指数，适合采用加权综合指数形式还是加权平均指数形式？

（2）计算三种药品总销售额增长的百分比以及变动额。

（3）用第四季度的销售额作为权数，计算三种药品的价格指数以及由于价格变动而影响的销售额。

（4）利用指数体系的关系推算三种药品的销售量指数以及由于销售量变动而影响的销售额。

6．某地某类零售商品中甲、乙、丙、丁四种代表商品的个体价格指数分别为105%、108%、110%、112%，它们的固定权数分别为40%、35%、20%、5%。试计算这类商品的零售物价类指数。

7．某集贸市场报告期与基期相比销售量增长5%，销售额增长10%，价格上涨使销售额增加50万元。试计算该集贸市场报告期、基期的销售额。

8．已知某地区基期农副产品收购总额为360亿元，报告期比基期增长10%，农副产品收购价格指数为108%，报告期与基期相比：

（1）农民因销售农副产品共增加多少收入？

（2）由于农副产品收购价格提高8%，农民增加了多少收入？

（3）农副产品收购量增加了百分之几？农民因此增加了多少收入？

（4）验证以上三方面的分析结论能否协调一致。

9．某企业生产三种产品的有关数据如下表所示。

产品名称	计量单位	生产费用总额/万元		第三季度比第二季度产量增长/%
		第二季度 q_2p_2	第三季度 q_3p_3	
甲	台	400	…	10
乙	件	300	…	5
丙	辆	200	…	14
合计	—	900	950	—

根据表中数据计算：

（1）该企业三种产品生产费用总额的变动以及各个因素对生产费用总额的影响程度和绝对额。

（2）该企业计划第四季度三种产品产量增长 20%，生产费用总额增长 15%，第四季度三种产品的单位成本降低程度是多少？产量和单位成本变动对生产费用总额影响的绝对额是多少？

10．某企业生产三种产品的单位成本与生产量数据如下表所示。

产品名称	计量单位	产量			单位产品成本/元		
		基期 q_0	计划 q_n	实际 q_1	基期 z_0	计划 z_n	实际 z_1
甲	台	1 200	1 400	1 500	10	9	7
乙	件	1 800	2 000	2 200	20	18	19
丙	打	4 000	4 200	4 600	40	38	36

根据表中数据计算：

（1）实际总成本降低率与降低额。

（2）计划总成本降低率与降低额。

（3）总成本计划完成程度指数及由于实际总成本降低而节约的金额。

（4）分析实际总成本降低额多于计划总成本降低额的原因。

11．某企业总产值与职工人数数据如下表所示。

	总产值/万元	职工人数/人	
		总人数	其中：生产工人数
基期	2 000	800	640
报告期	3 240	1 000	900

根据表中数据从相对数和绝对数两方面计算总产值的变动情况，要求：

（1）对影响总产值变动的职工人数和全员劳动生产率进行因素分析。

（2）对影响总产值变动的职工人数、生产工人占职工人数比重和生产工人劳动生产率进行因素分析。

12. 某企业生产三种不同的产品，分别消耗不同的原材料，原材料消耗情况如下表所示。

产品名称	计量单位	产量		单位产品原材料消耗量/千克		单位原材料价格/元	
		q_0	q_1	m_0	m_1	p_0	p_1
甲	台	120	180	8	7.5	200	220
乙	件	400	500	3	2.5	70	80
丙	套	200	300	4	4.8	40	35

根据表中数据，利用指数体系分别从相对数和绝对数分析产品产量、单位产品原材料消耗量、单位原材料价格对原材料费用总额的影响。

13. 某农副产品收购站向当地农民收购某种农副产品，数据如下表所示。

农产品等级	收购量/千克		收购价格/元	
	基期 q_0	报告期 q_1	基期 p_0	报告期 p_1
一级品	2 000	4 000	3	3.5
二级品	4 000	5 000	5	5.5
三级品	5 000	6 000	6	7.5
合计	11 000	15 000	—	—

根据表中数据计算：

（1）各等级平均价格指数、收购量变动的结构影响指数及价格变动的固定构成指数，并从相对数和绝对数两个方面分析三个指数之间的数量关系。

（2）单纯由于收购价格提高，该地区农民增加多少收入？

14. 已知某地区三个市场的同一种蔬菜的有关资料如下表所示。

市场	销售价格/（元/千克）		销售量/千克	
	基期 x_0	报告期 x_1	基期 f_0	报告期 f_1
甲	2.0	2.5	500	600
乙	3.0	3.5	600	700
丙	3.5	4.0	800	750
合计	—	—	1 900	2 050

试编制总平均价格的可变构成指数、结构变动影响指数及固定构成指数，并从相对数和绝对数两个方面分析三个指数之间的数量关系。

15. 某公司下属三个企业生产同一种产品的数据如下表所示。

企业	产量/件		单位产品成本/元	
	基期 q_0	报告期 q_1	基期 z_0	报告期 z_1
甲	3 000	4 000	68	69
乙	4 000	5 000	70	65
丙	6 000	7 000	72	68
合计	13 000	16 000	—	—

试从相对数和绝对数两个方面分析该产品总成本的变动，并分析影响因素产品产量、产量结构、单位产品成本变动的情况。

16．利用指数各因素之间的关系计算：

（1）某企业报告期与基期相比，各种产品的产量增长了 12%，总生产费用增长了 15%，该企业单位成本指数是多少？

（2）某企业报告期与基期相比，产品产量增长了 20%，职工人数增长了 10%，该企业劳动生产率指数是多少？

（3）某企业报告期与基期相比，产品生产中劳动总消耗量增长了 8%，产品产量增长了 20%，单位产品劳动消耗量指数是多少？

（4）某地区报告期居民用同样多的货币只能购买基期消费品的 95%，居民消费价格指数是多少？若该地区居民用同样多的货币比基期多购买 5%的消费品，居民消费价格指数是多少？

17．某企业 2016—2020 年生产三种产品的产量与不变价格数据如下表所示。

产 品 名 称	计 量 单 位	不变价格 p_n/百元	产量 q				
			2016 q_1	2017 年 q_2	2018 年 q_3	2019 年 q_4	2020 年 q_5
甲	打	2	210	227	235	248	249
乙	件	12	800	824	842	858	857
丙	箱	20	925	950	972	1005	997

根据表中数据计算：

（1）以 2016 年为基期的定基产量指数。

（2）各年的环比产量指数。

（3）分析说明该企业定基与环比产量指数数列之间的关系。

18．某地区生产总值数据如下表所示。

单位：亿元

年 份	按 2005 年不变价格计算	按 2010 年不变价格计算	按 2015 年不变价格计算
2006	200	（ ）	（ ）
2008	228	235.00	（ ）
2011	—	270.00	（ ）
2013	—	305.20	320.10
2015	—	—	360.00
2017	—	—	420.00
2019	—	—	495.30

试计算表中空格的数值及该地区 2006—2019 年生产总值的平均发展速度。

19．根据下表中假设的数据计算括号中的大米、面粉小类，粮食中类，食品大类消费价格指数以及居民消费价格指数。

项　　目	代表规格品	计量单位	平均价格/元		权数/w	指数/%
			p_0	p_1		
居民消费价格指数						（　　）
一、食品					34	（　　）
1．粮食					40	（　　）
大米	一级粳米	千克	3.6	3.8	60	（　　）
面粉	标准粉	千克	4.9	5.2	40	（　　）
2．油脂、肉禽、蛋、水产品					45	130
3．菜、糖、茶、瓜果					10	120
4．其他食品及加工服务费					5	110
二、烟酒及用品					14	103
三、衣着					9	101
四、家庭设备用品及服务					6	100
五、医疗保健和个人用品					9	99
六、交通和通信					9	98
七、娱乐教育文化用品及服务					5	102
八、居住					14	107

20．某地区报告期职工平均工资提高 8%，职工人数增加 5%，城镇居民消费价格指数为 106%。试计算：

（1）该地区职工名义工资总额与实际工资总额的变动程度。

（2）该地区职工实际平均工资指数。

21．设有四只股票构成一个投资组合，其发行量与价格数据如下表所示。

股票名称	发行量 Q_n/万股	价格/元	
		前日收盘 p_n	今日收盘 p_1
A	3 000	8.15	7.92
B	8 000	10.18	10.00
C	6 000	28.20	27.84
D	10 000	37.35	37.46

试计算股票价格指数。

练习题答案

一、单项选择题

1．D	2．A	3．B	4．D	5．C
6．C	7．A	8．C	9．B	10．B
11．A	12．D	13．C	14．B	15．A
16．C	17．B	18．A	19．D	20．B

二、判断题

1. ×　　2. √　　3. √　　4. ×　　5. √
6. ×　　7. ×　　8. √　　9. √　　10. ×
11. √　　12. ×　　13. ×　　14. √　　15. √
16. ×　　17. ×　　18. √　　19. ×　　20. √

三、填空题

1. 综合性　代表性　相对性　平均性
2. 个体指数　总指数
3. 基期　报告期
4. 拉氏指数　帕氏指数
5. 150%　125%　187.5%
6. 乘积　和
7. 14.4%
8. 可变构成指数
9. 固定构成指数　$\dfrac{\sum x_1 f_1 / \sum f_1}{\sum x_0 f_1 / \sum f_1}$

10. 8.7%

四、计算题

1. 解：

（1）产量个体指数：

甲：$I_q = \dfrac{q_1}{q_0} = \dfrac{4\,000}{3\,000} = 133.33\%$

乙：$I_q = \dfrac{q_1}{q_0} = \dfrac{600}{500} = 120\%$

丙：$I_q = \dfrac{q_1}{q_0} = \dfrac{680}{780} = 87.18\%$

出厂价格个体指数：

甲：$I_p = \dfrac{p_1}{p_0} = \dfrac{12}{10} = 120\%$

乙：$I_p = \dfrac{p_1}{p_0} = \dfrac{82}{85} = 96.47\%$

丙：$I_p = \dfrac{p_1}{p_0} = \dfrac{280}{250} = 112\%$

（2）产值总指数：

$$I_{qp} = \frac{\sum q_1 p_1}{\sum q_0 p_0} = \frac{4\,000 \times 12 + 600 \times 82 + 680 \times 280}{3\,000 \times 10 + 500 \times 85 + 700 \times 250} = \frac{287\,600}{247\,500} = 116.20\%$$

（3）产量总指数：

$$I_q = \frac{\sum q_1 p_0}{\sum q_0 p_0} = \frac{4\,000 \times 10 + 600 \times 85 + 680 \times 250}{3\,000 \times 10 + 500 \times 85 + 700 \times 250} = \frac{261\,000}{247\,500} = 105.45\%$$

（4）出厂价格总指数：

$$I_p = \frac{\sum q_1 p_1}{\sum q_1 p_0} = \frac{4\,000 \times 12 + 600 \times 82 + 680 \times 280}{4\,000 \times 10 + 600 \times 85 + 680 \times 250} = \frac{287\,600}{261\,000} = 110.19\%$$

2．解：

综合指数计算表

商 品 名 称	计 量 单 位	销 售 量		价格/元		销售额/元		
		q_0	q_1	p_0	p_1	$q_0 p_0$	$q_1 p_1$	$q_1 p_0$
甲	件	1 300	2 400	240	300	312 000	720 000	576 000
乙	双	3 000	4 000	100	120	300 000	480 000	400 000
丙	套	4 000	4 800	90	100	360 000	480 000	432 000
合计	—	—	—	—	—	972 000	1 680 000	1 408 000

（1）销售额指数： $I_{qp} = \dfrac{\sum q_1 p_1}{\sum q_0 p_0} = \dfrac{1\,680\,000}{972\,000} = 172.84\%$

$$\sum q_1 p_1 - \sum q_0 p_0 = 1\,680\,000 - 972\,000 = 708\,000 \text{（元）}$$

三种商品销售额增长 72.84%，其绝对增加额为 708 000 元。

（2）拉氏销售量指数： $L_q = \dfrac{\sum q_1 p_0}{\sum q_0 p_0} = \dfrac{1\,408\,000}{972\,000} = 144.86\%$

$$\sum q_1 p_0 - \sum q_0 p_0 = 1\,408\,000 - 972\,000 = 436\,000 \text{（元）}$$

三种商品销售量综合指数为 144.86%，由于销售量变动而影响销售额的绝对额为 436 000 元。

（3）帕氏价格指数： $P_p = \dfrac{\sum q_1 p_1}{\sum q_1 p_0} = \dfrac{1\,680\,000}{1\,408\,000} = 119.32\%$

$$\sum q_1 p_1 - \sum q_1 p_0 = 1\,680\,000 - 1\,408\,000 = 272\,000 \text{（元）}$$

三种商品价格综合指数为 119.32%，由于价格变动而影响销售额的绝对额为 272 000 元。

3．解：

设产量为 q，物价为 p。

指数计算表

产 品 名 称	总产值/万元		$k_q = \dfrac{q_1}{q_0}$	$q_1 p_0 = k_q q_0 p_0$
	$q_0 p_0$	$q_1 p_1$		
甲	120	150	110%	132
乙	200	210	105%	210
丙	400	440	120%	480
合计	720	800	—	822

（1）产量指数：

$$I_q = \frac{\sum q_1 p_0}{\sum q_0 p_0} = \frac{\sum k_q q_0 p_0}{\sum q_0 p_0} = \frac{822}{720} = 114.17\%$$

（2）物价指数：

$$I_p = \frac{\sum q_1 p_1}{\sum q_1 p_0} = \frac{\sum q_1 p_1}{\sum k_q q_0 p_0} = \frac{800}{822} = 97.32\%$$

（3）$\sum q_1 p_1 - \sum q_1 p_0 = \sum q_1 p_1 - \sum k_q q_0 p_0 = 800 - 822 = -22$（万元）

由于物价变动所引起总产值的减少额为 22 万元。

4．解：

设单位成本为 z，产量为 q。

（1）单位成本总指数：$I_z = \dfrac{\sum q_1 z_1}{\sum q_1 z_0} = \dfrac{\sum q_1 z_1}{\sum \dfrac{q_1 z_1}{k}} = \dfrac{300 \times 80 + 250 \times 180 + 400 \times 280 + 800 \times 300}{\dfrac{300 \times 80}{1.1} + \dfrac{250 \times 180}{0.95} + \dfrac{400 \times 280}{1} + \dfrac{800 \times 300}{1.15}}$

$$= \frac{421\,000}{389\,882.26} = 107.98\%$$

（2）单位成本的变动对总生产费用的绝对影响额为：

$$\sum q_1 z_1 - \sum \frac{q_1 z_1}{k} = 421\,000 - 389\,882.26 = 31\,117.74 \text{（元）}$$

5．解：

设销售量为 q，价格为 p。

指数计算表

药 品 名 称	销售额/万元		$k_p = \dfrac{p_1}{p_0}$	$q_1 p_0 = \dfrac{1}{k_p} q_1 p_1$
	$q_0 p_0$	$q_1 p_1$		
甲	150	155	105%	147.62
乙	220	180	96%	187.50
丙	90	100	107%	93.46
合计	460	435	—	428.58

（1）三种药品的价格指数适合采用加权平均指数形式。

（2）销售额指数：$I_{qp} = \dfrac{\sum q_1 p_1}{\sum q_0 p_0} = \dfrac{435}{460} = 94.57\%$

$$\sum q_1 p_1 - \sum q_0 p_0 = 435 - 460 = -25 \text{（万元）}$$

三种药品总销售额下降 5.43%，其绝对减少额为 25 万元。

（3）价格指数：$I_p = \dfrac{\sum q_1 p_1}{\sum q_1 p_0} = \dfrac{\sum q_1 p_1}{\sum \dfrac{1}{k_p} q_1 p_1} = \dfrac{435}{428.58} = 101.50\%$

$$\sum q_1 p_1 - \sum \frac{1}{k_p} q_1 p_1 = 435 - 428.58 = 6.42 \text{（万元）}$$

三种药品的价格指数为 101.50%，由于价格变动而使销售额增加了 6.42 万元。

（4）销售量指数：$L_q = \dfrac{\sum q_1 p_0}{\sum q_0 p_0} = \dfrac{I_{qp}}{I_p} = \dfrac{94.57\%}{101.50\%} = 93.17\%$

$$\sum q_1 p_0 - \sum q_0 p_0 = 428.58 - 460 = -31.42 \text{（万元）}$$

三种药品的销售量指数为 93.17%，由于销售量下降使销售额减少了 31.42 万元。

6．解：

零售物价类指数：

$$I_p = \frac{\sum k_p w}{\sum w} = \frac{105\% \times 40 + 108\% \times 35 + 110\% \times 20 + 112\% \times 5}{40 + 35 + 20 + 5} = 107.4\%$$

7．解：

设销售量为 q，价格为 p。

价格指数 $= \dfrac{\sum q_1 p_1}{\sum q_1 p_0} =$ 销售额指数 ÷ 销售量指数 $= 110\% \div 105\% = 104.76\%$

即　　　　　　　　　　　$\sum q_1 p_1 = 104.76\% \sum q_1 p_0$

因为　　　　　　　　　　$\sum q_1 p_1 - \sum q_1 p_0 = 50 \text{（万元）}$

$$104.76\% \sum q_1 p_0 - \sum q_1 p_0 = 50 \text{（万元）}$$

即有　　　　　　$\sum q_1 p_0 = 50 \div 0.0476 = 1\,050.42 \text{（万元）}$

报告期销售额：$\sum q_1 p_1 = \sum q_1 p_0 + 50 = 1\,050.42 + 50 = 1\,100.42 \text{（万元）}$

基期销售额：$\sum q_0 p_0 = \sum q_1 p_1 \div 110\% = 1\,100.42 \div 110\% = 1\,000.38 \text{（万元）}$

8．解：

设农副产品收购量为 q，农副产品收购价格为 p。

（1）因为　　　　　收购总额指数 $= \dfrac{\sum q_1 p_1}{\sum q_0 p_0} = 110\%$

所以　　　　　　　$\sum q_1 p_1 = 360 \times 110\% = 396 \text{（亿元）}$

农民增加的收入为　$\sum q_1 p_1 - \sum q_0 p_0 = 396 - 360 = 36 \text{（亿元）}$

（2）因为　　　　　收购价格指数 $= \dfrac{\sum q_1 p_1}{\sum q_1 p_0} = 108\%$

所以　　　　　　　$\sum q_1 p_0 = 396 \div 108\% = 366.67 \text{（亿元）}$

农民增加的收入为　$\sum q_1 p_1 - \sum q_1 p_0 = 396 - 366.67 = 29.33 \text{（亿元）}$

（3）收购量指数 $= \dfrac{\sum q_1 p_0}{\sum q_0 p_0} = \dfrac{366.67}{360} = 101.85\%$

农副产品收购量增加 1.85%。

农民增加的收入为　　　$\sum q_1 p_0 - \sum q_0 p_0 = 366.67 - 360 = 6.67 \text{（亿元）}$

（4）　　　　　　　110% = 101.85% × 108%

　　　　　　　　　36 亿元 = 6.67 亿元 + 29.33 亿元

以上三个方面的分析结论协调一致。

9．解：

（1）生产费用指数 $= \dfrac{\sum q_3 p_3}{\sum q_2 p_2} = \dfrac{950}{900} = 105.56\%$

$$\sum q_3 p_3 - \sum q_2 p_2 = 950 - 900 = 50 \text{（万元）}$$

产量指数 $= \dfrac{\sum q_3 p_2}{\sum q_2 p_2} = \dfrac{\sum k_q q_2 p_2}{\sum q_2 p_2} = \dfrac{1.1 \times 400 + 1.05 \times 300 + 1.14 \times 200}{900} = \dfrac{983}{900} = 109.22\%$

$$\sum k_q q_2 p_2 - \sum q_2 p_2 = 983 - 900 = 83 \text{（万元）}$$

单位成本指数 $= \dfrac{\sum q_3 p_3}{\sum q_3 p_2} = \dfrac{\sum q_3 p_3}{\sum k_q q_2 p_2} = \dfrac{950}{983} = 96.64\%$

$$\sum q_3 p_3 - \sum k_q q_2 p_2 = 950 - 983 = -33 \text{（万元）}$$

$$105.56\% = 109.22\% \times 96.64\%$$
$$50 \text{万元} = 83 \text{万元} - 33 \text{万元}$$

计算结果表明：第三季度比第二季度生产费用总额上升 5.56%，是产量上升 9.22%、单位成本下降 3.36%共同影响的结果。第三季度比第二季度生产费用总额增加 50 万元，是产量上升使得生产费用总额增加 83 万元、单位成本下降使得生产费用总额减少 33 万元共同影响的结果。

（2）第四季度产量指数 $= \dfrac{\sum q_4 p_3}{\sum q_3 p_3} = 120\%$

因此有 $\sum q_4 p_3 = 950 \times 120\% = 1140 \text{（万元）}$

$$\sum q_4 p_3 - \sum q_3 p_3 = 1140 - 950 = 190 \text{（万元）}$$

第四季度生产费用总额：$\sum q_4 p_4 = 950 \times 115\% = 1092.5 \text{（万元）}$

单位成本指数 $= \dfrac{\sum q_4 p_4}{\sum q_4 p_3} = \dfrac{1092.5}{1140} = 95.83\%$

$$\sum q_4 p_4 - \sum q_4 p_3 = 1092.5 - 1140 = -47.5 \text{（万元）}$$

计算结果表明：第四季度三种产品的单位成本降低 4.17%，由于产量上升使得生产费用总额增加 190 万元、单位成本下降使得生产费用总额减少 47.5 万元。

10．解：

总成本计算表

产 品 名 称	$q_0 z_0$	$q_n z_n$	$q_1 z_1$	$q_n z_0$	$q_1 z_0$
甲	12 000	12 600	10 500	14 000	15 000
乙	36 000	36 000	41 800	40 000	44 000
丙	160 000	159 600	165 600	168 000	184 000
合计	208 000	208 200	217 900	222 000	243 000

（1）实际总成本指数 $=\dfrac{\sum q_1 z_1}{\sum q_1 z_0}=\dfrac{217\,900}{243\,000}=89.67\%$

$$\sum q_1 z_1 - \sum q_1 z_0 = 217\,900 - 243\,000 = -25\,100\ （元）$$

实际总成本降低率为 10.33%，降低额为 25 100 元。

（2）计划总成本指数 $=\dfrac{\sum q_n z_n}{\sum q_n z_0}=\dfrac{208\,200}{222\,000}=93.78\%$

$$\sum q_n z_n - \sum q_n z_0 = 208\,200 - 222\,000 = -13\,800\ （元）$$

计划总成本降低率为 6.22%，降低额为 13 800 元。

（3）总成本计划完成程度指数 $=\dfrac{\text{实际总成本指数}}{\text{计划总成本指数}}=\dfrac{\sum q_1 z_1}{\sum q_1 z_0}\bigg/\dfrac{\sum q_n z_n}{\sum q_n z_0}$

$$=\dfrac{89.67\%}{93.78\%}=95.62\%$$

$$\left(\sum q_1 z_1 - \sum q_1 z_0\right)-\left(\sum q_n z_n - \sum q_n z_0\right)=-25\,100-(-13\,800)=-11\,300\ （元）$$

总成本计划完成程度指数为 95.62%，由于实际总成本降低而节约 11 300 元。

（4）甲产品计划降低：(9-10)×1 400=-1 400（元）

而实际降低(7-10)×1 500=-4 500（元）

故甲产品超计划降低 3 100 元。

乙产品计划降低：(18-20)×2 000=-4 000（元）

而实际降低(19-20)×2 200=-2 200（元）

故乙产品没有完成计划 1 800 元。

丙产品计划降低：(38-40)×4 200=-8 400（元）

而实际降低(36-40)×4 600=-18 400（元）

故丙产品超计划降低 10 000 元。

-3 100 元+1 800 元-10 000 元 =-11 300 元

甲、乙、丙三种产品综合变动的结果使总成本实际降低额比计划降低额多 11 300 元。

11. 解：

（1）设 t、w 分别表示职工人数和全员劳动生产率

$$w_0 = 2\,000 \div 800 = 2.5\ （万元/人）$$

$$w_1 = 3\,240 \div 1\,000 = 3.24\ （万元/人）$$

总产值指数：
$$I_{tw}=\dfrac{t_1 w_1}{t_0 w_0}=\dfrac{3\,240}{2\,000}=162\%$$

$$t_1 w_1 - t_0 w_0 = 3\,240 - 2\,000 = 1\,240\ （万元）$$

职工人数指数：
$$I_t=\dfrac{t_1 w_0}{t_0 w_0}=\dfrac{1\,000\times 2.5}{800\times 2.5}=\dfrac{2\,500}{2\,000}=125\%$$

$$t_1 w_0 - t_0 w_0 = 2\,500 - 2\,000 = 500\ （万元）$$

全员劳动生产率指数：$I_w=\dfrac{t_1 w_1}{t_1 w_0}=\dfrac{1\,000\times 3.24}{1\,000\times 2.5}=\dfrac{3\,240}{2\,500}=129.6\%$

$$t_1 w_1 - t_1 w_0 = 3\,240 - 2\,500 = 740 \text{（万元）}$$

$$162\% = 125\% \times 129.6\%$$

$$1\,240 \text{万元} = 500 \text{万元} + 740 \text{万元}$$

计算结果表明：总产值增长 62%，绝对增加 1 240 万元，这是由于职工人数增长 25%，使总产值增加 500 万元；全员劳动生产率增长 29.6%，使总产值增加 740 万元两个因素共同作用的结果。

（2）

	计 量 单 位	符 号	基 期	报 告 期
总产值	万元	tdq	2 000	3 240
职工人数	人	t	800	1 000
生产工人占职工人数比重	%	d	80	90
生产工人劳动生产率	万元/人	q	3.125	3.6

总产值指数：　$I_{tdq} = \dfrac{t_1 d_1 q_1}{t_0 d_0 q_0} = \dfrac{3\,240}{2\,000} = 162\%$

$$t_1 d_1 q_1 - t_0 d_0 q_0 = 3\,240 - 2\,000 = 1\,240 \text{（万元）}$$

职工人数指数：$I_t = \dfrac{t_1 d_0 q_0}{t_0 d_0 q_0} = \dfrac{1\,000 \times 0.8 \times 3.125}{800 \times 0.8 \times 3.125} = \dfrac{2\,500}{2\,000} = 125\%$

$$t_1 d_0 q_0 - t_0 d_0 q_0 = 2\,500 - 2\,000 = 500 \text{（万元）}$$

生产工人占职工人数比重指数：$I_d = \dfrac{t_1 d_1 q_0}{t_1 d_0 q_0} = \dfrac{1\,000 \times 0.9 \times 3.125}{1\,000 \times 0.8 \times 3.125} = \dfrac{2\,812.5}{2\,500} = 112.5\%$

$$t_1 d_1 q_0 - t_1 d_0 q_0 = 2\,812.5 - 2\,500 = 312.5 \text{（万元）}$$

生产工人劳动生产率指数：$I_q = \dfrac{t_1 d_1 q_1}{t_1 d_1 q_0} = \dfrac{1\,000 \times 0.9 \times 3.6}{1\,000 \times 0.9 \times 3.125} = \dfrac{3\,240}{2\,812.5} = 115.2\%$

$$t_1 d_1 q_1 - t_1 d_1 q_0 = 3\,240 - 2\,812.5 = 427.5 \text{（万元）}$$

$$162\% = 125\% \times 112.5\% \times 115.2\%$$

$$1\,240 \text{万元} = 500 \text{万元} + 312.5 \text{万元} + 427.5 \text{万元}$$

计算结果表明：总产值增长 62%，绝对增加 1 240 万元。这是职工人数增长 25%，使总产值增加 500 万元；生产工人占职工人数比重增长 12.5%，使总产值增加 312.5 万元；生产工人劳动生产率增长 15.2%，使总产值增加 427.5 万元三个因素共同作用的结果。

12. 解：

原材料费用总额计算表

产品名称	$q_0 m_0 p_0$	$q_1 m_1 p_1$	$q_1 m_0 p_0$	$q_1 m_1 p_0$
甲	192 000	297 000	288 000	270 000
乙	84 000	100 000	105 000	87 500
丙	32 000	50 400	48 000	57 600
合计	308 000	447 400	441 000	415 100

原材料费用总额指数：$I_{qmp} = \dfrac{\sum q_1 m_1 p_1}{\sum q_0 m_0 p_0} = \dfrac{447\,400}{308\,000} = 145.26\%$

$$\sum q_1 m_1 p_1 - \sum q_0 m_0 p_0 = 447\,400 - 308\,000 = 139\,400 \text{（元）}$$

产品产量指数：$I_q = \dfrac{\sum q_1 m_0 p_0}{\sum q_0 m_0 p_0} = \dfrac{441\,000}{308\,000} = 143.18\%$

$$\sum q_1 m_0 p_0 - \sum q_0 m_0 p_0 = 441\,000 - 308\,000 = 133\,000 \text{（元）}$$

单位产品原材料消耗量指数：$I_m = \dfrac{\sum q_1 m_1 p_0}{\sum q_1 m_0 p_0} = \dfrac{415\,100}{441\,000} = 94.13\%$

$$\sum q_1 m_1 p_0 - \sum q_1 m_0 p_0 = 415\,100 - 441\,000 = -25\,900 \text{（元）}$$

单位原材料价格指数：$I_p = \dfrac{\sum q_1 m_1 p_1}{\sum q_1 m_1 p_0} = \dfrac{447\,400}{415\,100} = 107.78\%$

$$\sum q_1 m_1 p_1 - \sum q_1 m_1 p_0 = 447\,400 - 415\,100 = 32\,300 \text{（元）}$$

$$145.26\% = 143.18\% \times 94.13\% \times 107.78\%$$
$$139\,400 \text{元} = 133\,000 \text{元} - 25\,900 \text{元} + 32\,300 \text{元}$$

计算结果表明：报告期原材料费用总额比基期增长 45.26%，增加了 139 400 元。这是产品产量增长 43.18%，使原材料费用总额增加了 133 000 元；单位产品原材料消耗量下降 5.87%，使原材料费用总额减少了 25 900 元；单位原材料价格上升 7.87%，使原材料费用总额增加了 32 300 元三个因素共同影响的结果。

13. 解：

（1）

收购额计算表

农产品等级	$q_0 p_0$	$q_1 p_1$	$q_1 p_0$
一级品	6 000	14 000	12 000
二级品	20 000	27 500	25 000
三级品	30 000	45 000	36 000
合计	56 000	86 500	73 000

各等级平均价格指数 $= \dfrac{\dfrac{\sum q_1 p_1}{\sum q_1}}{\dfrac{\sum q_0 p_0}{\sum q_0}} = \dfrac{\dfrac{86\,500}{15\,000}}{\dfrac{56\,000}{11\,000}} = \dfrac{5.77}{5.09} = 113.36\%$

$\dfrac{\sum q_1 p_1}{\sum q_1} - \dfrac{\sum q_0 p_0}{\sum q_0} = 5.77 - 5.09 = 0.68 \text{（元）}$

各等级收购量变动的结构影响指数 $= \dfrac{\dfrac{\sum q_1 p_0}{\sum q_1}}{\dfrac{\sum q_0 p_0}{\sum q_0}} = \dfrac{\dfrac{73\,000}{15\,000}}{5.09} = \dfrac{4.87}{5.09} = 95.68\%$

$$\frac{\sum q_1 p_0}{\sum q_1} - \frac{\sum q_0 p_0}{\sum q_0} = 4.87 - 5.09 = -0.22 \ (\text{元})$$

各等级收购价格变动的固定构成指数 $= \dfrac{\dfrac{\sum q_1 p_1}{\sum q_1}}{\dfrac{\sum q_1 p_0}{\sum q_1}} = \dfrac{5.77}{4.87} = 118.48\%$

$$\frac{\sum q_1 p_1}{\sum q_1} - \frac{\sum q_1 p_0}{\sum q_1} = 5.77 - 4.87 = 0.90 \ (\text{元})$$

$$113.36\% = 95.68\% \times 118.48\%$$
$$0.68 \ \text{元} = -0.22 \ \text{元} + 0.90 \ \text{元}$$

计算结果表明：由于该收购站各等级收购量结构变化，使总平均价格降低了 4.32%，各等级收购价格的提高，使总平均价格提高了 18.48%，这两个因素共同作用使总平均价格提高了 13.36%。而且从绝对数上看，分别使每千克价格降低 0.22 元和提高 0.90 元，进而使总平均价格增加 0.68 元。

（2）单纯由于收购价格提高该地区农民增加的收入=0.9×15 000=13 500（元）

14．解：

销售额计算表

市　　场	$x_0 f_0$	$x_1 f_1$	$x_0 f_1$
甲	1 000	1 500	1 200
乙	1 800	2 450	2 100
丙	2 800	3 000	2 625
合计	5 600	6 950	5 925

可变构成指数 $= \dfrac{\dfrac{\sum x_1 f_1}{\sum f_1}}{\dfrac{\sum x_0 f_0}{\sum f_0}} = \dfrac{\dfrac{6\,950}{2\,050}}{\dfrac{5\,600}{1\,900}} = \dfrac{3.39}{2.95} = 114.92\%$

$$\frac{\sum x_1 f_1}{\sum f_1} - \frac{\sum x_0 f_0}{\sum f_0} = 3.39 - 2.95 = 0.44 \ (\text{元})$$

结构变动影响指数 $= \dfrac{\dfrac{\sum x_0 f_1}{\sum f_1}}{\dfrac{\sum x_0 f_0}{\sum f_0}} = \dfrac{\dfrac{5\,925}{2\,050}}{2.95} = \dfrac{2.89}{2.95} = 97.97\%$

$$\frac{\sum x_0 f_1}{\sum f_1} - \frac{\sum x_0 f_0}{\sum f_0} = 2.89 - 2.95 = -0.06 \ (\text{元})$$

$$固定构成指数 = \frac{\dfrac{\sum x_1 f_1}{\sum f_1}}{\dfrac{\sum x_0 f_1}{\sum f_1}} = \frac{3.39}{2.89} = 117.30\%$$

$$\frac{\sum x_1 f_1}{\sum f_1} - \frac{\sum x_0 f_1}{\sum f_1} = 3.39 - 2.89 = 0.50 \text{（元）}$$

$$114.92\% = 97.97\% \times 117.30\%$$

$$0.44 \text{ 元} = -0.06 \text{ 元} + 0.5 \text{ 元}$$

计算结果表明：由于该地区各市场销售量结构的变化，使总平均价格降低了 2.03%，各市场销售价格的提高，使总平均价格提高了 17.30%，这两个因素共同作用使总平均价格提高了 14.92%。而且从绝对数上看，分别使每千克价格降低了 0.06 元和提高了 0.5 元，进而使总平均价格增加了 0.44 元。

15．解：

总成本计算表

企　　业	$q_0 z_0$	$q_1 z_1$	$q_1 z_0$
甲	204 000	276 000	272 000
乙	280 000	325 000	350 000
丙	432 000	476 000	504 000
合计	916 000	1 077 000	1 126 000

指数体系为：

总成本指数=产量指数×产量变动结构影响指数×单位产品成本变动固定构成指数

$$总成本指数 = \frac{\sum q_1 z_1}{\sum q_0 z_0} = \frac{1\,077\,000}{916\,000} = 117.58\%$$

$$\sum q_1 z_1 - \sum q_0 z_0 = 1\,077\,000 - 916\,000 = 161\,000\text{（元）}$$

$$产量指数 = \frac{\sum q_1}{\sum q_0} = \frac{16\,000}{13\,000} = 123.08\%$$

$$\left(\sum q_1 - \sum q_0\right) \frac{\sum q_0 z_0}{\sum q_0} = (16\,000 - 13\,000) \times \frac{916\,000}{13\,000} = 211\,385\text{（元）}$$

$$产量变动结构影响指数 = \frac{\dfrac{\sum q_1 z_0}{\sum q_1}}{\dfrac{\sum q_0 z_0}{\sum q_0}} = \frac{\dfrac{1\,126\,000}{16\,000}}{\dfrac{916\,000}{13\,000}} = 99.88\%$$

$$\left(\frac{\sum q_1 z_0}{\sum q_1} - \frac{\sum q_0 z_0}{\sum q_0}\right) \sum q_1 = \left(\frac{1\,126\,000}{16\,000} - \frac{916\,000}{13\,000}\right) \times 16\,000 = -1\,385\ \text{（元）}$$

$$单位产品成本变动固定构成指数 = \frac{\frac{\sum q_1 z_1}{\sum q_1}}{\frac{\sum q_1 z_0}{\sum q_1}} = \frac{\sum q_1 z_1}{\sum q_1 z_0} = \frac{1\,077\,000}{1\,126\,000} = 95.65\%$$

$$\sum q_1 z_1 - \sum q_1 z_0 = 1\,077\,000 - 1\,126\,000 = -49\,000 \text{（元）}$$

$$117.58\% = 123.08\% \times 99.88\% \times 95.65\%$$

$$161\,000 \text{元} = 211\,385 \text{元} - 1\,385 \text{元} - 49\,000 \text{元}$$

计算结果表明：总成本增长 17.58%，增加 161 000 元。这是由于产量增长 23.08%，使总成本增加 211 385 元；产量结构变动使总成本降低 0.12%，减少了 1 385 元；单位产品成本变动使总成本降低 4.35%，减少了 49 000 元。

16．解：

（1）单位成本指数=总生产费用指数÷产量指数=115%÷112%=102.68%

（2）劳动生产率指数=产量指数÷职工人数指数=120%÷110%=109.09%

（3）单位产品劳动消耗量指数=劳动总消耗量指数÷产品产量指数=108%÷120%=90%

（4）居民消费价格指数=1÷货币购买力指数=1÷95%=105.26%

居民消费价格指数=1÷105%=95.24%

17．解：

总产值计算表

产品名称	$q_1 p_n$	$q_2 p_n$	$q_3 p_n$	$q_4 p_n$	$q_5 p_n$
甲	420	454	470	496	498
乙	9 600	9 888	10 104	10 296	10 284
丙	18 500	19 000	19 440	20 100	19 940
合计	28 520	29 342	30 014	30 892	30 722

（1）各年的定基产量指数为：$\dfrac{\sum q_2 p_n}{\sum q_1 p_n}$、$\dfrac{\sum q_3 p_n}{\sum q_1 p_n}$、$\dfrac{\sum q_4 p_n}{\sum q_1 p_n}$、$\dfrac{\sum q_5 p_n}{\sum q_1 p_n}$

即得：102.88%、105.24%、108.32%、107.72%

（2）各年的环比产量指数为：$\dfrac{\sum q_2 p_n}{\sum q_1 p_n}$、$\dfrac{\sum q_3 p_n}{\sum q_2 p_n}$、$\dfrac{\sum q_4 p_n}{\sum q_3 p_n}$、$\dfrac{\sum q_5 p_n}{\sum q_4 p_n}$

即得：102.88%、102.29%、102.93%、99.45%

（3）该企业定基与环比产量指数之间的关系为：

$$\frac{\sum q_5 p_n}{\sum q_1 p_n} = \frac{\sum q_2 p_n}{\sum q_1 p_n} \times \frac{\sum q_3 p_n}{\sum q_2 p_n} \times \frac{\sum q_4 p_n}{\sum q_3 p_n} \times \frac{\sum q_5 p_n}{\sum q_4 p_n}$$

$$107.72\% = 102.88\% \times 102.29\% \times 102.93\% \times 99.45\%$$

18．解：

按 2010 年不变价格计算：2006 年数值=235÷228×200=206.14（亿元）

按 2015 年不变价格计算：2011 年数值=320.10÷305.20×270=283.18（亿元）

2008 年数值=320.10÷305.20×235=246.47（亿元）

2006 年数值=320.10 ÷ 305.20×206.14=216.20（亿元）

$$\text{平均发展速度} = \sqrt[n]{\frac{a_n}{a_0}} = \sqrt[13]{\frac{495.30}{216.20}} = 106.58\%$$

19．解：

大米价格指数： $k_p = \dfrac{3.8}{3.6} = 105.6\%$

面粉价格指数： $k_p = \dfrac{5.2}{4.9} = 106.1\%$

粮食中类价格指数： $I_p = \dfrac{\sum k_p w}{\sum w} = \dfrac{105.6\% \times 60 + 106.1\% \times 40}{60 + 40} = 105.8\%$

食品大类价格指数：

$$I_p = \frac{\sum k_p w}{\sum w} = \frac{105.8\% \times 40 + 130\% \times 45 + 120\% \times 10 + 110\% \times 5}{40 + 45 + 10 + 5} = 118.3\%$$

居民消费价格指数：

$$I_p = \frac{\sum k_p w}{\sum w}$$

$$= \frac{118.3\% \times 34 + 103\% \times 14 + 101\% \times 9 + 100\% \times 6 + 99\% \times 9 + 98\% \times 9 + 102\% \times 5 + 107\% \times 14}{34 + 14 + 9 + 6 + 9 + 9 + 5 + 14}$$

$$= 107.5\%$$

20．解：

（1）名义工资总额指数=职工人数指数×平均工资指数=105%×108%=113.40%

实际工资总额指数=名义工资总额指数÷城镇居民消费价格指数

            =113.40% ÷ 106%=106.98%

名义工资总额提高 13.40%，实际工资总额提高 6.98%。

（2）职工实际平均工资指数=报告期职工平均工资指数÷报告期城镇居民消费价格指数

            =108% ÷ 106%=101.89%

21．解：

股票价格指数为

$$K_p = \frac{\sum p_1 Q_n}{\sum p_n Q_n}$$

$$= \frac{7.92 \times 3\,000 + 10 \times 8\,000 + 27.84 \times 6\,000 + 37.46 \times 10\,000}{8.15 \times 3\,000 + 10.18 \times 8\,000 + 28.2 \times 6\,000 + 37.35 \times 10\,000} = \frac{645\,400}{648\,590} = 99.51\%$$

第七章　概率统计

学习重点与难点

概率论是数理统计的基础。通过本章的学习，要求掌握概率的基本概念和基本性质；理解条件概率的概念，掌握概率的乘法公式、全概率公式及贝叶斯公式；理解事件独立性概念，会计算相互独立事件的有关概率；了解随机变量及其分布的概念和特性；掌握随机变量的数学期望和方差；了解切比雪夫定理，了解伯努利大数定理，了解独立同分布的中心极限定理；理解总体、个体、样本、简单随机样本、样本容量的概念；理解统计量的概念，掌握常用的统计量的计算；了解常用的统计量的分布。

第一节　随机事件和概率

随机试验的全部可能结果组成的集合 Ω 称为样本空间。样本空间 Ω 的子集称为事件，当且仅当这一子集中的一个样本点出现时，称这一事件发生。事件是一个集合，因而事件间的关系与事件的运算自然按照集合之间的关系和集合运算来处理。

在一次试验中，一个事件可能发生也可能不发生，其发生的可能性的大小是客观存在的。一般可以进行大数量的重复试验，得到事件 A 的频率，而以频率作为 $P(A)$ 的近似值。重点掌握的内容如下。

（1）对于古典概型，事件 A 的概率为

$$P(A) = \frac{N_A}{N_\Omega} = \frac{A\text{包含的基本事件数}}{\text{基本事件总数}}$$

（2）条件概率的计算。

设 A、B 是两个事件，且 $P(A)>0$，称 $P(B \mid A) = \dfrac{P(AB)}{P(A)}$ 为在事件 A 发生的条件下事件 B 发生的条件概率。这里的学习难点是，条件概率也是概率，与无条件概率的一般区别就是在随机试验 E 的条件上增加了一个新条件。而无条件概率是没有增加新条件的概率。

（3）全概率公式和贝叶斯公式的应用。

设试验 E 的样本空间为 Ω，A 为 E 的事件，$B_1, B_2, \cdots, B_n$ 为 Ω 的一个划分，且 $P(B_i)>0\,(i=1, 2, \cdots, n)$，则：

$$P(B) = \sum_{j=1}^{n} P(A_i)P(B \mid A_i)$$

$$P(B_i \mid A) = \frac{P(B_i)P(A \mid B_i)}{\sum_{j=1}^{n} P(B_i)P(A \mid B_i)}$$

这里的学习难点是，在运用贝叶斯公式和全概率公式时，要分清具体是哪种类型的问题，再确定应用哪个公式。若把 A 视为观察的"结果"，把 B_1, B_2, $\cdots$, B_n 理解为原因，全概率公式用于"由因求果"问题，而贝叶斯公式用于"由果索因"问题的计算。

第二节　一维随机变量及其分布

随机变量是随机试验结果的函数，它的取值随试验的结果而定，是不能预先确定的。一个随机变量，若它所有可能取得的不相同的值是有限个或可列无限个，这种随机变量为离散型随机变量，此外为非离散型随机变量。

（1）离散型随机变量概率分布的计算。如果随机变量 X 的取值是有限个或可列无限多个数值 $x_1, x_2, \cdots, x_n, \cdots$，且 $P(X=x_n)=p_n$，$n=1, 2, \cdots$，$p_n \geqslant 0$, $\sum p_n = 1$，则称 X 是离散型随机变量，上述取值规律称为 X 的概率分布。这里的学习难点是结合实际问题，确定离散型随机变量的分布函数。

（2）常用分布（0-1分布、二项分布、泊松分布）的概率分布。

① 0-1 分布：$P\{X=k\} = p^k(1-p)^{1-k}$, $k=0, 1$ $(0<p<1)$

② 二项分布：$P\{X=k\} = \dbinom{n}{k} p^k q^{n-k}$ $(k=0, 1, 2, \cdots, n)$

③ 泊松分布：$P\{X=k\} = \dfrac{\lambda^k e^{-\lambda}}{k!}$ $(k=0, 1, 2, \cdots, n)$

这里的学习难点是理解这几种常见的离散分布，尤其是二项分布，并能进行相关的计算。

（3）连续型随机变量概率分布的计算。对于随机变量 X 的分布函数 $F(x)$，存在非负函数 $f(x)$ 使对于任一实数 x，有：$F(x) = \int_{-\infty}^{+x} f(t)\mathrm{d}t$，则称 X 是连续型随机变量，函数 $f(x)$ 为 X 的概率密度函数。这里的学习难点是结合实际问题，进行概率密度函数的相关运算。

（4）典型的连续型随机变量（均匀分布、指数分布、正态分布）的概率密度。

① 均匀分布：$f(x) = \begin{cases} \dfrac{1}{b-a}, & a < x < b \\ 0, & \text{其他} \end{cases}$

② 指数分布：$f(x) = \begin{cases} \dfrac{1}{\theta} e^{-x/\theta}, & x > 0 \\ 0, & \text{其他} \end{cases}$

③ 正态分布：$f(x) = \dfrac{1}{\sqrt{2\pi}\sigma} e^{\frac{-(x-\mu)^2}{2\sigma^2}}$, $-\infty < x < \infty$

这里的学习难点是理解这几种常见的连续分布，尤其是正态分布，能进行相关的计算，并能进行标准正态分布的查表。

第三节　多维随机变量及其分布

当随机试验的结果对应的是多个数值时，引进多维随机变量来表示。从分析二维随机变量分布的规律展开，得到其分布规律后可以推广到多维随机变量。

设 S 是随机试验的样本空间，X 和 Y 是定义在 S 上的随机变量，称 (X,Y) 为定义在 S 上的二维随机变量。二维随机变量的性质不仅与 X 和 Y 有关，而且依赖于这两个随机变量的相互关系。

若二维随机变量 (X,Y) 只取有限对或可列无穷多对数值，则称 (X,Y) 为二维离散型随机变量。设二维离散型随机变量 (X,Y) 的所有可能取值为 (X_i,Y_j) $(i,j=1,2,\cdots)$，称 $p_{ij}=P\{X=x_i,Y=y_j\}(i,j=1,2,\cdots)$ 为 (X,Y) 的联合概率分布，称 $P_{i\cdot}=P\{X=x_i\}=\sum_j p_{ij}(i,j=1,2,\cdots)$ 为关于 X 的边缘概率分布，而 $p_{\cdot j}=P\{Y=y_j\}=\sum_i p_{ij}(i,j=1,2,\cdots)$ 为关于 Y 的边缘概率分布。

设二维随机变量的联合分布函数为 $F(x,y)$，若存在二元非负可积函数 $f(x,y)$，使得二维随机变量 (X,Y) 的联合分布函数 $F(x,y)$ 可表示为 $F(x,y)=\int_{-\infty}^{x}\int_{-\infty}^{y}f(u,v)\mathrm{d}u\mathrm{d}v$，则称 (X,Y) 为二维连续型随机变量，称 $f(x,y)$ 为 (X,Y) 的联合概率密度函数，称 $f_X(x)=\int_{-\infty}^{+\infty}f(x,y)\mathrm{d}y$ 为关于 X 的边缘概率密度，称 $f_Y(y)=\int_{-\infty}^{+\infty}f(x,y)\mathrm{d}x$ 为关于 Y 的边缘概率密度。

这里的学习难点在于理解联合分布及其性质并进行相关运算。

对任意实数 x,y，若有 $F(x,y)=F_X(x)F_Y(y)$，则称 X 与 Y 相互独立。若 (X,Y) 为离散型，则 X 与 Y 相互独立的充要条件为 $P\{X=x_i,Y=y_j\}=P\{X=x_i\}P\{Y=y_j\}$；若 (X,Y) 为连续型，则 X 与 Y 相互独立的充要条件为 $f(x,y)=f_X(x)f_Y(y)$。

这里的学习难点在于根据相关条件判断变量之间的相互独立性。

设 (X,Y) 为二维离散型随机变量，对于任意固定的 j，若 $P\{Y=y_j\}>0$，则称
$$P\{X=x_i\,|\,Y=y_j\}=\frac{P\{X=x_i,Y=y_j\}}{P\{Y=y_j\}}=\frac{p_{ij}}{p_{\cdot j}},i=1,2,\cdots$$
为在 $Y=y_j$ 的条件下 X 的条件分布律。

设 (X,Y) 为二维连续型随机变量，对一切使 $f_Y(y)>0$ 的 y，在 $Y=y$ 的条件下 X 的条件概率密度和条件分布函数分别为
$$f_{X|Y}(x\,|\,y)=\frac{f(x,y)}{f_Y(y)}, \quad F_{X|Y}(x\,|\,y)=\int_{-\infty}^{x}\frac{f(u,y)}{f_Y(y)}\mathrm{d}u$$

这里的学习难点在于计算相关条件概率。

设 (X,Y) 的联合分布律为 $p_{ij}=P\{X=x_i,Y=y_j\}$，$Z=g(X,Y)$，则 Z 的分布律为
$$P\{Z=z_k\}=P\{g(X,Y)=z_k\}=\sum_{g(x_i,y_j)=z_k}P\{X=x_i,Y=y_j\}$$

设 (X,Y) 的联合概率密度为 $f(x,y)$，$Z=g(X,Y)$，则 Z 的分布函数为
$$F_Z(z)=P(Z\leqslant z)=P\{g(X,Y)\leqslant z\}=\iint\limits_{g(x,y)\leqslant z}f(x,y)\mathrm{d}x\mathrm{d}y$$

这里的学习难点在于理解随机变量的分布与随机变量的函数的分布两者之间的联系和区别，并会计算随机变量函数的分布。

第四节　随机变量的数字特征

随机变量的数字特征是由随机变量的分布确定的，描述随机变量某一个方面的特征的常数。最重要的数字特征是数学期望和方差。数学期望是描述随机变量取值的平均大小；方差是描述随机变量与它自己的数学期望的偏离程度。重点掌握的内容如下。

（1）离散型随机变量数学期望的计算。设离散型随机变量 X 的分布律为 $P\{X = x_n\} = p_n(n = 1, 2, \cdots)$。若级数 $\sum\limits_{n=1}^{\infty} x_n p_n$ 绝对收敛，则称该级数为 X 的数学期望，记作 $E(X)$，即

$$E(X) = \sum_{n=1}^{\infty} x_n p_n。$$

（2）连续型随机变量数学期望的计算。若连续型随机变量 X 的概率密度为 $f(x)$，如果积分 $\int_{-\infty}^{+\infty} xf(x)\mathrm{d}x$ 绝对收敛，则称该积分为 X 的数学期望，记作 $E(X)$，即 $E(X) = \int_{-\infty}^{+\infty} xf(x)\mathrm{d}x$。

这里的学习难点是能根据随机变量的分布函数或概率密度来计算相应的数学期望。

（3）离散型随机变量方差的计算。若 $P\{X = x_n\} = p_n(n = 1, 2, \cdots)$，则

$$D(X) = \sum_{n=1}^{\infty} [x_n - E(X)]^2 p_n$$

（4）连续型随机变量方差的计算。若连续型随机变量 X，概率密度为 $f(x)$，则

$$D(X) = \int_{-\infty}^{+\infty} [x - E(X)]^2 f(x)\mathrm{d}x$$

这里的学习难点是能根据随机变量的分布函数或概率密度来计算相应的方差。

第五节　大数定律和中心极限定理

伯努利大数定理给出了当 n 很大时，A 发生的频率 $\dfrac{n_A}{n}$ 依概率收敛于事件 A 的概率 p 的结论，给出了在试验次数很大时频率和平均值的稳定性，从理论上肯定了用算术平均数代替均值、用频率代替概率的合理性。

中心极限定理表明，在一般条件下，当独立随机变量的个数增加时，其和的分布趋于正态分布。另一方面它提供了独立同分布随机变量之和的近似分布，只要和式中加项的个数充分大，就可以不必考虑式中的随机变量服从什么分布，都可以用正态分布来近似。

（1）了解切比雪夫定理。设 $X_1, X_2, \cdots, X_n, \cdots$ 是相互独立的随机变量序列，数学期望 $E(X_i)$ 和方差 $D(X_i)$ 都存在，且 $D(X_i) < C(i = 1, 2, \cdots)$，则对任意给定的 $\varepsilon > 0$，有 $\lim\limits_{n \to \infty} P\left\{ \left| \dfrac{1}{n} \sum\limits_{i=1}^{n} X_i - E(X_i) \right| < \varepsilon \right\} = 1$。

（2）了解伯努利大数定理。设 n_A 是 n 次独立重复试验中事件 A 发生的次数，p 是事件 A 在每次试验中发生的概率，则对任意给定的 $\varepsilon > 0$，有 $\lim\limits_{n \to \infty} P\left\{ \left| \dfrac{n_A}{n} - p \right| < \varepsilon \right\} = 1$

或 $\lim\limits_{n \to \infty} P\left\{ \left| \dfrac{n_A}{n} - p \right| \geqslant \varepsilon \right\} = 0$。

（3）了解独立同分布的中心极限定理。设 $X_1, X_2, \cdots, X_n, \cdots$ 是相互独立的随机变量序列，服从同一分布，且具有数学期望 $E(X_i) = \mu$ 和方差 $D(X_i) = \sigma^2$（$i = 1, 2, \cdots$），对任意实数 x，

随机变量 $Y_n = \dfrac{\sum\limits_{i=1}^{n} X_i - n\mu}{\sqrt{n}\sigma}$ 的分布函数近似服从标准正态分布。

这里的学习难点是理解依概率收敛的含义，了解几个定理的含义。

第六节　样本及抽样分布

在统计学中，把所研究的全部元素组成的集合称为总体，把组成总体的每个元素称为个体。从总体中抽取的一部分个体，称为总体的一个样本；样本中个体的个数称为样本容量。重点掌握的内容如下。

（1）常用的统计量。

① 样本平均值：$\bar{X} = \dfrac{1}{n} \sum\limits_{i=1}^{n} X_i$

② 样本方差：$S^2 = \dfrac{1}{n-1} \left(\sum\limits_{i=1}^{n} X_i^2 - n\bar{X}^2 \right)$

③ 样本标准差：$S = \sqrt{S^2} = \sqrt{\dfrac{1}{n-1} \sum\limits_{i=1}^{n} (X_i - \bar{X})^2}$

这里的学习难点是计算样本方差和样本标准差时，分母是 $n-1$，与总体方差和总体标准差的计算是不同的。

（2）几种常用统计量的分布（χ^2 分布、t 分布、F 分布）。

这里的学习难点是这三个分布的定义和密度函数，应能根据实际情况判断统计量属于何种分布。

第七节　参　数　估　计

通过样本对总体进行估计是统计推断的内容之一。当总体的分布形式已知，分布中有未知参数时，通过样本对参数做估计即为参数估计。常用的估计方法有点估计和区间估计。

设总体 X 的分布函数为 $F(x, \theta)$，其中 θ 是未知参数，θ 所属范围已知，借助样本估计参数值，称为参数的点估计。常用的点估计方法有矩估计法和最大似然估计法。

参数的矩估计即用样本矩估计总体矩，用样本矩的函数估计总体矩的函数。

最大似然估计法的基本原理是当一次抽样事件发生，根据实际推断原理，该事件应该是大概率事件（离散型总体）或者取值在样本点附件是大概率事件（连续型总体），则参数的取值应该使得相关概率最大。最大似然估计法的基本步骤：首先写出似然函数，然后将似然函数对各参数求偏导并令其为零，得到似然方程组，解方程组即得到参数的最大似然估计。

这里学习的难点在于理解矩估计法和最大似然估计法的原理，并能熟练应用于参数估计。

关于估计优良性的评价涉及以下三方面。

（1）无偏性：设 $\hat{\theta} = \hat{\theta}(X_1, X_2, \cdots, X_n)$ 为未知参数 θ 的一个估计量，若 $E(\hat{\theta}) = \theta$，则称 $\hat{\theta}$ 是 θ 的无偏估计量。

（2）有效性：设 $\hat{\theta}_1 = \hat{\theta}_1(X_1, X_2, \cdots, X_n)$ 和 $\hat{\theta}_2 = \hat{\theta}_2(X_1, X_2, \cdots, X_n)$ 都是参数 θ 的无偏估计量，若对于任意固定的样本容量 n，有 $D(\hat{\theta}_1) < D(\hat{\theta}_2)$，则称 $\hat{\theta}_1$ 较 $\hat{\theta}_2$ 有效。

（3）一致性：设 $\hat{\theta} = \hat{\theta}(X_1, X_2, \cdots, X_n)$ 为总体未知参数 θ 的估计量，n 为样本容量，若对于任意给定的正数 ε，有 $\lim\limits_{n \to \infty} P\left\{ |\hat{\theta}_n - \theta| < \varepsilon \right\} = 1$ 成立，则称 $\hat{\theta}$ 是 θ 的一致估计。

这里学习的难点在于根据无偏性、有效性、一致性的定义对相关估计的优良性进行评价。

练 习 题

一、单项选择题

1. 随机事件 A 与 B 是相互独立的，则下列公式成立的是（　　）。

    A. $AB = \Phi$ B. $P(B|A) = P(B)$

    C. $P(AB) = P(A)P(B)$ D. $P(A) = P(B)$

2. 设 A、B 为两个随机事件，则表示"事件 A、B 中至少有一个发生"的是（　　）。

    A. $A \cup B$ B. AB C. $A \cup \bar{B}$ D. $\overline{AB}$

3. 设事件 A 与 B 独立，已知 $P(A) = 0.5$，$P(B) = 0.6$，则 $P(A \cup B) = $（　　）。

    A. 0.5   B. 0.8   C. 0.6   D. 0.9

4. 将一枚骰子抛掷两次，观察朝上一面出现的点数情况，则"1 点"至少出现一次的概率为（　　）。

    A. 1/36   B. 11/36   C. 18/36   D. 25/36

5. 将一枚硬币抛掷三次，观察其朝上一面，则正面和反面均至少出现一次的概率为（　　）。

    A. 1/8   B. 2/8   C. 4/8   D. 6/8

6. 以 A 表示事件"零件 Z 的内、外径都合格"，则其对立事件 $\bar{A}$ 为（　　）。

    A. "零件 Z 的内径合格但外径不合格"

    B. "零件 Z 的内径不合格但外径合格"

    C. "零件 Z 的内、外径都不合格"

    D. "零件 Z 的内、外径至少有一个不合格"

7. 以 A 表示事件"零件 Z 的内径合格"，以 B 表示事件"零件 Z 的外径合格"，则事件"零件 Z 的内、外径均不合格"应表示为（　　）。

    A. $\bar{A} \cup \bar{B}$ B. $\bar{A} \cap \bar{B}$

    C. AB D. $\overline{A \cap B}$

8. A、B 为任意两个随机事件，且 $P(A|B)=1$，则下列选项中成立的是（　　）。

    A. A 是必然事件   B. B 是必然事件

    C. $A \subset B$ D. $B \subset A$

9. 设 A、B、C 表示三个相互独立的随机事件，且 $P(A)=0.1$，$P(B)=0.2$，$P(C)=0.3$，则 $P(A \cup B \cup C)$ 等于（　　）。

    A. 0.006   B. 0.400   C. 0.496   D. 0.600

10. 一个箱子中有红色、绿色、蓝色三种颜色的球，其中红球数量占比 30%，绿球数量占比 25%，则任取一球不是绿色的概率为（　　）。

    A. 30%   B. 45%   C. 55%   D. 75%

11. 甲、乙两人独立地、同时向某一目标射击，设甲命中目标的概率为 0.5，乙命中目标的概率为 0.9，则该目标被击中的概率为（　　）。

    A. 0.05   B. 0.5   C. 0.9   D. 0.95

12. 已知某车间 5 名员工中有 3 名已经在该车间工作了至少 10 年，现从这 5 人中任选 4 人，则刚好有 2 人至少具有 10 年工龄的概率是（　　）。

    A. 0.2   B. 0.4   C. 0.6   D. 0.8

13. 下列分布中属于连续型随机变量的概率分布的是（　　）。

    A. 正态分布   B. 几何分布

    C. 泊松分布   D. 伯努利分布

14. 设随机变量 X 服从二项分布，其期望与方差之比为 3，则分布参数 $p=$（　　）。

    A. 1/6   B. 1/3   C. 1/2   D. 2/3

15. 对于随机变量 X，$P(X=n)=\dfrac{1}{n(n+1)}, n=1,2,\cdots$，则 X 的期望值为（　　）。

    A. 不存在   B. 1   C. 0.5   D. 0

16. 对于随机变量 X，已知 $E(X)=1$，$D(X)=2$，则 $E(3+2X+X^2)$ 等于（　　）。

    A. 3   B. 5   C. 6   D. 8

17. 已知一批零件的合格率为 0.9，从中有放回地抽取三个零件，则至少有一个零件不合格的概率等于（　　）。

    A. 0.001   B. 0.081   C. 0.271   D. 0.729

18. 设随机变量服从标准正态分布，且 $P\{X \geqslant 1.96\}=0.025$，则下列等式成立的是（　　）。

    A. $P\{|X| \geqslant 1.96\}=0.05$ B. $P\{|X| \leqslant 1.96\}=0.05$

    C. $P\{|X| \geqslant 1.96\}=0.975$ D. $P\{|X| \leqslant 1.96\}=0.975$

19. 对于随机变量 X，已知 $D(X)=3$，则 $D(3+3X)=$（　　）。

    A. 3   B. 9   C. 12   D. 27

20. 对于离散型随机变量 X，其概率分布如下表，则其中常数 a 为（　　）。

X	1	2	3
P	0.3	$2a+0.2$	$3a$

    A. 0.1   B. 0.2   C. 0.3   D. 0.5

二、判断题（正确的打"√"，错误的打"×"，并填写在题后的括号中）

1．随机试验的可能结果不止一个，且不是所有可能结果都是可知的。（   ）

2．若概率为 0.03，表示事件平均在 100 次试验中才发生 3 次，而在 1 次试验中不会发生。（   ）

3．假设 A、B 是两个互斥事件，则定有 $P(A)=1-P(B)$。（   ）

4．在事件 B 发生的条件下事件 A 发生的概率也称为后验概率。（   ）

5．连续型随机变量取任何一个指定值的概率随概率密度而不同。（   ）

6．任一随机变量都存在一个有限的数学期望。（   ）

7．对于两个相互独立的随机变量 X、Y，有 $E(XY)=E(X)\cdot E(Y)$。（   ）

8．当随机变量 X 为常数时，$D(X)=0$。（   ）

9．协方差是用来度量随机变量取值的离散程度的数学特征。（   ）

10．若两个随机变量的相关系数为 0，则这两个变量是相互独立的。（   ）

11．大数定律所揭示的是数值较大的随机变量所具有的规律。（   ）

12．随机变量 $X\sim N(\mu,\sigma^2)$，若 σ 越大，则其概率密度曲线就越陡峭。（   ）

13．样本容量和样本个数是同一个概念。（   ）

14．样本统计量是一个随机变量。（   ）

15．无论总体服从何种分布，从中随机抽取容量为 n 的样本，则样本均值服从正态分布。（   ）

16．参数是对总体的一种数量描述，它的值总是已知的。（   ）

17．假设总体服从均匀分布，从此总体中抽取容量为 36 的样本，则样本均值的抽样分布近似正态分布。（   ）

18．如果抽样分布的均值不等于总体参数，则该统计量被称作参数的有效估计。（   ）

19．对任意两个随机变量 X_1,X_2，若 $X_1\sim\chi^2(n_1)$ 和 $X_2\sim\chi^2(n_2)$，则 $X_1+X_2\sim\chi^2(n_1+n_2)$。（   ）

20．随机变量 $X\sim N(\mu,\sigma^2)$，则随着 σ 的增大，概率 $P\{|X-\mu|<\sigma\}$ 将单调增大。（   ）

三、填空题

1．设 A、B 为两个相互独立事件，若概率 $P(A)=0.2$，$P(A+B)=0.4$，则概率 $P(B)=$_____。

2．设 A、B 为两个互斥事件，若概率 $P(B)=0.9$，$P(A)=0.6$，则概率 $P(\overline{AB})=$_____。

3．设离散型随机变量 X 的概率分布如下所示：

X	-2	0	2
P	0.1	0.3	0.6

则 $D(X)=$_____。

4．已知 $E(X)=3$，$E(Y)=4$，则 $E(2X+3Y+3)=$_____。

5．已知 $D(X_1)=10$，$D(X_2)=25$，$\mathrm{cov}(X_1,X_2)=4$，则 $D(X_1+X_2)=$_____。

6. 随机变量 X 若服从泊松分布 $X \sim P(\lambda)$，则其方差为_____。

7. 若随机变量 X 服从二点分布 $B(1,p)$，则 $D(X)=$_____。

8. 若随机变量 X 服从超几何分布，即 $X \sim H(x,N,M)$，记 $p = \dfrac{M}{N}$，则 $D(X)=$_____。

9. 设连续型随机变量 X 服从标准正态分布，则 $D(X)=$_____。

10. 设 $X_1, X_2, X_3 \cdots$ 是相互独立的随机变量序列，且服从同一分布，具有 $E(X_i)=3$，$i=1,2,\cdots$，令 $Y = \dfrac{1}{n}\sum_{i=1}^{n} X_i$，则对于任意给定的 $\varepsilon > 0$，有 $\lim\limits_{n \to \infty} P\{|Y-3|<\varepsilon\}=$_____。

四、计算题

1. 一台机器生产零件的次品率是 5%，现从其生产的产品中随机抽出 5 件，问：（1）刚好出现 1 件次品的概率是多少？（2）至少出现 1 件次品的概率是多少？

2. 甲乙两人进行网球比赛，每局甲胜的概率为 p，$p \geqslant 1/2$。问：对甲而言，采用三局二胜制有利还是采用五局三胜制有利？假设各局胜负相互独立。

3. 设两个随机事件 A、B，求证：$P(AB)=1-P(\overline{A})-P(\overline{B})+P(\overline{A \bigcup B})$。

4. 设两个随机事件 A、B，且 $P(A)=0.5$，$P(B)=0.6$，在事件 A 发生的条件下事件 B 发生的概率为 0.8。求：（1）"A 发生或 B 发生"的概率是多少？（2）在事件 B 发生的条件下，事件 A 发生的概率是多少？

5. 已知某一地区人口寿命超过 50 岁的概率为 0.8，超过 70 岁的概率为 0.6。求：该地区任一寿命刚过 50 岁的人活到 70 岁以上的概率。

6. 已知某一地区男女人口数的比例为 106∶100，男性人口中有 5%患有色盲症，女性人口中有 0.4%患有色盲症。问：该地区任一人患有色盲症的概率是多少？

7. 某公司从 A、B、C 三厂采购同一种零件，采购数量占比分别为 25%、30%、45%，而这三个厂的次品率分别为 4%、5%、3%。现从这些零件中任取一件，问：若取出的零件为次品，则该零件来自 C 厂的概率是多少？

8. 现有两批同种商品，第一批商品 60 箱，每箱 50 个，次品率 0.08，第二批商品 40 箱，每箱 100 个，次品率 0.06，若打开任意一箱，并从中任取一个，求：取出商品为次品的概率是多少？

9. 某工厂产品的次品率为 0.04，任取其生产的 100 件产品，求：次品数的期望值和方差是多少？

10. 已知离散型随机变量 X 的分布律如下表所示。

X	1	2	3
P	0.2	0.3	0.5

求 X 的期望值和方差。

11. 设 15 个相同零件中有 2 个是次品，在其中取 3 次，每次任取 1 个，做不放回抽样。X 表示取出的次品数量。求 X 的分布律，并计算 $E(X)$。

12. X 表示某商店从早晨开始营业起直到第一个顾客到达的等待时间（以 min 计），X 的分布函数是

$$F(x) = \begin{cases} 1-e^{-0.4x}, & x>0 \\ 0, x \leq 0 \end{cases}$$

求以下概率：

（1）$P\{至多\ 3min\}$。

（2）$P\{至少\ 4min\}$。

（3）$P\{3\sim4min\}$。

（4）$P\{至多\ 3min\ 或至少\ 4min\}$。

（5）$P\{恰好\ 3min\}$。

13．设顾客在银行窗口等待的时间 X（以 min 计）服从指数分布，其概率密度为

$$f(x) = \begin{cases} \dfrac{1}{5}e^{\frac{-x}{5}}, & x>0 \\ 0, x \leq 0 \end{cases}$$

一顾客在窗口等待服务，若超过 10min，他就离开。一个月他要到银行 5 次，以 Y 表示一个月内他未等到服务而离开窗口的次数。求 Y 的分布律，并求 $P\{Y \geq 1\}$。

14．已知两个随机变量 X、Y 相互独立，各自的概率分布如下表所示。

X 的概率分布			Y 的概率分布		
X	1	2	Y	1	2
P	0.4	0.6	P	0.7	0.3

求 $X=Y$ 的概率是多少？

15．对于离散型随机变量 X，求证：$D(X)=E(X^2)-[E(X)]^2$。

16．设随机变量 X 的分布函数为

$$F(x) = \begin{cases} 0, & x \leq 0 \\ \dfrac{x}{4}, & 0<x \leq 4 \\ 1, & 4<x \end{cases}$$

求 $E(X)$ 和 $D(X)$。

17．设两个随机事件 A、B 满足 $P(A)=\dfrac{1}{4}$，$P(B|A)=P(A|B)=\dfrac{1}{2}$。令

$$X = \begin{cases} 1, & 若A发生 \\ 0, & 若A不发生 \end{cases}, \quad Y = \begin{cases} 1, & 若B发生 \\ 0, & 若B不发生 \end{cases}$$

求 (X,Y) 的联合分布。

18．已知二元函数

$$f(x,y) = \begin{cases} 6xy^2, & 0<x<1, 0<y<1 \\ 0, & 其他 \end{cases}$$

（1）证明：$\iint\limits_{R^2} f(x,y)\mathrm{d}x\mathrm{d}y = 1$；

（2）若存在 $(X,Y)\sim f(x,y)$，求边际密度函数 $f_X(x)$，$f_Y(y)$。

19．某公司员工的月工资服从均值为 8 000 元、标准差为 1 000 元的正态分布。求某员工月工资介于 7 500～10 000 元的概率。

20．一名售报员在报摊上卖报，已知每个过路人在此报摊上买报的概率为 1/3。令 X 是出售了 100 份报时过路人的人数，求 $P(280 \leqslant X \leqslant 360)$。

21．量 A、B 两地之间的距离，限于测量工具，将其分成 1 200 段进行测量，设每段测量误差相互独立，且服从均匀分布 $U[-0.5, 0.5]$。求总测量误差的绝对值不超过 20 千米的概率。

22．设连续型随机变量 X 的分布函数为
$$F(x) = \begin{cases} 0, & x \leqslant 0 \\ cx^2, & 0 < x \leqslant 1 \\ 1, & x > 1 \end{cases}$$

求概率密度函数。

23．设 $X \sim N(\mu, \sigma^2)$，证明：$P(\mu - 1.96\sigma < X < \mu + 1.96\sigma) = 0.95$。

24．设总体 X 服从泊松分布 $P(\lambda)$，参数 λ 未知，$X_1, X_2, \cdots, X_n$ 为来自总体的样本，求 λ 的矩估计量和最大似然估计量。

练习题答案

一、单项选择题

1．C	2．A	3．B	4．B	5．D
6．D	7．B	8．D	9．C	10．D
11．D	12．C	13．A	14．D	15．A
16．D	16．C	18．A	19．D	20．A

二、判断题

1．×	2．×	3．×	4．√	5．×
6．×	7．√	8．√	9．×	10．×
11．×	12．×	13．×	14．√	15．×
16．×	17．√	18．×	19．×	20．×

三、填空题

1．0.25
2．0.9
3．1.8
4．21
5．43
6．λ

7. $p(1-p)$

8. $np(1-p)\dfrac{N-n}{N-1}$

9. 1

10. 1

四、计算题

1. 解：

（1）刚好出现 1 件次品的概率是 $C_5^1 \times 5\% \times (1-5\%)^4 = 0.204$。

（2）至少出现 1 件次品的概率是 $1-C_5^0 \times (1-5\%)^5 = 0.226$。

2. 解：

采用三局二胜制，甲最终获胜，其胜局的情况是："甲甲"或"乙甲甲"或"甲乙甲"，而这三种结局互不相容，于是由独立性得甲最终获胜的概率为

$$p_1 = p^2 + 2p^2(1-p)$$

采用五局三胜制，甲最终获胜，至少需比赛 3 局（可能 3 局，也可能 4 局或 5 局），且最后一局必须是甲胜，而前面甲需胜二局，且这三种结局互不相容。由独立性得在五局三胜制下甲最终获胜的概率为

$$p_2 = p^3 + \binom{3}{2}p^3(1-p) + \binom{4}{2}p^3(1-p)^2$$

而

$$p_2 - p_1 = p^2(6p^3 - 15p^2 + 12p - 3) = 3p^2(p-1)^2(2p-1)$$

当 $p > \dfrac{1}{2}$ 时，$p_2 > p_1$；

当 $p = \dfrac{1}{2}$ 时，$p_2 = p_1 = \dfrac{1}{2}$。

所以当 $p > \dfrac{1}{2}$ 时，对甲来说采用五局三胜制有利；当 $p = \dfrac{1}{2}$ 时两种赛制甲、乙最终获胜的概率相同，都是 50%。

3. 证明：

$$P(AB) = 1 - P(\overline{AB}) = 1 - P(\overline{A} \cup \overline{B})$$
$$= 1 - [P(\overline{A}) + P(\overline{B}) - P(\overline{A} \cap \overline{B})]$$
$$= 1 - P(\overline{A}) - P(\overline{B}) + P(\overline{A} \cap \overline{B})$$

4. 解：

由题意知：$P(A)=0.5$，$P(B)=0.6$，$P(B|A)=0.8$，则

（1）$P(AB)=P(A) \times P(B|A)=0.5 \times 0.8=0.4$

$P(A \cup B)=P(A)+P(B)-P(AB)=0.5+0.6-0.4=0.7$

（2）$P(A|B)=P(AB)/P(B)=0.4/0.6=2/3$

5. 解：

设事件 A 为"活过 50 岁"，事件 B 为"活过 70 岁"，则事件"活过 50 岁的人活过 70

岁"的概率可表示为 $P(B|A)=P(AB)/P(A)=P(B)/P(A)=0.6/0.8=0.75$。

6．解：

设 A 表示事件"某人为男性"，则 $\overline{A}$ 表示事件"某人为女性"，B 表示事件"某人患有色盲症"。由题意知，$P(A)=0.515$，$P(\overline{A})=0.485$，$P(B|A)=0.05$，$P(B|\overline{A})=0.004$，则某人患有色盲症的概率为

$$P(B) = P(A) \times P(B \mid A) + P(\overline{A}) \times P(B \mid \overline{A}) = 0.515 \times 0.05 + 0.485 \times 0.004 = 0.028$$

7．解：

设事件 A、B、C 分别表示"零件来自 A、B、C 厂"，事件 D 表示"零件为次品"。根据题意有 $P(A)=0.25$，$P(B)=0.30$，$P(C)=0.45$，$P(D|A)=0.04$，$P(D|B)=0.05$，$P(D|C)=0.03$，则题目所求概率为

$$P(C \mid D) = \frac{P(CD)}{P(D)} = \frac{P(C)P(D \mid C)}{P(A)P(D \mid A) + P(B)P(D \mid B) + P(C)P(D \mid C)}$$

$$= \frac{0.45 \times 0.03}{0.25 \times 0.04 + 0.3 \times 0.05 + 0.45 \times 0.03} = 0.350\,6$$

8．解：

$$\text{取出商品为次品的概率} = \frac{60}{60+40} \times 0.08 + \frac{40}{60+40} \times 0.06 = 0.072$$

9．解：

用 X 表示 100 件产品中次品的数量，则 $X \sim B(100, 0.04)$。

$$\text{期望值 } E(X)=np=100 \times 0.04=4$$

$$\text{方差 } D(X)=np(1-p)=100 \times 0.04 \times 0.96=3.84$$

10．解：

$$E(X)=1 \times 0.2+2 \times 0.3+3 \times 0.5=2.3$$

$$D(X)=(1-2.3)^2 \times 0.2+(2-2.3)^2 \times 0.3+(3-2.3)^2 \times 0.5=0.61$$

11．解：

（1）在 15 只零件（其中 2 只次品）中抽样 3 次，每次取 1 只做不放回抽样，以 X 表示所得的次品数，X 所有可能取的值为 0，1，2，且

$$P\{X=0\} = \frac{13}{15} \times \frac{12}{14} \times \frac{11}{13} = \frac{22}{35}$$

$$P\{X=1\} = \frac{2}{15} \times \frac{13}{14} \times \frac{12}{13} + \frac{13}{15} \times \frac{2}{14} \times \frac{12}{13} + \frac{13}{15} \times \frac{12}{14} \times \frac{2}{13} = \frac{12}{35}$$

$$P\{X=2\} = 1 - P\{X=0\} - P\{X=1\} = \frac{1}{35}$$

$$P\{X=2\} = 1 - P\{X=0\} - P\{X=1\} = \frac{1}{35}$$

分布律为

X	0	1	2
p	22/35	12/35	1/35

（2）

$$E(X) = \sum x_k p_k = 0 \times \frac{22}{35} + 1 \times \frac{12}{35} + 2 \times \frac{1}{35} = \frac{14}{35}$$

12. 解：

（1）P（至多 3min）$= P\{X \leqslant 3\} = F_X(3) = 1 - e^{-1.2}$

（2）P（至少 4 min）$= P\{X \geqslant 4\} = 1 - P\{X < 4\} = 1 - P\{X \leqslant 4\} = 1 - F_X(4) = e^{-1.6}$

（3）P（3～4 min）$= P\{3 \leqslant X \leqslant 4\} = F_X(4) - F_X(3) = e^{-1.2} - e^{-1.6}$

（4）P（至多 3 min 或至少 4 min）$= P\{X \leqslant 3\} \cup P\{X \geqslant 4\} = P\{X \leqslant 3\} + P\{X \geqslant 4\} = 1 - e^{-1.2} + e^{-1.6}$

（5）P（恰好 3 min）$= P\{X = 3\} = 0$

13. 解：

顾客在窗口等待服务超过 10 min 的概率为

$$p = \int_{10}^{\infty} f(x)\mathrm{d}x \int_{10}^{\infty} \frac{1}{5} e^{-x/5} \mathrm{d}x = e^{-2}$$

因此顾客去银行一次因未等到服务而离开的概率为 e^{-2}。所以 $Y \sim b(5, e^{-2})$。Y 的分布律为

$$P\{Y = k\} = \binom{5}{k}(e^{-2})^k (1 - e^{-2})^{5-k}, k = 0,1,2,3,4,5$$

$$P\{Y \geqslant 1\} = 1 - P\{Y = 0\} = 1 - (1 - e^{-2})^5 = 0.516\,7$$

14. 解：

$$\begin{aligned}
P(X = Y) &= P(X = 1, Y = 1) + P(X = 2, Y = 2) \\
&= P(X = 1)P(Y = 1) + P(X = 2)P(Y = 2) \\
&= 0.4 \times 0.7 + 0.6 \times 0.3 = 0.46
\end{aligned}$$

15. 证明：

$$\begin{aligned}
D(X) &= \sum_i [x_i - E(X)]^2 P(x_i) = \sum_i \{x_i^2 - 2x_i E(X) + [E(X)]^2\} P(x_i) \\
&= \sum_i x_i^2 P(x_i) - 2E(X)\sum_i x_i P(x_i) + [E(X)]^2 \sum_i P(x_i) \\
&= \sum_i x_i^2 P(x_i) - [E(X)]^2 = E(X^2) - [E(X)]^2
\end{aligned}$$

16. 解：

X 的密度函数 $f(x) = \dfrac{1}{4}, 0 < x \leqslant 4$

$$E(X) = \int_{-\infty}^{+\infty} xf(x)\mathrm{d}x = \int_0^4 \frac{x}{4}\mathrm{d}x = 2$$

$$D(X) = \int_{-\infty}^{+\infty} [x - E(X)]^2 f(x)\mathrm{d}x = \int_0^4 \frac{(x-2)^2}{4}\mathrm{d}x = 1.33$$

17. 解：

$$P(AB) = P(A)P(B|A) = 1/8$$

$$P(B) = P(AB)/P(A|B) = 1/4$$

$$P(A\overline{B})=P(A)P(\overline{B}|A)=P(A)[1-P(B|A)]=1/8$$
$$P(\overline{A}B)=P(B)P(\overline{A}|B)=P(B)[1-P(A|B)]=1/8$$

则(X,Y)的联合分布表如下所示。

	X=0	X=1
Y=0	5/8	1/8
Y=1	1/8	1/8

18．解：

（1）$\iint f(x,y)\mathrm{d}x\mathrm{d}y=6\int_0^1 x\mathrm{d}x\int_0^1 y^2\mathrm{d}y=1$

（2）$f_X(x)=\int_{-\infty}^{+\infty}f(x,y)\mathrm{d}y=\begin{cases}\int_0^1 6xy^2\mathrm{d}y=2x,\ 0<x<1\\0,\ \text{其他}\end{cases}$

$f_X(x)=\int_{-\infty}^{1\infty}f(x,y)\mathrm{d}x=\begin{cases}\int_0^1 6xy^2\mathrm{d}x=3y^2,\ 0<y<1\\0,\ \text{其他}\end{cases}$

19．解：

设员工的月工资为变量X，$X\sim N(8\,000,1\,000^2)$，则

$$P(7\,500\leqslant X\leqslant 10\,000)=P\left(\frac{7\,500-8\,000}{1\,000}\leqslant\frac{X-\mu}{\sigma}\leqslant\frac{10\,000-8\,000}{1\,000}\right)$$
$$=\phi(0.5)-\phi(-0.5)$$
$$=2\phi(0.5)-1$$
$$=0.383\,0$$

20．解：

设Y_i为出售第i份报时自上次出售一份报以来过路人的人数，则

$$P(Y_i=k)=\left(\frac{2}{3}\right)^{k-1}\frac{1}{3}$$
$$E(Y_i)=\sum_{K=1}^{\infty}K\times P(Y=K)=3$$
$$D(Y_i)=\sum_{K=1}^{\infty}(K-3)^2\times P(Y=K)=6$$

因为$X=\sum_{i=1}^{100}Y_i$，根据中心极限定理可知，X近似服从均值为300，方差为600的正态分布，则

$$P(280\leqslant X\leqslant 360)=P\left(\frac{280-300}{\sqrt{600}}\leqslant\frac{X-300}{\sqrt{600}}\leqslant\frac{360-300}{\sqrt{600}}\right)$$
$$=\Phi\left(\sqrt{6}\right)-\Phi\left(-\frac{\sqrt{6}}{3}\right)=0.573\,5$$

21．解：

设第 i 段的测量误差为 X_i

$$E(X_i)=0$$
$$D(X_i)=\frac{1}{12}$$

根据中心极限定理，$Y=\sum_{i=1}^{1\,200}X_i$ 服从均值为 0，标准差为 10 的正态分布，则

$$P(Y\leqslant 20)=P\left(\frac{Y}{10}\leqslant 2\right)=0.954\,5$$

22．解：

因为 $F(x)$ 右连续性，$1=\lim_{x\to 0+}F(x)=F(1)=C$，因此 $C=1$。

概率密度函数：$f(x)=F'(x)=\begin{cases}2x, & 0<x<1 \\ 0, & \text{其他}\end{cases}$

23．证明：

因为 $Z=\dfrac{X-\mu}{\sigma}\sim N(0,1)$

所以 $P(\mu-1.96\sigma<X<\mu+1.96\sigma)=P(-1.96<Z<1.96)=2\Phi(1.96)-1=0.95$

24．解：

（1）因为 $E(X)=\lambda$，令 $E(X)=\overline{X}$，得到 λ 的矩估计量为 $\hat{\lambda}=\overline{X}$。

（2）总体 X 服从泊松分布 $P(\lambda)$，则 $P(X=x)=\dfrac{\lambda^x\mathrm{e}^{-\lambda}}{x!}$，$x=0,1,2,\cdots$

似然函数：$L(\lambda)=\prod_{i=1}^{n}\dfrac{\lambda^{x_i}\mathrm{e}^{-\lambda}}{x_i!}$

化简并两边取对数：$\ln L(\lambda)=C+\sum_{i=1}^{n}x_i\ln\lambda-n\lambda$

对 λ 求导，并令之等于 0，得：$\dfrac{\sum x_i}{\lambda}-n=0$

解之则得到 λ 的极大似然估计量为 $\hat{\lambda}=\overline{X}$

第八章 抽 样 推 断

学习重点与难点

抽样推断是研究抽样调查、参数估计、假设检验的重要统计分析方法。通过本章的学习，要求掌握抽样推断的概念及特点；熟练运用样本参数、总体参数的计算公式；理解简单随机抽样、类型抽样、机械抽样与整群抽样，了解多阶段抽样的组织方式；理解抽样误差产生的原因，掌握抽样平均误差的概念与计算公式；熟练掌握点估计和区间估计方法；掌握抽样极限误差的概念与必要样本单位数的确定方法；理解假设检验的基本概念，熟练运用总体均值和总体成数的假设检验方法，了解假设检验与区间估计的关系。

第一节 抽样推断概述

抽样推断是按随机原则从总体中抽取一部分样本，根据样本的信息对总体的数量特征进行科学估计与推断的方法。抽样推断包括抽样调查和统计推断；统计推断包括参数估计和假设检验。

抽样推断的主要特点：按随机原则抽取调查单位；根据部分样本推断总体；抽样误差可以估计和控制，推断结果具有一定的可靠性和准确性。

总体是研究对象的单位总数，总体是唯一的，总体参数是唯一的，总体参数的计算公式如下。

总体平均数：
$$\mu = \frac{\sum X}{N} \qquad 或 \qquad \mu = \frac{\sum XF}{\sum F}$$

总体成数：
$$P = \frac{N_1}{N}$$

总体平均数方差：
$$\sigma^2 = \frac{\sum (X-\mu)^2}{N} \qquad 或 \qquad \sigma^2 = \frac{\sum (X-\mu)^2 F}{\sum F}$$

总体成数方差：
$$\sigma_P^2 = P(1-P)$$

总体平均数标准差：
$$\sigma = \sqrt{\frac{\sum (X-\mu)^2}{N}} \qquad 或 \qquad \sigma = \sqrt{\frac{\sum (X-\mu)^2 F}{\sum F}}$$

总体成数标准差：
$$\sigma_P = \sqrt{P(1-P)}$$

样本是随机从总体中抽出的部分单位数，样本统计量是用来推断总体数量特征的估计量，样本是随机的，因此样本统计量是随机变量。样本统计量的计算公式如下。

样本平均数：
$$\bar{x} = \frac{\sum x}{n} \quad 或 \quad \bar{x} = \frac{\sum xf}{\sum f}$$

样本成数：
$$p = \frac{n_1}{n}$$

样本平均数方差：
$$s_{\bar{x}}^2 = \frac{\sum (x_i - \bar{x})^2}{n-1} \quad 或 \quad s_{\bar{x}}^2 = \frac{\sum (x - \bar{x})^2 f}{\sum f - 1}$$

样本成数方差：
$$s_p^2 = p(1-p)$$

样本平均数标准差：
$$s_{\bar{x}} = \sqrt{\frac{\sum (x_i - \bar{x})^2}{n-1}} \quad 或 \quad s_{\bar{x}} = \sqrt{\frac{\sum (x - \bar{x})^2 f}{\sum f - 1}}$$

样本成数标准差：
$$s_p = \sqrt{p(1-p)}$$

这里的学习难点是，要注意样本平均数方差的分母是 $n-1$ 或 $\sum f - 1$，这是为了保证用样本方差来估计总体方差时没有偏差。

第二节　抽样的组织方式

抽样调查是一种非全面调查，它是按随机原则从总体中抽出部分单位进行调查以获得有关的数据资料，目的是推断总体。抽样调查的组织方式主要有简单随机抽样、类型抽样、机械抽样与整群抽样。抽样的方法有重复抽样与不重复抽样。

简单随机抽样是直接从总体中按随机原则抽取样本，每一个总体单位有相同的可能性被抽中。简单随机抽样适宜于单位数不多、标志变异较小、分布较均匀的总体。

类型抽样是先将总体单位按一定标志进行分类，然后在各类中按随机原则分别抽出一定的单位组成样本。类型抽样是将随机原则与分组法结合起来，适宜于总体各单位标志值差异较大的总体。类型抽样分为等比例类型抽样和不等比例类型抽样。

机械抽样是先将总体各单位按某一标志排队，计算出抽样间隔，并在第一个抽样间隔内确定一个抽样起点，然后按固定的顺序和间隔来抽取样本单位。机械抽样适宜于分布均匀的总体，其抽样误差较简单随机抽样的小。机械抽样分为按无关标志排队等距抽样和按有关标志排队等距抽样。

整群抽样是将总体全部单位分为若干群，按随机原则从中抽取部分群，对抽中的群进行全面调查。整群抽样适宜于总体单位较多的总体。

这里的学习难点是掌握简单随机抽样、类型抽样、机械抽样与整群抽样各自的特点。

重复抽样是从总体 N 单位中随机抽取一个容量为 n 的样本，每次抽中一个单位后，再将其放回总体中参加下一次抽取，如此连续抽取 n 次。

不重复抽样是从总体 N 单位中随机抽取一个容量为 n 的样本，每次将抽中的一个单位不再放回总体中，如此连续抽取 n 次。

第三节　抽　样　误　差

抽样误差是指由于随机抽样的偶然因素使样本各单位的结构不足以代表总体各单位的

结构，而引起样本指标和总体指标之间的绝对离差。

抽样平均误差是样本平均数或样本成数的标准差，反映样本指标和总体指标的误差程度。

简单随机抽样情况下平均数抽样平均误差的计算公式如下。

重复抽样：
$$\mu_{\bar{x}} = \sqrt{\frac{\sigma^2}{n}}$$

不重复抽样：
$$\mu_{\bar{x}} = \sqrt{\frac{\sigma^2}{n}\left(\frac{N-n}{N-1}\right)} \approx \sqrt{\frac{\sigma^2}{n}\left(1-\frac{n}{N}\right)}$$

简单随机抽样情况下成数抽样平均误差的计算公式如下。

重复抽样：
$$\mu_p = \sqrt{\frac{P(1-P)}{n}}$$

不重复抽样：
$$\mu_p = \sqrt{\frac{P(1-P)}{n}\left(\frac{N-n}{N-1}\right)} \approx \sqrt{\frac{P(1-P)}{n}\left(1-\frac{n}{N}\right)}$$

类型抽样情况下平均数抽样平均误差的计算公式如下。

重复抽样：
$$\mu_{\bar{x}} = \sqrt{\frac{\overline{\sigma^2}}{n}}$$

不重复抽样：
$$\mu_{\bar{x}} = \sqrt{\frac{\overline{\sigma^2}}{n}\left(\frac{N-n}{N-1}\right)} \approx \sqrt{\frac{\overline{\sigma^2}}{n}\left(1-\frac{n}{N}\right)}$$

类型抽样情况下成数抽样平均误差的计算公式如下。

重复抽样：
$$\mu_p = \sqrt{\frac{\overline{P(1-P)}}{n}}$$

不重复抽样：
$$\mu_p = \sqrt{\frac{\overline{P(1-P)}}{n}\left(\frac{N-n}{N-1}\right)} \approx \sqrt{\frac{\overline{P(1-P)}}{n}\left(1-\frac{n}{N}\right)}$$

机械抽样情况下平均数和成数抽样平均误差的计算公式如下。

$$\mu_{\bar{x}} = \sqrt{\frac{\sigma^2}{n}\left(\frac{N-n}{N-1}\right)} \approx \sqrt{\frac{\sigma^2}{n}\left(1-\frac{n}{N}\right)}$$

$$\mu_p = \sqrt{\frac{P(1-P)}{n}\left(\frac{N-n}{N-1}\right)} \approx \sqrt{\frac{P(1-P)}{n}\left(1-\frac{n}{N}\right)}$$

整群抽样情况下平均数和成数抽样平均误差的计算公式如下。

$$\mu_{\bar{x}} = \sqrt{\frac{\delta_{\bar{x}}^2}{r}\left(\frac{R-r}{R-1}\right)} \approx \sqrt{\frac{\delta_{\bar{x}}^2}{r}\left(1-\frac{r}{R}\right)}$$

$$\mu_p = \sqrt{\frac{\delta_p^2}{r}\left(\frac{R-r}{R-1}\right)} \approx \sqrt{\frac{\delta_p^2}{r}\left(1-\frac{r}{R}\right)}$$

这里的学习难点是，熟练运用各种抽样组织方式的抽样平均误差的计算公式，注意机械抽样和整群抽样只采用不重复抽样的方法。

第四节　参数估计

参数估计是指以样本统计量对总体参数进行估计。参数估计可分为点估计和区间估计。

点估计是直接以样本统计量作为相应的总体参数的估计量。

区间估计是在一定的概率保证下，由样本指标推断总体指标可能在的区间。该区间称为置信区间。

总体方差 σ^2 已知时，平均数的区间估计如下。

重复抽样：$\left(\bar{x} - Z_{\alpha/2}\sqrt{\dfrac{\sigma^2}{n}}, \quad \bar{x} + Z_{\alpha/2}\sqrt{\dfrac{\sigma^2}{n}} \right)$

不重复抽样：$\left(\bar{x} - Z_{\alpha/2}\sqrt{\dfrac{\sigma^2}{n}\left(\dfrac{N-n}{N-1}\right)}, \quad \bar{x} + Z_{\alpha/2}\sqrt{\dfrac{\sigma^2}{n}\left(\dfrac{N-n}{N-1}\right)} \right)$

总体方差 σ^2 未知时，平均数的区间估计如下。

重复抽样：$\left(\bar{x} - t_{\alpha/2}\sqrt{\dfrac{s^2}{n}}, \quad \bar{x} + t_{\alpha/2}\sqrt{\dfrac{s^2}{n}} \right)$

不重复抽样：$\left(\bar{x} - t_{\alpha/2}\sqrt{\dfrac{s^2}{n}\left(\dfrac{N-n}{N-1}\right)}, \quad \bar{x} + t_{\alpha/2}\sqrt{\dfrac{s^2}{n}\left(\dfrac{N-n}{N-1}\right)} \right)$

这里的学习难点是要理解正态分布和 t 分布，要注意在大样本情况下，t 分布与标准正态分布几乎没有什么区别，因此可以直接按标准正态分布来查表得出临界值，即使总体不是正态分布也可以。

成数的区间估计：

重复抽样：$\left(p - Z_{\alpha/2}\sqrt{\dfrac{P(1-P)}{n}}, \quad p + Z_{\alpha/2}\sqrt{\dfrac{P(1-P)}{n}} \right)$

不重复抽样：$\left(p - Z_{\alpha/2}\sqrt{\dfrac{P(1-P)}{n}\left(\dfrac{N-n}{N-1}\right)}, \quad p + Z_{\alpha/2}\sqrt{\dfrac{P(1-P)}{n}\left(\dfrac{N-n}{N-1}\right)} \right)$

这里的学习难点是要注意在大样本情况下，如果总体成数为 P 未知，则以样本成数 p 代替，临界值查表的分布仍然是标准正态分布。

抽样极限误差 Δ，是指在一定概率保证下，样本统计量偏离总体参数的最大幅度。在给定的抽样极限误差 Δ 和概率 $F(Z)$ 的保证下，可求出至少应抽取的样本容量。

简单随机抽样情况下至少应抽取的样本容量如下。

重复抽样：$n = \dfrac{Z_{\alpha/2}^2 \sigma^2}{\Delta_{\bar{x}}^2}$，　　　　　　$n = \dfrac{Z_{\alpha/2}^2 P(1-P)}{\Delta_p^2}$

不重复抽样：$n = \dfrac{N Z_{\alpha/2}^2 \sigma^2}{N\Delta_{\bar{x}}^2 + Z_{\alpha/2}^2 \sigma^2}$，　　　$n = \dfrac{N Z_{\alpha/2}^2 P(1-P)}{N\Delta_p^2 + Z_{\alpha/2}^2 P(1-P)}$

类型抽样情况下至少应抽取的样本容量如下。

重复抽样：$n = \dfrac{Z_{\alpha/2}^2 \overline{\sigma^2}}{\Delta_{\bar{x}}^2}$，　　　　　　$n = \dfrac{Z_{\alpha/2}^2 \overline{P(1-P)}}{\Delta_p^2}$

不重复抽样：$n = \dfrac{NZ_{\alpha/2}^2 \overline{\sigma^2}}{N\Delta_{\bar{x}}^2 + Z_{\alpha/2}^2 \overline{\sigma^2}}$，　　$n = \dfrac{NZ_{\alpha/2}^2 \overline{P(1-P)}}{N\Delta_p^2 + Z_{\alpha/2}^2 \overline{P(1-P)}}$

机械抽样情况下至少应抽取的样本容量如下。

$$n = \frac{NZ_{\alpha/2}^2 \sigma^2}{N\Delta_{\bar{x}}^2 + Z_{\alpha/2}^2 \sigma^2}，\qquad n = \frac{NZ_{\alpha/2}^2 P(1-P)}{N\Delta_p^2 + Z_{\alpha/2}^2 P(1-P)}$$

整群抽样情况下至少应抽取的样本容量如下。

$$r = \frac{RZ_{\alpha/2}^2 \delta_{\bar{x}}^2}{R\Delta_{\bar{x}}^2 + Z_{\alpha/2}^2 \delta_{\bar{x}}^2}，\qquad r = \frac{RZ_{\alpha/2}^2 \delta_p^2}{R\Delta_p^2 + Z_{\alpha/2}^2 \delta_p^2}$$

计算至少应抽取的样本容量时，往往总体方差或样本方差、总体成数或者样本成数是未知的，在习题或实践中要根据情况进行选择，这是学习的难点。

第五节　假 设 检 验

假设检验是先对总体的某些数量特征提出假设，然后利用样本的信息对该假设正确与否做出判断。假设检验分为参数检验和非参数检验。本节学习参数检验。

原假设 H_0 是有待根据样本数据去推断总体参数提出的被检验的假设；备择假设 H_1 是与原假设 H_0 对立的，是期望出现的结论。假设检验是根据小概率原理来推断原假设的真实性，小概率标准是假设检验中的显著性水平 α，小于 α 为拒绝域，$1-\alpha$ 为接受域。

两种类型的错误：原假设是成立的，检验结果是接受原假设，这是一种正确的决策；原假设是成立的，检验结果是拒绝原假设，这是一种错误的决策，属于"弃真错误"，也称为"第一类错误"。原假设是不成立的，检验结果是拒绝原假设，这也是一种正确的决策；原假设是不成立的，检验结果是接受原假设，又是一种错误的决策，它属于"取伪错误"，也称为"第二类错误"。

假设检验分为双侧检验和单侧检验，单侧检验又分为左侧检验和右侧检验。

双侧检验：$H_0 : \mu = \mu_0$，$H_1 : \mu \neq \mu_0$。

左侧检验：$H_0 : \mu \geqslant \mu_0$，$H_1 : \mu < \mu_0$。

右侧检验：$H_0 : \mu \leqslant \mu_0$，$H_1 : \mu > \mu_0$。

总体均值的检验如下。

总体方差已知，检验统计量为 Z。

双侧检验：$|Z| > Z_{\alpha/2}$ 时，拒绝 H_0；$|Z| \leqslant Z_{\alpha/2}$ 时，接受 H_0。

左侧检验：$Z < -Z_\alpha$ 时，拒绝 H_0；$Z \geqslant -Z_\alpha$ 时，接受 H_0。

右侧检验：$Z > Z_\alpha$ 时，拒绝 H_0；$Z \leqslant Z_\alpha$ 时，接受 H_0。

总体方差未知，检验统计量为 t。

双侧检验：$|t| > t_{\alpha/2}(n-1)$ 时，拒绝 H_0；$|t| \leqslant t_{\alpha/2}(n-1)$ 时，接受 H_0。

左侧检验：$t < -t_\alpha(n-1)$ 时，拒绝 H_0；$t \geqslant -t_\alpha(n-1)$ 时，接受 H_0。

右侧检验：$t > t_\alpha(n-1)$ 时，拒绝 H_0；$t \leqslant t_\alpha(n-1)$ 时，接受 H_0。

总体成数的检验与总体均值的检验方法基本相同，在大样本情况下检验统计量为 Z。

这里的学习难点是要掌握假设检验运用的是概率反证法原理。

练 习 题

一、单项选择题

1. 抽样调查的目的是（　　）。
   A. 了解样本的数量特征　　　　　　　B. 对重点单位做深入研究
   C. 估计抽样误差　　　　　　　　　　D. 用样本参数来推断总体参数

2. 抽样调查所抽取的样本指标是（　　）。
   A. 离散变量　　　　　　　　　　　　B. 随机变量
   C. 连续变量　　　　　　　　　　　　D. 非随机变量

3. 样本标准差的计算公式是（　　）。

   A. $s = \sqrt{\dfrac{\sum(x-\bar{x})^2 f}{\sum f}}$　　　　　B. $\sigma = \sqrt{\dfrac{\sum(x-\bar{x})^2 f}{\sum f}}$

   C. $s = \sqrt{\dfrac{\sum(x-\bar{x})^2 f}{\sum f - 1}}$　　　　D. $\sigma = \sqrt{\dfrac{\sum(x-\bar{x})^2 f}{\sum f - 1}}$

4. 样本成数是一个（　　）。
   A. 结构相对数　　　　　　　　　　　B. 强度相对数
   C. 比较相对数　　　　　　　　　　　D. 比例相对数

5. 将总体各单位按某一标志顺序排列，然后依一定的间隔来抽取样本单位，这种抽样的组织方式是（　　）。
   A. 类型抽样　　　　　　　　　　　　B. 机械抽样
   C. 简单随机抽样　　　　　　　　　　D. 整群抽样

6. 从某大学的 120 个学生行政班中随机抽取 25 个班做大学生身体素质调查，这种抽样的组织方式是（　　）。
   A. 多阶段抽样　　　　　　　　　　　B. 简单随机抽样
   C. 整群抽样　　　　　　　　　　　　D. 类型抽样

7. 将总体中的所有单位先按某一标志进行分组，然后在各组中按简单随机抽样或等距抽样方式抽取一部分单位构成所需样本，这种抽样的组织方式是（　　）。
   A. 系统抽样　　　　　　　　　　　　B. 类型抽样
   C. 整群抽样　　　　　　　　　　　　D. 简单随机抽样

8. 对某大学甲、乙两个班学生的"高等数学"课程平均成绩进行简单随机不重复抽样调查，甲班人数是乙班人数的一半，各班抽取的学生人数一样，甲、乙两个班的成绩方差相同，则抽样平均误差（　　）。
   A. 甲班比乙班小　　　　　　　　　　B. 甲班比乙班大
   C. 无法比较　　　　　　　　　　　　D. 两个班一样大

9. 甲、乙两班均为 60 人。甲班女生 18 人，乙班女生 24 人，性别差异程度（ ）。

    A．甲班大于乙班   B．乙班大于甲班

    C．无法比较   D．甲班、乙班相同

10. 根据 5% 的抽样调查资料，某大学一年级获奖学金学生比例为 10%，二年级获奖学金学生比例为 15%，在抽样人数相等的情况下，获奖学金学生比例抽样平均误差（ ）。

    A．一年级较高   B．无法比较

    C．一、二年级相同   D．二年级较高

11. 根据几个成数数据计算抽样平均误差时，取成数数据（ ）。

    A．最大的值   B．最小的值   C．最接近 0.5 的值   D．平均值

12. 根据几个标准差数据计算抽样平均误差时，取标准差数据（ ）。

    A．最大的值   B．最小的值

    C．任意值   D．平均值

13. 在一定的概率保证条件下，样本统计量偏离总体参数的最大可能范围是（ ）。

    A．抽样极限误差   B．抽样平均误差

    C．样本方差   D．区间估计范围

14. 由类型抽样计算抽样平均误差是根据（ ）。

    A．样本方差   B．总体方差   C．组间方差   D．组内方差

15. 某企业生产的袋装燕麦片平均重量为 700 克，抽样平均误差为 10 克，该企业袋装燕麦片平均重量在 670～730 克之间的概率保证程度是（ ）。

    A．95.45%   B．99.73%   C．68.27%   D．95%

16. 某家政服务公司的女工平均每天工作 6 小时，抽样平均误差为 1 小时，在置信水平为 95.45% 的条件下推断女工平均每天工作时间的置信区间为（ ）。

    A．4～6 小时   B．5～6 小时   C．6～8 小时   D．4～8 小时

17. 在简单随机不重复抽样的条件下，测定成数样本容量的计算公式为（ ）。

    A．$n = \dfrac{Z_{\alpha/2}^2 \sigma^2}{\Delta_{\bar{x}}^2}$ B．$n = \dfrac{NZ_{\alpha/2}^2 \sigma^2}{N\Delta_{\bar{x}}^2 + Z_{\alpha/2}^2 \sigma^2}$

    C．$n = \dfrac{NZ_{\alpha/2}^2 P(1-P)}{N\Delta_p^2 + Z_{\alpha/2}^2 P(1-P)}$ D．$n = \dfrac{Z_{\alpha/2}^2 P(1-P)}{\Delta_p^2}$

18. 在简单随机重复抽样的条件下，若抽样极限误差为原来的 50%，则样本容量（ ）。

    A．扩大为原来的 1 倍   B．扩大为原来的 2 倍

    C．扩大为原来的 3 倍   D．扩大为原来的 4 倍

19. 在假设检验中，当原假设是成立的，检验结果是拒绝原假设，这种决策（ ）。

    A．犯了第一类错误   B．犯了第二类错误

    C．是正确的   D．犯了取伪错误

20. 下列检验属于右侧检验的是（ ）。

    A．$H_0: \mu \leqslant \mu_0$，$H_1: \mu > \mu_0$ B．$H_0: \mu \geqslant \mu_0$，$H_1: \mu < \mu_0$

    C．$H_0: \mu = \mu_0$，$H_1: \mu < \mu_0$ D．$H_0: \mu = \mu_0$，$H_1: \mu \neq \mu_0$

二、判断题（正确的打"√"，错误的打"×"，并填写在题后的括号中）

1．从总体单位总数 N 中按照随机原则抽取容量为 n 的样本，只可能有一个样本，并有唯一的样本统计值。 （　　）

2．抽样调查就是按主观意识来抽取对调查总体有代表性的样本单位。 （　　）

3．抽样误差的范围是可以在一定的可靠程度下得到控制的。 （　　）

4．总体参数是描述总体数量特征的指标，是随机变量。 （　　）

5．对某种连续生产的零件质量进行检验，现每隔两个小时抽出 10 分钟生产出的零件进行检验，这种抽样的组织方式是整群抽样。 （　　）

6．类型抽样是先将总体按一定标志进行分类，然后再从各类中按随机的原则抽取样本，因此抽样误差较简单随机抽样小。 （　　）

7．按有关标志排队的等距抽样近似于不重复简单随机抽样。 （　　）

8．重复抽样的抽样平均误差一定小于不重复抽样的抽样平均误差。 （　　）

9．简单随机抽样、类型抽样、机械抽样以及整群抽样，都可以分别计算重复抽样和不重复抽样的抽样平均误差。 （　　）

10．抽样平均误差是样本指标的标准差，反映样本平均数与总体平均数的误差程度。 （　　）

11．从总体中随机抽取所有可能样本的平均数的平均数，等于总体的平均数。 （　　）

12．计算抽样平均误差，若总体成数未知，可用样本成数来替代。 （　　）

13．整群抽样与类型抽样一样，都是根据组内方差计算抽样平均误差。 （　　）

14．抽样平均误差可以等于、大于或小于抽样极限误差。 （　　）

15．点估计和区间估计的主要区别在于，前者不能反映估计的误差和可靠性，后者则能反映。 （　　）

16．通过样本统计量估计相应的总体参数，要求误差越小越好，这说明满足了无偏性的标准。 （　　）

17．由抽样极限误差 Δ、抽样平均误差 μ、概率度 t 三者的关系可知，当 μ 一定时，t 越大，则误差范围越大，估计的精确度就越高。 （　　）

18．抽样极限误差越小，对应的样本容量就越多。 （　　）

19．进行简单随机重复抽样，若其他条件不变，要使抽样平均误差减少 10%，则样本容量应增加 123.46%。 （　　）

20．置信区间与假设检验的关系为：若置信区间包括 μ_0 在内，则接受 H_0；若置信区间不包括 μ_0 在内，则要拒绝 H_0，接受 H_1。 （　　）

三、填空题

1．抽样调查是一种_____调查，它是遵循_____原则从总体中抽出部分单位进行调查以获得有关的数据资料，其目的是_____。

2．总体参数是描述_____数量特征的指标。总体是_____的，总体参数也是_____的。

3．对某种连续生产的产品进行质量检验，要求每隔一小时抽出 5 分钟生产出的产品进行检验，这种抽样组织方式是_____。

4．抽样平均误差反映了_____样本的估计值与相应的_____的平均误差程度。

5．影响抽样平均误差的因素主要有_____、_____、_____。

6．若成数为 90%，样本容量为 1 000，总体容量为 10 000，采用简单随机重复与不重复抽样条件下的抽样平均误差分别为_____、_____。

7．设将总体分为三组实施类型抽样，各组样本平均数分别为 50、60、55，各组总体单位数分别为 2 300、2 500、2 800，由此可计算出样本平均数为_____。

8．所谓区间估计，就是在一定的_____保证下，由_____指标推断_____指标可能在的区间，这个区间称为_____。

9．某地区有水稻田 8 000 亩，随机抽查 200 亩，测得平均亩产量为 490 千克，抽样极限误差为 10 千克，运用点估计与区间估计可估算出该地区水稻总产量分别为_____与_____万千克。

10．如果总休均值落在置信区间为 800～1 040 内的概率是 99.73%，样本平均数为_____，抽样平均误差为_____。

11．若正态总体方差 σ^2 未知，且为小样本的条件下，估计总体均值是采用_____分布，其自由度为_____。

12．若总体为正态分布，且总体方差已知时，采用检验统计量为_____，双侧检验的原假设和备择假设为_____，左侧检验的原假设和备择假设为_____，右侧检验的原假设和备择假设为_____。

四、计算题

1．若抽样单位数增加 5 倍、1.8 倍，简单随机重复抽样平均误差如何变化？若抽样单位数减少 50%、20%，其抽样平均误差又如何变化？

2．在简单随机重复抽样的条件下，若要使抽样平均误差减少 50%、20% 和 3%，抽样单位数将如何变化？

3．从麦当劳餐厅随机抽查 49 位顾客，发现其平均消费额为 25.5 元。根据以往资料，已经知道顾客消费额的总体标准差是 10.5 元。

（1）在 95% 的概率保证下，抽样极限误差是多少？说明了什么问题？

（2）试求顾客平均消费额的 95% 置信区间。

4．某一大型超市的市场研究员从 2 000 名购买某种"特别优惠商品"的顾客中采用重复抽样方式随机抽取了 100 名顾客，这 100 名顾客在该超市的平均花费是 200 元，标准差为 52 元。试计算：

（1）该超市 2 000 名顾客平均购买金额置信水平为 95% 的置信区间。

（2）推算这 2 000 名顾客购买总额的可能范围。

5．对某产品质量进行抽样调查，随机抽取 200 件产品，不合格为 10 件，试确定该产品合格率在 91.92%～98.08% 之间的概率。

6．对某型号的电子元件进行耐用性能检查，现从全部元件中随机不重复抽取 1% 的产品，测得数据如下表所示。

耐用时间/小时	元件数/件
1 000 以下	1
1 000～1 100	2
1 100～1 200	7
1 200～1 300	38
1 300～1 400	42
1 400～1 500	8
1 500 以上	2
合计	100

根据表中数据：

（1）试计算该批电子元件的平均耐用时间。

（2）试在 95.45% 的概率保证程度下，估计该批电子元件平均耐用时间的区间范围。

（3）按照质量标准规定：该型号电子元件耐用时间不及 1 200 小时为不合格品，试在 95% 的概率保证程度下，估计该批电子元件合格率的区间范围。

7．采用简单随机重复抽样的方法，从养鸡场 2 000 只鸡中抽查 200 只，发现其中 190 只是健康的，有 10 只出现疾病。

（1）试计算健康鸡比率的抽样平均误差。

（2）以 95.45% 的概率保证程度，对健康鸡比率和健康鸡数量进行区间估计。

（3）如果健康鸡比率的极限误差为 2.31%，则其概率保证程度是多少？

8．某企业生产一批果酱，随机抽取 10 瓶，测得每瓶净重（克）分别为 304、303、302、298、299、301、305、295、296、307，试分别计算总体标准差 σ 为 6 及未知时，总体每瓶平均净重在 95% 置信度下的置信区间。

9．某地区全部粮食耕地为 15 000 亩，其中平原有 9 000 亩，丘陵有 45 00 亩，山区有 1 500 亩，现采用类型不重复抽样法按比例抽取 1 500 亩，数据资料如下表所示。

地 区	全部面积 N_i/亩	抽样面积 n_i/亩	抽样平均亩产 $\bar{x}_i$/千克	亩产标准差 σ_i/千克）	样本中高产田面积/亩
平原	9 000	900	500	60	720
丘陵	4 500	450	450	72	315
山区	1 500	150	400	90	90

试计算：

（1）抽样平均亩产 $\bar{x}$、抽样平均误差 $\mu_{\bar{x}}$，并以 68.27% 的概率保证对该地区耕地平均亩产量做区间估计。

（2）以 95% 的概率保证对该地区耕地面积中高产田所占比重做区间估计。

10．某企业职工按工资收入的高低顺序排队，然后每隔 30 名抽取 1 名职工，共抽取 200 名职工，其月平均工资是 2 200 元，样本标准差是 620 元，试在置信水平为 95.45% 的条件下推断该企业职工月平均工资的置信区间。

11．将某学校的女生按身高从低到高排队，采用等距抽样方法，每隔 25 名抽取 1 名女生测量体重，共抽取 60 名女生测得体重数据如下表所示。

体重/千克	女生人数/名
37.5～42.5	4
42.5～47.5	11
47.5～52.5	10
52.5～57.5	20
57.5～62.5	13
62.5～67.5	2
合计	60

试计算该校女生的平均体重，并以 99.73%的概率保证，对该校女生的平均体重做区间估计。

12．某台机床每天 24 小时连续加工某零件，现采用整群抽样方式调查某月（该月 30天）的生产情况，即每 3 小时抽取 6 分钟生产的全部零件加以检查，发现合格率为 92%，群间方差为 8%，试在置信水平为 99.73%的条件下推断全月所生产零件合格率的置信区间。

13．某种包装箱中放有 20 袋洗衣粉，要求每袋重量 1 000 克，为检查袋装洗衣粉的重量是否符合规定要求，现从待检的 400 箱洗衣粉中随机抽取 10 箱，得知各箱中洗衣粉每袋的平均重量（克）分别为 1 010、1 005、990、995、1 020、1 030、1 000、1 015、1 025、980，试在 99.73%的概率保证下，对全部待检洗衣粉每袋的平均重量做区间估计。

14．某县有 200 个自然村，现采用整群抽样法随机抽出 50 个自然村，得其各自然村平均每户年收入的资料如下表所示。

平均每户年收入/万元	自然村/个
2 以下	10
2～3	20
3～4	8
4～5	7
5 以上	5
合计	50

试在置信水平为 95%的条件下推断该县平均每户的年收入区间范围。

15．某超市对新购进的 3 000 箱商品进行破损率检验，随机抽取 100 箱，检验得破损率数据如下表所示。

破损率/%	箱数/箱
2 以下	50
2～4	20
4～6	15
6～8	10
8 以上	5
合计	100

试在 95%的概率保证程度下，估计该批商品破损率的区间范围。

16. 某单位按简单随机重复抽样方式抽取 40 名职工，对其业务情况进行考核，考核成绩资料如下。

68	89	88	84	86	87	75	73	72	68
75	82	99	58	81	54	79	76	95	76
71	60	91	65	76	72	76	85	89	92
64	57	83	81	78	77	72	61	70	87

要求：

（1）根据上述资料按成绩分成以下几组：60 分以下，60～70 分，70～80 分，80～90 分，90～100 分。根据分组整理成变量分配数列。

（2）根据整理后的变量数列，以 95.45%的概率保证程度推断全体职工业务考试成绩的区间范围。

（3）若其他条件不变，将允许误差范围缩小一半，应抽取多少名职工？

17. 调查一批机械零件合格率。根据过去的资料，合格品率曾有过 99%、97%和 95%三种情况，现在要求误差不超过 1%，要求估计的概率保证程度为 95%，问需要抽查多少个零件？

18. 某大学有教职员工 2 000 人，其中专任教师 800 人，员工 1 200 人。为了进行收入抽查，按不同类型采用不重复抽样方法抽查 40 名教师和 60 名员工，结果如下表所示。

教职员工月收入表

教　　师		员　　工	
月收入/万元	人数/人	月收入/万元	人数/人
1.0	10	0.8	20
1.7	20	1.3	30
2.6	10	2.0	10

根据以上资料，试求：

（1）在 95.45%的概率保证下，对该校教职工的平均收入进行区间估计。

（2）如果要求极限误差不超过 0.12 万元，概率保证程度为 95.45%，试计算按类型不重复抽样组织形式所必要的样本单位数。

（3）如果按简单随机不重复抽样组织形式，要求同样的极限误差和概率保证程度，需要抽查多少个样本单位数？

（4）如果按简单随机不重复抽样组织形式，要求同样的样本单位数和概率保证程度，则会有多大的极限误差？

19. 某药厂生产袋装咳嗽糖浆的生产线规定每袋咳嗽糖浆重量为 100 克，超重或过轻视为有严重质量问题，该糖浆重量服从标准差为 8 克的正态分布，生产线检验员每 2 个小时抽取 20 袋咳嗽糖浆检验重量，并做出是否停工的决策。试问在显著性水平 $\alpha = 0.05$，平均袋重为 106 克和平均袋重为 97 克时，应该如何做出决策？

20. 某企业生产的节能灯管原平均使用寿命为 8 000 小时，后采用新技术对节能灯管进行了改造，现从该企业生产的一批节能灯管中随机抽取 50 只，测得样本的平均使用寿命为 8 200 小时。已知节能灯管寿命近似服从标准差为 120 小时的正态分布，试在显著性水平 $\alpha = 0.05$ 的条件下检验：

（1）该批节能灯管采用新技术改造后的使用寿命是否有显著性差异。

（2）该批节能灯管采用新技术改造后的使用寿命是否有显著性提高。

21．某电视台某栏目是针对平均年龄 65 岁的老年人的，该电视台想了解该节目是否为目标观众所喜爱，随机抽取收看该栏目的 25 名观众进行了调查，其平均年龄为 68 岁，样本标准差为 3 岁。假定收看该栏目观众的年龄服从正态分布，试在显著性水平 $\alpha = 0.05$ 的条件下检验该栏目的内容是否具有针对性。

22．某汽车轮胎厂生产的轮胎合格标准为平均行驶里程至少 2 万千米，现从该厂生产的一批汽车轮胎中随机抽取 10 个，测得行驶里程（万千米）为 2.12、2.15、1.98、2.10、1.99、2.08、2.22、1.97、2.31、2.28。假定该汽车轮胎行驶里程近似服从正态分布，试在显著性水平 $\alpha = 0.01$ 的条件下，检验该厂汽车轮胎平均行驶里程与至少 2 万千米的标准是否相符合。

23．某大学英语六级考试的及格率一直保持在 40% 以上，在今年的英语六级考试成绩调查中，随机抽取了 300 名学生，其中有 110 名学生及格，试以 $\alpha = 0.05$ 的显著性水平分析，该大学英语六级考试的及格率是否保持在原有水平。

练习题答案

一、单项选择题

1. D　　2. B　　3. C　　4. A　　5. B
6. C　　7. B　　8. A　　9. B　　10. D
11. C　　12. A　　13. A　　14. D　　15. B
16. D　　17. C　　18. D　　19. A　　20. A

二、判断题

1. ×　　2. ×　　3. √　　4. ×　　5. √
6. √　　7. √　　8. ×　　9. ×　　10. √
11. √　　12. √　　13. ×　　14. √　　15. √
16. ×　　17. ×　　18. √　　19. ×　　20. √

三、填空题

1. 非全面　随机　推断总体
2. 总体　唯一　唯一
3. 整群抽样
4. 所有可能　总体参数

5. 总体各单位标志值的差异程度　样本容量　抽样方法

6. 0.95%　0.90%

7. 55.13

8. 概率　样本　总体　置信区间

9. 392　384~400

10. 920　40

11. t　$n-1$

12. Z　$H_0:\mu=\mu_0, H_1:\mu\neq\mu_0$　$H_0:\mu\geqslant\mu_0, H_1:\mu<\mu_0$　$H_0:\mu\leqslant\mu_0, H_1:\mu>\mu_0$

四、计算题

1. 解：

抽样平均误差为 $\mu_{\bar{x}}=\dfrac{\sigma}{\sqrt{n}}$。

抽样单位数增加 5 倍时，$\mu'_{\bar{x}}=\dfrac{\sigma}{\sqrt{n'}}=\dfrac{\sigma}{\sqrt{6n}}=\dfrac{1}{\sqrt{6}}\cdot\dfrac{\sigma}{\sqrt{n}}=0.408\,2\mu_{\bar{x}}$，即抽样平均误差为原来的 40.82%。

抽样单位数增加 1.8 倍时，$\mu'_{\bar{x}}=\dfrac{\sigma}{\sqrt{n'}}=\dfrac{\sigma}{\sqrt{2.8n}}=\dfrac{1}{\sqrt{2.8}}\cdot\dfrac{\sigma}{\sqrt{n}}=0.597\,6\mu_{\bar{x}}$，即抽样平均误差为原来的 59.76%。

抽样单位数减少 50%时，$\mu'_{\bar{x}}=\dfrac{\sigma}{\sqrt{n'}}=\dfrac{\sigma}{\sqrt{0.5n}}=\dfrac{1}{\sqrt{0.5}}\cdot\dfrac{\sigma}{\sqrt{n}}=1.414\,2\mu_{\bar{x}}$，即抽样平均误差为原来的 1.414 2 倍。

抽样单位数减少 20%时，$\mu'_{\bar{x}}=\dfrac{\sigma}{\sqrt{n'}}=\dfrac{\sigma}{\sqrt{0.8n}}=\dfrac{1}{\sqrt{0.8}}\cdot\dfrac{\sigma}{\sqrt{n}}=1.118\,0\mu_{\bar{x}}$，即抽样平均误差为原来的 1.118 0 倍。

2. 解：

由：$\mu_{\bar{x}}=\dfrac{\sigma}{\sqrt{n}}$

抽样平均误差减少 50%时，即有

$$\mu'_{\bar{x}}=(1-50\%)\mu_{\bar{x}}=\frac{\sigma}{2\sqrt{n}}=\frac{\sigma}{\sqrt{4n}}$$

抽样单位数增加 3 倍。

抽样平均误差减少 20%时，即有

$$\mu'_{\bar{x}}=(1-20\%)\mu_{\bar{x}}=0.8\frac{\sigma}{\sqrt{n}}=\frac{\sigma}{\sqrt{1.562\,5n}}$$

抽样单位数增加 56.25%。

抽样平均误差减少 3%时，即有

$$\mu'_{\bar{x}}=(1-3\%)\mu_{\bar{x}}=0.97\frac{\sigma}{\sqrt{n}}=\frac{\sigma}{\sqrt{1.062\,8n}}$$

抽样单位数增加 6.28%。

3．解：

（1）已知 $n=49$，$\sigma=10.5$（元），概率保证程度为 95%，查正态分布概率表得：$Z_{0.05/2}=1.96$

$$\mu_{\bar{x}}=\frac{\sigma}{\sqrt{n}}=\frac{10.5}{\sqrt{49}}=1.5 \text{（元）}$$

$$\Delta_{\bar{x}}=Z_{\alpha/2}\mu_{\bar{x}}=1.96\times 1.5=2.94 \text{（元）}$$

说明在95%的概率保证下，样本平均值 $\bar{x}$ 偏离总体平均值 $\bar{X}$ 的最大误差范围是2.94元。

（2）已知 $\bar{x}=25.5$（元）

$$\bar{x}-\Delta_{\bar{x}}\leqslant \bar{X}\leqslant \bar{x}+\Delta_{\bar{x}}, \qquad 25.5\text{-}2.94\leqslant \bar{X}\leqslant 25.5\text{+}2.94$$

$$22.56 \text{元}\leqslant \bar{X}\leqslant 28.44 \text{元}$$

在置信水平为95%的条件下，顾客平均消费额的置信区间为 22.56～28.44 元。

4．解：

（1）$\mu_{\bar{x}}=\dfrac{\sigma}{\sqrt{n}}=\dfrac{52}{\sqrt{100}}=5.20 \text{（元）}$

概率保证程度为95%，查正态分布概率表得：$Z_{0.05/2}=1.96$

$$\Delta_{\bar{x}}=Z_{\alpha/2}\mu_{\bar{x}}=1.96\times 5.20=10.19 \text{（元）}$$

$$\bar{x}-\Delta_{\bar{x}}\leqslant \bar{X}\leqslant \bar{x}+\Delta_{\bar{x}}, \qquad 200\text{-}10.19\leqslant \bar{X}\leqslant 200\text{+}10.19$$

$$189.81 \text{元}\leqslant \bar{X}\leqslant 210.19 \text{元}$$

在置信水平为95%的条件下，该超市 2 000 名顾客平均购买金额的置信区间为 189.81～210.19 元。

（2）$N(\bar{x}-\Delta_{\bar{x}})\leqslant N\bar{X}\leqslant N(\bar{x}+\Delta_{\bar{x}})$

$$2\,000\times 189.81\leqslant 2\,000\bar{X}\leqslant 2\,000\times 210.19$$

$$379\,620 \text{元}\leqslant 2\,000\bar{X}\leqslant 420\,380 \text{元}$$

2 000 名顾客购买总额的可能范围为 379 620～420 380 元。

5．解：

根据题意得样本合格率为 $p=\dfrac{200-10}{200}=95\%$

$$\mu_p=\sqrt{\frac{p(1-p)}{n}}=\sqrt{\frac{0.95\times(1-0.95)}{200}}=0.015\,4$$

由： $(p+\Delta_p)-(p-\Delta_p)=2\Delta_p=2Z_{\alpha/2}\mu_p$

因此： $Z_{\alpha/2}=\dfrac{(p+\Delta_p)-(p-\Delta_p)}{2\mu_p}=\dfrac{0.980\,8-0.919\,2}{2\times 0.015\,4}=\dfrac{0.061\,6}{0.030\,8}=2$

查正态分布概率表得：$F(Z_{\alpha/2})=F(2)=95.45\%$

即该产品合格率在 91.92%～98.08% 之间的概率为 95.45%。

6. 解：

（1）

平均耐用时间计算表

耐用时间/小时	组中值 x/小时	元件数 f/件	xf	$(x-\bar{x})^2 f$
1 000 以下	950	1	950	122 500
1 000~1 100	1 050	2	2 100	125 000
1 100~1 200	1 150	7	8 050	157 500
1 200~1 300	1 250	38	47 500	95 000
1 300~1 400	1 350	42	56 700	105 000
1 400~1 500	1 450	8	11 600	180 000
1 500 以上	1 550	2	3 100	125 000
合计	—	100	130 000	910 000

该批电子元件的平均耐用时间为

$$\bar{x}=\frac{\sum xf}{\sum f}=\frac{130\,000}{100}=1\,300\quad（小时）$$

（2）样本方差为

$$s^2=\frac{\sum(x-\bar{x})^2 f}{\sum f-1}=\frac{910\,000}{100-1}=9\,191.92$$

$$\mu_{\bar{x}}=\sqrt{\frac{s^2}{n}\left(1-\frac{n}{N}\right)}=\sqrt{\frac{9\,191.92}{100}\times(1-1\%)}=9.54\quad（小时）$$

概率保证程度为95.45%，查正态分布概率表得：$Z_{0.045\,5/2}=2$

$$\Delta_{\bar{x}}=Z_{\alpha/2}\mu_{\bar{x}}=2\times9.54=19.08\quad（小时）$$

$$\bar{x}-\Delta_{\bar{x}}\leqslant\bar{X}\leqslant\bar{x}+\Delta_{\bar{x}},\qquad 1\,300-19.08\leqslant\bar{X}\leqslant1\,300+19.08$$

$$1\,280.92\text{ 小时}\leqslant\bar{X}\leqslant1\,319.08\text{ 小时}$$

在95.45%的概率保证程度下，该批电子元件平均耐用时间在1 280.92~1 319.08 小时之间。

（3）样本合格率为

$$p=\frac{38+42+8+2}{100}=90\%$$

$$\mu_p=\sqrt{\frac{p(1-p)}{n}\left(1-\frac{n}{N}\right)}=\sqrt{\frac{0.9\times(1-0.9)}{100}(1-1\%)}=0.03$$

概率保证程度为95%，查正态分布概率表得：$Z_{0.05/2}=1.96$

$$\Delta_p=Z_{\alpha/2}\mu_p=1.96\times0.03=0.058\,8$$

$$p-\Delta_p\leqslant P\leqslant p+\Delta_p,\qquad 90\%-5.88\%\leqslant P\leqslant90\%+5.88\%$$

$$84.12\%\leqslant P\leqslant95.88\%$$

在95%的概率保证程度下，该批电子元件合格率在84.12%~95.88%之间。

7. 解：

（1）根据题意得样本健康鸡比率为

$$p=\frac{190}{200}=95\%$$

$$\mu_p = \sqrt{\frac{p(1-p)}{n}} = \sqrt{\frac{0.95 \times (1-0.95)}{200}} = 0.015\,4$$

（2）概率保证程度为95.45%，查正态分布概率表得：$Z_{0.045\,5/2} = 2$

$$\Delta_p = Z_{\alpha/2}\mu_p = 2 \times 0.015\,4 = 0.030\,8$$

$$p - \Delta_p \leqslant P \leqslant p + \Delta_p, \qquad 95\%-3.08\% \leqslant P \leqslant 95\%+3.08\%$$

$$91.92\% \leqslant P \leqslant 98.08\%$$

$$91.92\%\,N \leqslant NP \leqslant 98.08\%\,N, \qquad 91.92\% \times 2\,000 \leqslant NP \leqslant 98.08\% \times 2\,000$$

$$1\,838 \text{ 只} \leqslant NP \leqslant 1\,962 \text{ 只}$$

在95.45%的概率保证程度下，该养鸡场健康鸡比率的区间范围为91.92%～98.08%，健康鸡数量的区间范围为1 838～1 962只。

（3）因为$\Delta_p = 2.31\%$，而$\Delta_p = Z_{\alpha/2}\mu_p$

因此： $$Z_{\alpha/2} = \frac{\mu_p}{\Delta_p} = \frac{0.023\,1}{0.015\,4} = 1.5$$

查正态分布概率表得：$F(Z_{\alpha/2}) = F(1.5) = 86.64\%$

极限误差为2.31%，概率保证程度是86.64%。

8．解：

总体标准差$\sigma = 6$（克）时：

$$\mu_{\bar{x}} = \sqrt{\frac{\sigma^2}{n}} = \sqrt{\frac{6^2}{10}} = 1.90 \text{ （克）}$$

概率保证程度为95%，查正态分布概率表得：$Z_{0.05/2} = 1.96$

$$\Delta_{\bar{x}} = Z_{\alpha/2}\mu_{\bar{x}} = 1.96 \times 1.90 = 3.72 \text{ （克）}$$

样本均值为

$$\bar{x} = \frac{\sum x}{n} = \frac{304+303+302+298+299+301+305+295+296+307}{10} = 301 \text{ （克）}$$

$$\bar{x} - \Delta_{\bar{x}} \leqslant \bar{X} \leqslant \bar{x} + \Delta_{\bar{x}}, \qquad 301-3.72 \leqslant \bar{X} \leqslant 301+3.72$$

$$297.28 \text{ 克} \leqslant \bar{X} \leqslant 304.72 \text{ 克}$$

该批果酱每瓶平均净重在95%置信度下的置信区间为297.28～304.72克。

总体标准差σ未知时：

样本方差为

$$s^2 = \frac{\sum(x-\bar{x})^2}{n-1}$$

$$= \frac{(304-301)^2 + (303-301)^2 + (302-301)^2 + \cdots + (307-301)^2}{10-1}$$

$$= \frac{140}{9} = 15.56$$

$$\mu_{\bar{x}} = \sqrt{\frac{s^2}{n}} = \sqrt{\frac{15.56}{10}} = 1.25 \text{ （克）}$$

因为是小样本，由给定的 $\alpha = 5\%$，查 t 分布表得： $t_{\alpha/2}(n-1) = t_{0.05/2}(10-1) = 2.262$

$$\bar{x} - t_{\alpha/2} \cdot \mu_{\bar{x}} \leqslant \bar{X} \leqslant \bar{x} + t_{\alpha/2} \cdot \mu_{\bar{x}}, \quad 301 - 2.262 \times 1.25 \leqslant \bar{X} \leqslant 301 + 2.262 \times 1.25$$

$$298.17 \text{ 克} \leqslant \bar{X} \leqslant 303.83 \text{ 克}$$

该批果酱每瓶平均净重在 95% 置信度下的置信区间为 298.17～303.83 克。

9．解：

（1）抽样平均亩产为

$$\bar{x} = \frac{\sum \bar{x}_i n_i}{\sum n_i} = \frac{500 \times 900 + 450 \times 450 + 400 \times 150}{900 + 450 + 150}$$

$$= \frac{712\,500}{1\,500} = 475 \text{（千克）}$$

方差平均数为

$$\overline{\sigma^2} = \frac{\sum \sigma_i^2 n_i}{\sum n_i} = \frac{60^2 \times 900 + 72^2 \times 450 + 90^2 \times 150}{900 + 450 + 150}$$

$$= \frac{6\,787\,800}{1\,500} = 4\,525.20$$

抽样平均误差为

$$\mu_{\bar{x}} = \sqrt{\frac{\overline{\sigma^2}}{n}\left(1 - \frac{n}{N}\right)} = \sqrt{\frac{4\,525.20}{1\,500} \times \left(1 - \frac{1\,500}{15\,000}\right)} = 1.65 \text{（千克）}$$

概率保证程度为 68.27%，查正态分布概率表得： $Z_{0.3173/2} = 1$

$$\Delta_{\bar{x}} = Z_{\alpha/2} \mu_{\bar{x}} = 1 \times 1.65 = 1.65 \text{（千克）}$$

$$\bar{x} - \Delta_{\bar{x}} \leqslant \bar{X} \leqslant \bar{x} + \Delta_{\bar{x}}, \qquad 475 - 1.65 \leqslant \bar{X} \leqslant 475 + 1.65$$

$$473.35 \text{ 千克} \leqslant \bar{X} \leqslant 476.65 \text{ 千克}$$

在 68.27% 的概率保证下，该地区耕地平均亩产量的区间范围为 473.35～476.65 千克。

（2）平原样本高产田比重： $p_1 = \dfrac{720}{900} = 0.8$

丘陵样本高产田比重： $p_2 = \dfrac{315}{450} = 0.7$

山区样本高产田比重： $p_3 = \dfrac{90}{150} = 0.6$

$$p = \frac{\sum p_i n_i}{\sum n_i} = \frac{0.8 \times 900 + 0.7 \times 450 + 0.6 \times 150}{900 + 450 + 150} = \frac{1\,125}{1\,500} = 0.75$$

$$\overline{p(1-p)} = \frac{\sum p_i(1-p_i)n_i}{\sum n_i}$$

$$= \frac{0.8 \times (1-0.8) \times 900 + 0.7 \times (1-0.7) \times 450 + 0.6 \times (1-0.6) \times 150}{900 + 450 + 150}$$

$$= \frac{274.5}{1\,500} = 0.183\,0$$

$$\mu_p = \sqrt{\frac{p(1-p)}{n}\left(1-\frac{n}{N}\right)} = \sqrt{\frac{0.1830}{1500}\times\left(1-\frac{1500}{15000}\right)} = 0.0105$$

概率保证程度为95%，查正态分布概率表得：$Z_{0.05/2} = 1.96$

$$\Delta_p = Z_{\alpha/2}\mu_p = 1.96\times0.0105 = 0.0206$$

$$p-\Delta_p \leqslant P \leqslant p+\Delta_p, \qquad 0.75-0.0206 \leqslant P \leqslant 0.75+0.0206$$

$$72.94\% \leqslant P \leqslant 77.06\%$$

在95%的概率保证程度下，该地区耕地面积中高产田所占比重为72.94%~77.06%。

10．解：

由题意知，这是按有关标志排队的等距抽样，可以近似看作不重复简单随机抽样。

已知 $n = 200$（名），$N = 30\times200 = 6000$（名），$\bar{x} = 2200$（元），$s = 620$（元）。

$$\mu_{\bar{x}} = \sqrt{\frac{s^2}{n}\left(1-\frac{n}{N}\right)} = \sqrt{\frac{620^2}{200}\times\left(1-\frac{200}{6000}\right)} = 43.10（元）$$

概率保证程度为95.45%，查正态分布概率表得：$Z_{0.04555/2} = 2$

$$\Delta_{\bar{x}} = Z_{\alpha/2}\mu_{\bar{x}} = 2\times43.10 = 86.20（元）$$

$$\bar{x}-\Delta_{\bar{x}} \leqslant \bar{X} \leqslant \bar{x}+\Delta_{\bar{x}}, \qquad 2200-86.20 \leqslant \bar{X} \leqslant 2200+86.20$$

$$2113.80\text{ 元} \leqslant \bar{X} \leqslant 2286.20\text{ 元}$$

在置信水平为95.45%的条件下，该企业职工月平均工资的置信区间为 2113.80~2286.20 元。

11．解：

计算表

体重/千克	组中值 x/千克	女生人数 f/名	xf	$(x-\bar{x})^2 f$
37.5~42.5	40	4	160	650.2500
42.5~47.5	45	11	495	660.6875
47.5~52.5	50	10	500	75.6250
52.5~57.5	55	20	1100	101.2500
57.5~62.5	60	13	780	683.3125
62.5~67.5	65	2	130	300.1250
合计	—	60	3165	2471.2500

样本均值为
$$\bar{x} = \frac{\sum xf}{\sum f} = \frac{3165}{60} = 52.75（千克）$$

样本方差为
$$s^2 = \frac{\sum(x-\bar{x})^2 f}{\sum f - 1} = \frac{2471.25}{60-1} = 41.89$$

已知 $n = 60$ 名，$N = 25\times60 = 1500$ 名。

$$\mu_{\bar{x}} = \sqrt{\frac{s^2}{n}\left(1-\frac{n}{N}\right)} = \sqrt{\frac{2471.25}{60}\times\left(1-\frac{60}{1500}\right)} = 6.29（千克）$$

概率保证程度为99.73%，查正态分布概率表得：$Z_{\alpha/2} = 3$

$$\Delta_{\bar{x}} = Z_{\alpha/2}\mu_{\bar{x}} = 3 \times 6.29 = 18.87 \quad （千克）$$

$$\bar{x} - \Delta_{\bar{x}} \leqslant \bar{X} \leqslant \bar{x} + \Delta_{\bar{x}}, \qquad 52.75 - 18.87 \leqslant \bar{X} \leqslant 52.75 + 18.87$$

$$33.88 \text{ 千克} \leqslant \bar{X} \leqslant 71.62 \text{ 千克}$$

该校女生的平均体重为 52.75 千克，在 99.73% 的概率保证下，该校女生平均体重的区间范围为 33.88～71.62 千克。

12．解：

每 6 分钟产品为一群，即有：$R = 10 \times 24 \times 30 = 7\,200$，$r = 8 \times 30 = 240$，$p = 92\%$。

已知概率保证程度为 99.73%，查正态分布概率表得：$Z_{\alpha/2} = 3$

$$\mu_p = \sqrt{\frac{\delta_p^2}{r}\left(\frac{R-r}{R-1}\right)} = \sqrt{\frac{0.08}{240}\times\left(\frac{7\,200-240}{7\,200-1}\right)} = 1.80\%$$

$$\Delta_p = Z_{\alpha/2}\mu_p = 3 \times 1.80\% = 5.4\%$$

$$p - \Delta_p \leqslant P \leqslant p + \Delta_p, \qquad 92\% - 5.4\% \leqslant P \leqslant 92\% + 5.4\%$$

$$86.6\% \leqslant P \leqslant 97.4\%$$

在置信水平为 99.73% 的条件下，全月所产零件合格率的置信区间为 86.6%～97.4%。

13．解：

已知 $R = 400$，$r = 10$，样本群每袋的平均重量为

$$\bar{x} = \frac{\sum \bar{x}_i}{r}$$

$$= \frac{1\,010 + 1\,005 + 990 + 995 + 1\,020 + 1\,030 + 1\,000 + 1\,015 + 1\,025 + 980}{10}$$

$$= \frac{10\,070}{10} = 1\,007 \quad （克）$$

群间方差为

$$\delta_{\bar{x}}^2 = \frac{\sum (\bar{x}_i - \bar{x})^2}{r}$$

$$= \frac{(1\,010-1\,007)^2 + (1\,005-1\,007)^2 + (990-1\,007)^2 + \cdots + (980-1\,007)^2}{10}$$

$$= \frac{2\,310}{10} = 231$$

$$\mu_{\bar{x}} = \sqrt{\frac{\delta_{\bar{x}}^2}{r}\left(\frac{R-r}{R-1}\right)} = \sqrt{\frac{231}{10}\times\left(\frac{400-10}{400-1}\right)} = 4.75 \quad （克）$$

概率保证程度为 99.73%，查正态分布概率表得：$Z_{\alpha/2} = 3$

$$\Delta_{\bar{x}} = Z_{\alpha/2}\mu_{\bar{x}} = 3 \times 4.75 = 14.25 \quad （克）$$

$$\bar{x} - \Delta_{\bar{x}} \leqslant \bar{X} \leqslant \bar{x} + \Delta_{\bar{x}}, \qquad 1\,007 - 14.25 \leqslant \bar{X} \leqslant 1\,007 + 14.25$$

$$992.75 \text{ 克} \leqslant \bar{X} \leqslant 1\,021.25 \text{ 克}$$

在 99.73% 的概率保证程度下，全部待检洗衣粉每袋的平均重量区间为 992.75～1\,021.25 克。

14. 解：

计算表

平均每户年收入/万元	组中值 $\bar{x}_i$/万元	自然村 f/个	$\bar{x}_i f$	$(\bar{x}_i - \bar{x})^2 f$
2 以下	1.5	10	15.0	23.716 0
2~3	2.5	20	50.0	5.832 0
3~4	3.5	8	28.0	1.692 8
4~5	4.5	7	31.5	14.921 2
5 以上	5.5	5	27.5	30.258 0
合计	—	50	152.0	76.420 0

样本均值为 $\qquad \bar{x} = \dfrac{\sum \bar{x}_i f}{\sum f} = \dfrac{152}{50} = 3.04$（万元）

群间方差为 $\qquad \delta_{\bar{x}}^2 = \dfrac{\sum (\bar{x}_i - \bar{x})^2 f}{\sum f} = \dfrac{76.42}{50} = 1.53$

$$\mu_{\bar{x}} = \sqrt{\dfrac{\delta_{\bar{x}}^2}{r}\left(\dfrac{R-r}{R-1}\right)} = \sqrt{\dfrac{1.53}{50} \times \left(\dfrac{200-50}{200-1}\right)} = 0.15 \text{（万元）}$$

概率保证程度为 95%，查正态分布概率表得： $Z_{0.05/2} = 1.96$

$$\Delta_{\bar{x}} = Z_{\alpha/2}\mu_{\bar{x}} = 1.96 \times 0.15 = 0.29 \text{（万元）}$$

$$\bar{x} - \Delta_{\bar{x}} \leqslant \bar{X} \leqslant \bar{x} + \Delta_{\bar{x}}, \qquad 3.04-0.29 \leqslant \bar{X} \leqslant 3.04+0.29$$

$$2.75 \text{ 万元} \leqslant \bar{X} \leqslant 3.33 \text{ 万元}$$

在置信水平为 95% 的条件下，该县平均每户年收入的区间范围为 2.75 万~3.33 万元。

15. 解：

计算表

破损率/%	组中值 p_i/%	箱数 f/箱	$p_i f$	$(p_i - p)^2 f$
2 以下	1	50	0.50	0.020
2~4	3	20	0.60	0.000
4~6	5	15	0.75	0.006
6~8	7	10	0.70	0.016
8 以上	9	5	0.45	0.018
合计	—	100	3.00	0.060

样本均值为 $\qquad p = \dfrac{\sum p_i f}{\sum f} = \dfrac{3}{100} = 0.03$

群间方差为 $\qquad \delta_p^2 = \dfrac{\sum (p_i - p)^2 f}{\sum f} = \dfrac{0.060}{100} = 0.000 6$

$$\mu_p = \sqrt{\dfrac{\delta_p^2}{r}\left(\dfrac{R-r}{R-1}\right)} = \sqrt{\dfrac{0.000 6}{100} \times \left(\dfrac{3\,000-100}{3\,000-1}\right)} = 0.002 4$$

概率保证程度为 95%，查正态分布概率表得： $Z_{0.05/2} = 1.96$

$$\Delta_p = Z_{\alpha/2}\mu_p = 1.96 \times 0.002\,4 = 0.004\,7$$

$$p - \Delta_p \leqslant P \leqslant p + \Delta_p, \qquad 0.03 - 0.004\,7 \leqslant P \leqslant 0.03 + 0.004\,7$$

$$2.53\% \leqslant P \leqslant 3.47\%$$

在95%的概率保证程度下，该批商品破损率为2.53%～3.47%。

16．解：

（1）

职工成绩分配数列

考试成绩/分	职工人数/名	职工人数比重/%
60 以下	3	7.5
60～70	6	15.0
70～80	15	37.5
80～90	12	30.0
90～100	4	10.0
合计	40	100.0

（2）

计算表

考试成绩/分	组中值 x/分	职工人数 f/名	xf	$(x-\bar{x})^2 f$
60 以下	55	3	165	1 452
60～70	65	6	390	864
70～80	75	15	1 125	60
80～90	85	12	1 020	768
90～100	95	4	380	1 296
合计	—	40	3 080	4 440

样本均值：

$$\bar{x} = \frac{\sum xf}{\sum f} = \frac{3\,080}{40} = 77 \text{（分）}$$

样本方差为

$$s^2 = \frac{\sum (x-\bar{x})^2 f}{\sum f - 1} = \frac{4\,440}{40 - 1} = 113.85$$

$$\mu_{\bar{x}} = \sqrt{\frac{s^2}{n}} = \sqrt{\frac{113.85}{40}} = 1.69 \text{（分）}$$

概率保证程度为95.45%，查正态分布概率表得：$Z_{0.045\,5/2} = 2$

$$\Delta_{\bar{x}} = Z_{\alpha/2}\mu_{\bar{x}} = 2 \times 1.69 = 3.38 \text{（分）}$$

$$\bar{x} - \Delta_{\bar{x}} \leqslant \bar{X} \leqslant \bar{x} + \Delta_{\bar{x}}, \qquad 77 - 3.38 \leqslant \bar{X} \leqslant 77 + 3.38$$

$$73.62 \text{分} \leqslant \bar{X} \leqslant 80.38 \text{分}$$

在95.45%的概率保证程度下，全体职工业务考试成绩的区间范围为73.62～80.38分。

（3）$n = \dfrac{Z_{\alpha/2}^2 s^2}{(0.5\Delta_{\bar{x}})^2} = \dfrac{2^2 \times 113.85}{(0.5 \times 3.38)^2} = 160 \text{（名）}$

允许误差范围缩小一半，应抽取160名职工。

17．解：

根据题意，$p = 0.99$，$p = 0.97$，$p = 0.95$，p用历史资料代替取接近 0.5 的值，因为 $p(1-p) = 0.5 \times (1-0.5) = 0.25$ 的方差最大，所以这里应取 $p = 0.95$。

概率保证程度为 95%，查正态分布概率表得：$Z_{0.05/2} = 1.96$，$\Delta_p = 0.01$

$$n = \frac{Z_{\alpha/2}^2 p(1-p)}{\Delta_p^2} = \frac{1.96^2 \times 0.95 \times (1-0.95)}{0.01^2} = 1\,825 （个）$$

在 95% 的概率保证程度下，需要抽查该批机械零件中的 1 825 个。

18．解：

（1）各类样本平均数为
$$\bar{x}_i = \frac{\sum x_i n_i}{\sum n_i}$$

各类样本方差为
$$s_i^2 = \frac{\sum (x_i - \bar{x}_i)^2 n_i}{\sum n_i - 1}$$

教师：$\bar{x}_1 = \dfrac{1 \times 10 + 1.7 \times 20 + 2.6 \times 10}{10 + 20 + 10} = \dfrac{70}{40} = 1.75 （万元）$

$$s_1^2 = \frac{(1-1.75)^2 \times 10 + (1.7-1.75)^2 \times 20 + (2.6-1.75)^2 \times 10}{40-1} = \frac{12.9}{39} = 0.33$$

员工：$\bar{x}_2 = \dfrac{0.8 \times 20 + 1.3 \times 30 + 2 \times 10}{20 + 30 + 10} = \dfrac{75}{60} = 1.25 （万元）$

$$s_2^2 = \frac{(0.8-1.25)^2 \times 20 + (1.3-1.25)^2 \times 30 + (2-1.25)^2 \times 10}{60-1} = \frac{9.75}{59} = 0.17$$

样本平均数为
$$\bar{x} = \frac{\sum \bar{x}_i n_i}{\sum n_i} = \frac{1.75 \times 40 + 1.25 \times 60}{40 + 60} = \frac{70 + 75}{100} = 1.45 （万元）$$

样本方差平均数为
$$\overline{s^2} = \frac{\sum s_i^2 n_i}{\sum n_i} = \frac{0.33 \times 40 + 0.17 \times 60}{40 + 60} = 0.23$$

$$\mu_{\bar{x}} = \sqrt{\frac{\overline{s^2}}{n}\left(1 - \frac{n}{N}\right)} = \sqrt{\frac{0.23}{100} \times \left(1 - \frac{100}{2\,000}\right)} = 0.046\,7 （万元）$$

已知 $F(Z) = 95.45\%$，查正态分布概率表得：$Z_{0.045\,5/2} = 2$

$$\Delta_{\bar{x}} = Z_{\alpha/2} \mu_{\bar{x}} = 2 \times 0.046\,7 = 0.09 （万元）$$

$$\bar{x} - \Delta_{\bar{x}} \leqslant \bar{X} \leqslant \bar{x} + \Delta_{\bar{x}}，\qquad 1.45 - 0.09 \leqslant \bar{X} \leqslant 1.45 + 0.09$$

$$1.36 \text{ 万元} \leqslant \bar{X} \leqslant 1.54 \text{ 万元}$$

在 95.45% 的概率保证程度下，该校教职工平均收入的区间范围为 1.36 万～1.54 万元。

（2）已知 $\Delta_{\bar{x}} = 0.12 （万元）$，$\qquad Z_{0.045\,5/2} = 2$

$$n = \frac{NZ^2 \overline{s^2}}{N\Delta_{\bar{x}}^2 + Z^2 \overline{s^2}} = \frac{2\,000 \times 2^2 \times 0.23}{2\,000 \times 0.12^2 + 2^2 \times 0.23} = 62 （人）$$

极限误差不超过 0.12 万元，应抽取教职工 62 人。

（3）样本平均数为

$$\bar{x} = \frac{\sum xf}{\sum f}$$

$$= \frac{1 \times 10 + 1.7 \times 20 + 2.6 \times 10 + 0.8 \times 20 + 1.3 \times 30 + 2 \times 10}{10 + 20 + 10 + 20 + 30 + 10}$$

$$= \frac{70 + 75}{100} = 1.45（万元）$$

样本方差为

$$s^2 = \frac{\sum (x - \bar{x})^2 f}{\sum f - 1}$$

$$= \frac{(1 - 1.45)^2 \times 10 + (1.7 - 1.45)^2 \times 20 + (2.6 - 1.45)^2 \times 10}{100 - 1}$$

$$+ \frac{(0.8 - 1.45)^2 \times 20 + (1.3 - 1.45)^2 \times 30 + (2 - 1.45)^2 \times 10}{100 - 1}$$

$$= \frac{28.65}{99} = 0.29$$

已知 $\Delta_{\bar{x}} = 0.12$（万元）， $Z_{0.0455/2} = 2$

$$n = \frac{NZ^2 s^2}{N\Delta_{\bar{x}}^2 + Z^2 s^2} = \frac{2\,000 \times 2^2 \times 0.29}{2\,000 \times 0.12^2 + 2^2 \times 0.29} = 78（人）$$

极限误差不超过 0.12 万元，应抽取教职工 78 人。说明在同样条件下，简单随机抽样比类型抽样所需抽样单位数要多。

（4）已知 $n = 100$（人）， $Z_{0.0455/2} = 2$

$$\mu_{\bar{x}} = \sqrt{\frac{s^2}{n}\left(1 - \frac{n}{N}\right)} = \sqrt{\frac{0.29}{100} \times \left(1 - \frac{100}{2\,000}\right)} = 0.052\,5（万元）$$

$$\Delta_{\bar{x}} = Z_{\alpha/2} \mu_{\bar{x}} = 2 \times 0.052\,5 = 0.11（万元）$$

抽样单位数为 100 人，极限误差不超过 0.11 万元。说明在同样条件下，简单随机抽样比类型抽样的极限误差要大。

19. 解：

假设： $H_0: \mu = 100$（克）， $H_1: \mu \neq 100$（克）

当 $\bar{x} = 106$（克）， $Z = \dfrac{\bar{x} - \mu_0}{\sigma / \sqrt{n}} = \dfrac{106 - 100}{8 / \sqrt{20}} = 3.35$

由显著性水平 $\alpha = 0.05$ ，通过查正态分布概率表得： $Z_{\alpha/2} = Z_{0.05/2} = 1.96$

$$Z = 3.35 > 1.96 = Z_{0.05/2}$$

因此拒绝 H_0 假设，应该做出对生产线停产的决策。

当 $\bar{x} = 97$（克）， $Z = \dfrac{\bar{x} - \mu_0}{\sigma / \sqrt{n}} = \dfrac{97 - 100}{8 / \sqrt{20}} = -1.68$

$$|Z| = 1.68 < 1.96 = Z_{0.05/2}$$

因此接受 H_0 假设，应该做出生产线继续生产的决策。

20．解：

（1）假设：$H_0 : \mu = 8\,000$（小时），$H_1 : \mu \neq 8\,000$（小时）

$$Z = \frac{\bar{x} - \mu_0}{\sigma / \sqrt{n}} = \frac{8\,200 - 8\,000}{120 / \sqrt{50}} = 11.79$$

由显著性水平 $\alpha = 0.05$，通过查正态分布概率表得：$Z_{\alpha/2} = Z_{0.05/2} = 1.96$

$$Z = 11.79 > 1.96 = Z_{0.05/2}$$

拒绝 H_0 假设，说明该批节能灯管采用新技术改造后的使用寿命有显著性差异。

（2）假设：$H_0 : \mu \leqslant 8\,000$（小时），$H_1 : \mu > 8\,000$（小时）

$$Z = \frac{\bar{x} - \mu_0}{\sigma / \sqrt{n}} = \frac{8\,200 - 8\,000}{120 / \sqrt{50}} = 11.79$$

由显著性水平 $\alpha = 0.05$，通过查正态分布概率表得：$Z_{\alpha} = Z_{0.05} = 1.645$

$$Z = 11.79 > 1.645 = Z_{0.05}$$

因此拒绝 H_0 假设，说明该批节能灯管采用新技术改造后的使用寿命有显著性提高。

21．解：

$$H_0 : \mu = 65 \text{（岁）}, \quad H_1 : \mu \neq 65 \text{（岁）}$$

$$t = \frac{\bar{x} - \mu_0}{s / \sqrt{n}} = \frac{68 - 65}{3 / \sqrt{25}} = 5$$

由显著性水平 $\alpha = 0.05$，通过查 t 分布表得：$t_{\alpha/2}(n-1) = t_{0.025}(25-1) = 2.06$

$$t = 5 > 2.06 = t_{0.05/2}(24)$$

因此拒绝 H_0 假设，说明该电视台该栏目的节目内容对目标观众没有针对性，需要进行改进与调整。

22．解：

假设：$H_0 : \mu \leqslant 2$（万千米），$H_1 : \mu > 2$（万千米）

样本均值为：

$$\bar{x} = \frac{\sum x}{n} = \frac{2.12 + 2.15 + 1.98 + 2.10 + 1.99 + 2.08 + 2.22 + 1.97 + 2.31 + 2.28}{10}$$

$$= \frac{21.2}{10} = 2.12 \text{（万千米）}$$

样本标准差为：

$$s = \sqrt{\frac{\sum (x - \bar{x})^2}{n-1}}$$

$$= \sqrt{\frac{(2.12 - 2.12)^2 + (2.15 - 2.12)^2 + (1.98 - 2.12)^2 + \cdots + (2.28 - 2.12)^2}{10 - 1}}$$

$$= \sqrt{\frac{0.133\,6}{9}} = 0.12 \text{（万千米）}$$

$$t = \frac{\bar{x} - \mu_0}{s/\sqrt{n}} = \frac{2.12 - 2}{0.12/\sqrt{10}} = 3.16$$

由显著性水平 $\alpha = 0.01$，通过查 t 分布表得：$t_\alpha(n-1) = t_{0.01}(9) = 2.82$

本检验是单侧检验，拒绝区域在分布的右尾。$t = 3.16 > 2.82 = t_{0.01}(9)$

因此拒绝 H_0 假设，说明该厂生产的汽车轮胎平均行驶里程与至少 2 万千米的标准是相符合的。

23. 解：

假设：$H_0 : p \geq 40\%$，$H_1 : p < 40\%$

$$p = \frac{110}{300} = 0.37$$

$$Z = \frac{p - p_0}{\sqrt{\dfrac{p_0(1 - p_0)}{n}}} = \frac{0.37 - 0.4}{\sqrt{\dfrac{0.4 \times (1 - 0.4)}{300}}} = -1.06$$

由显著性水平 $\alpha = 0.05$，通过查正态分布概率表得：$-Z_\alpha = -Z_{0.05} = -1.645$

本检验是单侧检验，拒绝区域在分布的左尾。$Z = -1.06 > -1.645 = -Z_{0.05}$

因此接受 H_0 假设，说明该大学英语六级考试的及格率仍然保持在原有水平。

第九章　相关与回归分析

学习重点与难点

相关与回归分析是处理变量之间关系的一种统计分析方法。通过本章的学习，要求理解相关关系的概念和种类、相关分析的概念和内容；了解相关表与相关图；重点掌握简单相关系数的计算方法以及判断相关关系的密切程度、回归分析的概念；熟练掌握建立一元线性回归方程的方法、对一元线性回归方程的统计检验及预测；了解二元线性回归分析；理解 m 元线性回归方程的建立、统计检验及预测；了解非线性回归分析。

第一节　相关分析概述

变量之间的依存关系有两种不同的类型：一种是函数关系；另一种是相关关系。

函数关系是指变量之间存在着严格的数量依存关系。在这种关系中，当一个或几个变量取一定的值时，另一个变量有确定值与之相对应，并且这种关系可以用一个数学表达式反映出来。

相关关系是指变量之间存在的不确定的依存关系。在这种关系中，当一个或几个相互联系的变量取一定的值时，与之相对应的变量会有多个数值，表现出不确定，然而它仍按某种规律在一定的范围内变化。在相关关系中，变量之间的联系有两种情况。一种是变量之间存在着一定的因果关系。起影响作用的变量是"因"，为自变量 x；受自变量变动影响而发生变动的变量为"果"，是因变量 y。另一种是两个变量之间只存在相互联系而不存在明显的因果关系。这时应根据研究目的，把其中一个变量确定为自变量，把另一个相应变化的变量确定为因变量。作为研究对象的现象之间的相关关系，在任何情况下，都必须是真实的、具有内在联系的关系，而绝不是主观臆造的，或只不过是形式上偶然的巧合。

函数关系与相关关系的区别表现为：函数关系是变量之间数量上严格的依存关系，现象中变量关系不是对等的；相关关系是变量之间数量上不严格的依存关系，现象中变量关系是完全对等的。

函数关系与相关关系的联系表现为：由于存在观察或实验中出现的误差等原因，关系值不能绝对确定，函数关系有时通过相关关系反映出来；而当对现象之间的内在联系和规律性了解得很清楚的时候，相关关系又常常借助于函数关系的形式近似地将它表现出来。

函数关系与相关关系的区别和联系是学习的难点，要注意掌握好。

相关关系种类有：按涉及因素多少可分为单相关、复相关和偏相关；按表现形态可分为直线相关和曲线相关；按相关变量变化方向可分为正相关和负相关；按相关程度可分为完全相关、不相关和不完全相关；按相关性质可分为"真实相关"和"虚假相关"。

相关分析是研究两个或两个以上变量之间相关方向和相关密切程度的统计分析方法。主要内容有：确定变量之间有无相关关系以及相关关系的表现形式；确定变量之间相关的密切程度；建立合适的数学模型；测定变量估计值的可靠程度。

第二节   线性相关的测定

相关表和相关图只能帮助我们直观、粗略地判断变量之间的相关关系。如果要定量地说明变量之间相关关系的密切程度，就必须计算相关系数。相关系数是反映变量之间相关关系密切程度的统计分析指标。相关系数的计算方法如下。

积差法：
$$r = \frac{\sigma_{xy}^2}{\sigma_x \sigma_y} = \frac{\sum(x-\bar{x})(y-\bar{y})}{\sqrt{\sum(x-\bar{x})^2}\sqrt{\sum(y-\bar{y})^2}}$$

简捷法：
$$r = \frac{n\sum xy - \sum x \sum y}{\sqrt{n\sum x^2 - \left(\sum x\right)^2}\sqrt{n\sum y^2 - \left(\sum y\right)^2}}$$

$$r = \frac{\sum xy - n\overline{xy}}{\sqrt{\sum x^2 - n(\bar{x})^2}\sqrt{\sum y^2 - n(\bar{y})^2}}$$

$$r = \frac{\overline{xy} - \bar{x}\,\bar{y}}{\sigma_x \sigma_y}$$

学习相关系数计算的难点是掌握计算公式之间的推算关系，把握运用不同的相关系数计算公式的适用条件。

相关系数的取值范围为$-1 \leqslant r \leqslant +1$。当$-1 \leqslant r < 0$时，表明两个变量为负相关，当$0 < r \leqslant 1$时，表明两个变量为正相关。$|r|$的值越大，表明两个变量间的线性相关关系越强；$|r|$的值越小，表明两个变量之间线性相关关系越弱。这里的学习难点是要注意到，如果$|r|=0$，则两个变量之间无线性相关关系，但这并不表明其间不存在其他类型的关系。

第三节   一元线性回归分析

回归分析就是对具有相关关系的变量之间数量变化的一般关系进行测定，确定一个合适的回归方程，据以进行检验或预测的统计方法。

一元线性回归方程是用于分析一个自变量x与一个变量y之间线性关系的数学方程。即
$$\hat{y} = b_0 + b_1 x$$

参数估计值的计算公式为
$$b_1 = \frac{\sum(x-\bar{x})(y-\bar{y})}{\sum(x-\bar{x})^2} = \frac{n\sum xy - \sum x \sum y}{n\sum x^2 - \left(\sum x\right)^2}$$

$$b_0 = \frac{\sum y}{n} - b_1 \frac{\sum x}{n} = \bar{y} - b_1\bar{x}$$

这里的学习难点是掌握所建立的一元线性回归方程的含义。

总的离差平方和的分解公式为

总离差平方和=回归平方和+剩余平方和

即为

$$\sum (y-\overline{y})^2 = \sum (\hat{y}-\overline{y})^2 + \sum (y-\hat{y})^2$$

可决系数的计算公式为　$r^2 = \dfrac{\sum (\hat{y}-\overline{y})^2}{\sum (y-\overline{y})^2} = 1 - \dfrac{\sum (y-\hat{y})^2}{\sum (y-\overline{y})^2}$　　　　（$0 \leqslant r^2 \leqslant 1$）

这里的学习难点是掌握可决系数的含义。

可决系数和相关系数的关系为　　　　　　　　$r = \sqrt{r^2}$

估计标准误差的计算公式为　　$S_{yx} = \sqrt{\dfrac{\sum (y-\hat{y})^2}{n-2}} = \sqrt{\dfrac{\sum y^2 - b_0 \sum y - b_1 \sum xy}{n-2}}$

F 统计量的计算公式为　　$F = \dfrac{\sum (\hat{y}-\overline{y})^2}{\sum (y-\hat{y})^2 / (n-2)} = \dfrac{r^2}{1-r^2}(n-2)$

t 统计量的计算公式为　　$t_{b_j} = \dfrac{b_j}{S_{b_j}}$　　　（$j = 0,\ 1$）

式中 S_{b_j} 的计算公式分别为　　$S_{b_0} = \sqrt{\dfrac{S_{yx}^2 \sum x^2}{n \sum (x-\overline{x})^2}}$ ，　　　$S_{b_1} = \sqrt{\dfrac{S_{yx}^2}{\sum (x-\overline{x})^2}}$

这里，掌握 r 检验、F 检验、t 检验的意义和内容，以及这三个检验之间的关系是学习的难点。

对一元线性回归方程的检验通过后，说明其回归方程是可信的，那就要利用回归方程进行预测。根据某个自变量的值 x_0 代入一元线性回归方程，便可求得相应因变量的预测值 $\hat{y}_0$，这是点估计。对于实际值 y_0 偏离预测值 $\hat{y}_0$ 的范围的预测为区间估计。

当 $n < 30$ 为小样本时，y_0 的置信度为 $(1-\alpha)$ 的置信区间为

$$\hat{y}_0 - t_{\alpha/2}(n-2) S_{yx} \sqrt{1 + \frac{1}{n} + \frac{(x_0-\overline{x})^2}{\sum (x-\overline{x})^2}} \leqslant y_0 \leqslant \hat{y}_0 + t_{\alpha/2}(n-2) S_{yx} \sqrt{1 + \frac{1}{n} + \frac{(x_0-\overline{x})^2}{\sum (x-\overline{x})^2}}$$

当 $n \geqslant 30$ 为大样本时，y_0 的置信度为 $(1-\alpha)$ 的置信区间为

$$\hat{y}_0 - Z_{\alpha/2} S_{yx} \sqrt{1 + \frac{1}{n} + \frac{(x_0-\overline{x})^2}{\sum (x-\overline{x})^2}} \leqslant y_0 \leqslant \hat{y}_0 + Z_{\alpha/2} S_{yx} \sqrt{1 + \frac{1}{n} + \frac{(x_0-\overline{x})^2}{\sum (x-\overline{x})^2}}$$

第四节　多元线性回归分析

多元线性回归分析是指在线性相关条件下，研究两个或两个以上的自变量与因变量之间的数量变化关系、建立多元线性回归方程，并对其进行检验和预测的统计方法。

多元线性回归的回归方程为　　　　$\hat{\boldsymbol{Y}} = \boldsymbol{X}\hat{\boldsymbol{B}}$

回归系数的估计值的计算公式为　　$\hat{\boldsymbol{B}} = \begin{bmatrix} b_0 \\ b_1 \\ \vdots \\ b_m \end{bmatrix} = (\boldsymbol{X}'\boldsymbol{X})^{-1} \boldsymbol{X}'\boldsymbol{Y}$

复可决系数的计算公式为 $r^2 = \dfrac{\hat{B}'X'Y - n\bar{y}^2}{Y'Y - n\bar{y}^2}$

修正的复可决系数的计算公式为 $\overline{r^2} = 1 - (1 - r^2) \times \dfrac{n-1}{n-m-1}$

复相关系数的计算公式为 $r = \sqrt{r^2} = \sqrt{\dfrac{\hat{B}'X'Y - n\bar{y}^2}{Y'Y - n\bar{y}^2}}$

估计标准误差的计算公式为 $S = \sqrt{\dfrac{Y'Y - \hat{B}'X'Y}{n-m-1}}$

F 统计量的计算公式为 $F = \dfrac{(\hat{B}'X'Y - n\bar{y}^2)/m}{(Y'Y - \hat{B}'X'Y)/(n-m-1)} = \dfrac{r^2}{1-r^2} \times \dfrac{n-m-1}{m}$

t 统计量的计算公式为 $t_{b_j} = \dfrac{b_j}{S_{b_j}}$ $(j=1, 2, \cdots, m)$

式中： $S_{b_j} = \sqrt{S^2 C_{jj}} = \sqrt{\dfrac{Y'Y - \hat{B}'X'Y}{n-m-1} C_{jj}}$

对于 m 元线性回归的因变量预测公式的矩阵形式为 $\hat{Y}_0 = X_0 \hat{B}$

m 元线性回归方程的因变量预测区间用公式表示为

$$\hat{Y}_0 - t_{\alpha/2}(n-m-1) \cdot S \cdot \sqrt{1 + X_0(X'X)^{-1}X_0'} \leqslant Y_0$$
$$\leqslant \hat{Y}_0 + t_{\alpha/2}(n-m-1) \cdot S \cdot \sqrt{1 + X_0(X'X)^{-1}X_0'}$$

这里的学习难点是理解所建立的多元线性回归方程的含义，掌握 r 检验、F 检验、t 检验的意义和内容；多元线性回归涉及的变量多一些，因此用矩阵形式来表达较为简便，其计算通常要依靠统计软件进行，因此要做到能够掌握多元线性回归分析的基本原理，理解输入和输出之间相互对应的关系，并对统计软件计算输出的结果做出正确的解释。

练 习 题

一、单项选择题

1. 变量之间存在不严格确定的依存关系，这种关系是（　　）。
   - A. 函数关系
   - B. 相关关系
   - C. 随机关系
   - D. 回归关系

2. 确定经济现象之间是否存在相关关系，首先应对经济现象进行（　　）。
   - A. 定量分析
   - B. 数值分析
   - C. 定性分析
   - D. 定性与定量分析

3. 一个变量的数值增加（减少）时，另一个变量的数值也相应地增加（减少），这两个变量之间的关系是（　　）。
   - A. 正相关关系
   - B. 曲线相关关系
   - C. 负相关关系
   - D. 直线相关关系

4. 相关分析是一种（　　　）。

    A. 定量分析　　　　　　　　　　　B. 定性分析

    C. 以定量分析为前提的定性分析　　D. 以定性分析为前提的定量分析

5. 下列关系中（　　　）属于负相关。

    A. 总成本与原材料消耗量　　　　　B. 商品销售额与销售量

    C. 居民收入与储蓄额　　　　　　　D. 劳动生产率与单位产品成本

6. 在相关分析中，判断两个变量之间相关关系类型的图形是（　　　）。

    A. 直线图　　　　　　　　　　　　B. 曲线图

    C. 散点图　　　　　　　　　　　　D. 次数分布图

7. 某超市某种商品的销售量与销售价格之间的相关系数是（　　　）。

    A. −0.954 6　　　　　　　　　　　B. 0.954 6

    C. −1.384 1　　　　　　　　　　　D. 1.384 1

8. 当相关系数 $r = 0$ 时，说明（　　　）。

    A. 两个变量之间无任何相关关系　　B. 两个变量之间无线性相关关系

    C. 两个变量之间不相关　　　　　　D. 两个变量之间弱相关

9. 某超市流通费水平随商品销售额的增加而降低，则其相关系数 r（　　　）。

    A. 等于 0　　　　　　　　　　　　B. 大于 0

    C. 小于 0　　　　　　　　　　　　D. 等于 1

10. 在直线回归方程 $\hat{y} = b_0 + b_1 x$ 中，b_1 表示（　　　）。

    A. 当 y 增加一个单位时，x 的平均增加量

    B. 当 y 增加一个单位时，x 增加 b_1 的数量

    C. 当 x 增加一个单位时，y 增加 b_1 的数量

    D. 当 x 增加一个单位时，y 的平均增加量

11. 某企业利润率(%)依人均产值(千元)变动的回归方程为 $\hat{y} = 4 + 2x$，这表明（　　　）。

    A. 人均产值增加 1 千元，利润率平均增加 2%

    B. 人均产值增加 1 千元，利润平均增加 2 千元

    C. 人均产值增加 1 千元，利润率平均增加 4%

    D. 人均产值增加 1 千元，利润率平均增加 6%

12. 根据直线回归方程 $\hat{y} = b_0 + b_1 x$，相关系数与回归系数的关系可以表述为（　　　）。

    A. $r = b_0 \dfrac{\sigma_x}{\sigma_y}$ 　　　　　　　　　　B. $r = b_0 \dfrac{\sigma_y}{\sigma_x}$

    C. $r = b_1 \dfrac{\sigma_x}{\sigma_y}$ 　　　　　　　　　　D. $r = b_1 \dfrac{\sigma_y}{\sigma_x}$

13. 下列各直线回归方程中，肯定有错误的一个是（　　　）。

    A. $\hat{y} = 300 + 0.01x$，$r = 0.69$　　　B. $\hat{y} = -100 + 0.78x$，$r = 0.86$

    C. $\hat{y} = -8 - 3x$，$r = -0.95$　　　　D. $\hat{y} = 10 + 2x$，$r = -0.59$

14. 对有因果关系的两个变量进行回归分析时，则（　　　）。
    A. 两个变量不区分自变量和因变量　　　B. 两个变量要区分自变量和因变量
    C. 两个变量是随机的　　　　　　　　　D. 可以建立两个回归方程

15. 可决系数 r^2 用来表示因变量受自变量影响的程度，其公式为（　　　）。

    A. $r^2 = \dfrac{\sum(\hat{y}-\bar{y})^2}{\sum(y-\bar{y})^2}$　　　　　　　　　B. $r^2 = \dfrac{\sum(y-\hat{y})^2}{\sum(y-\bar{y})^2}$

    C. $r^2 = \dfrac{\sum(y-\bar{y})^2}{\sum(\hat{y}-\bar{y})^2}$　　　　　　　　　D. $r^2 = \dfrac{\sum(y-\hat{y})^2}{\sum(\hat{y}-\bar{y})^2}$

16. 回归分析中估计标准误差的计量单位与（　　　）。
    A. 因变量相同　　　　　　　　　　　　B. 自变量相同
    C. 回归系数相同　　　　　　　　　　　D. 相关系数相同

17. 一元线性回归方程的 F 检验，提出假设 $H_0:\beta_1=0$，$H_1:\beta_1\neq0$，若（　　　）。
    A. $F \geqslant F_\alpha(1,n-2)$，拒绝 H_0 假设　　　B. $F \leqslant F_\alpha(1,n-2)$，拒绝 H_0 假设
    C. $F < F_\alpha(1,n-2)$，拒绝 H_0 假设　　　D. $F > F_\alpha(1,n-2)$，拒绝 H_0 假设

18. 在一元线性回归中，自变量只有一个，因此（　　　）。
    A. r 检验、F 检验和 t 检验是不等价的
    B. r 检验、F 检验和 t 检验是等价的
    C. r 检验和 F 检验等价，r 检验和 t 检验是不等价的
    D. r 检验和 F 检验不等价，r 检验和 t 检验是等价的

19. 非线性回归相关指数 R 的取值范围是（　　　）。
    A. $0 \leqslant |R| \leqslant 1$　　　　　　　　　　B. $-1 < R < 1$
    C. $0 \leqslant R \leqslant 1$　　　　　　　　　　D. $-1 \leqslant R \leqslant 1$

20. 下面非线性函数方程不能进行线性变换的是（　　　）。
    A. $\hat{y} = b_0 e^{b_1 x}$　　　　　　　　　　B. $\hat{y} = b_0 x^{b_1} + b_2 e^{b_0 x}$
    C. $\dfrac{1}{\hat{y}} = b_0 + \dfrac{b_1}{x}$　　　　　　　　　　D. $\hat{y} = b_0 x^{b_1}$

二、**判断题**（正确的打"√"，错误的打"×"，并填写在题后的括号中）

1. 函数关系与相关关系都是指变量之间存在着严格的数量依存关系。　　　（　　　）
2. 若两个变量之间只存在相互联系而不存在明显的因果关系，可以建立两个回归方程。
   　　　（　　　）
3. 相关表与相关图能测定变量之间相关关系的密切程度。　　　（　　　）
4. 非线性相关是当自变量 x 变动时，因变量 y 随机变动。　　　（　　　）
5. 计算相关系数的两个变量都是随机变量。　　　（　　　）
6. 只有当相关系数接近 +1 时，才能说明两个变量之间存在着高度相关关系。　　　（　　　）
7. 已知线性回归方程为 $\hat{y} = 300 + 0.01x$，则两个变量之间是正相关关系。　　　（　　　）
8. 回归系数 b_1 的符号与相关系数 r 的符号可以相同，也可以不同。　　　（　　　）

9．有两个相关数列的相关系数相等，那么它们的线性回归方程的回归系数必然相等。

（　　）

10．线性回归方程为 $\hat{y} = 30 + 0.99x$，回归系数为 0.99，说明两个变量高度相关。（　　）

11．有数据 $\overline{xy} = 50$，$\overline{x^2} = 125$，$\overline{x} = 5$，$\overline{y} = 5$，则直线回归方程为 $\hat{y} = 3.75 + 0.25x$。

（　　）

12．已知 $\overline{x^2} = 300$，$\overline{y^2} = 200$，$\overline{x} = 5$，$\overline{y} = 10$，直线回归方程为 $\hat{y} = 8.2 + 0.36x$，则有 $r = 0.9685$。（　　）

13．总离差平方和为 $\sum (y - \overline{y})^2 + \sum (y - \hat{y})^2$。（　　）

14．剩余平方和 $\sum (y - \hat{y})^2 = L_{yy} - b_1 L_{xy}$。（　　）

15．可决系数 $r^2 = 1$，说明总离差可以完全由所估计的样本回归直线来解释。（　　）

16．可决系数 $r^2 = 0.9$，说明因变量受随机因素的影响程度为 10%。（　　）

17．估计标准误差 S_{yx} 与相关系数 r 成反比。（　　）

18．大样本时，回归预测值置信区间的上下限是直线。（　　）

19．多元线性回归的复相关系数说明因变量与多个自变量之间的线性相关方向和相关程度。（　　）

20．多元线性回归的 F 检验与 r 检验结果是一致的。（　　）

三、填空题

1．客观现象之间的数量联系有两种不同的类型：_____和_____。

2．统计研究涉及两个变量之间的相关关系称为_____，涉及三个或三个以上变量之间的相关关系称为_____。

3．一个变量的数值增加（减少）时，另一个变量的数值也相应地增加（减少），这是_____相关，相关系数的取值范围为_____。

4．x 与 y 变量的协方差公式是_____。

5．相关系数绝对值 $|r|$ 的值越大，越接近于 1，表明两个变量间的线性相关关系_____；如果 $|r| = 1$，则相关关系就转化为_____。

6．根据直线回归方程 $\hat{y} = b_0 + b_1 x$，相关系数 r 与回归系数 b_1 的关系用公式表示为_____，r 与 b_1 的符号_____。

7．已知 $\overline{y} = 12$，$\overline{x} = 15$，$\sum (x - \overline{x})^2 = 25$，$\sum (y - \overline{y})^2 = 100$，$\sum (x - \overline{x})(y - \overline{y}) = 40$，则回归直线方程为_____，相关系数为_____。

8．变量 x 与 y 的相关系数为 0.95，则其回归直线的可决系数为_____，表明 y 受 x 的影响程度为_____。

9．在大样本的情况下，概率保证程度为 95.45%，一元线性回归预测值 y_0 的置信区间为_____，回归直线两侧的线条为_____。

10．m 元线性回归方程回归系数估计值 $\hat{\boldsymbol{B}}$ 的计算公式为_____，复可决系数 r^2 计算公式为_____。

四、计算题

1. 某企业从生产某种电子零件的工人中随机抽选 8 名工人，其工作经验周数与过去一周内产品废品数的数据如下表所示。

工 人 样 本	1	2	3	4	5	6	7	8
工作经验/周	8	2	10	5	7	3	9	4
产品废品数/（件/周）	25	40	20	32	28	38	23	34

试用积差法和简捷法分别计算工作经验周数与过去一周内产品废品数之间的相关系数。

2. 从某中学随机抽取 100 名高二女学生测身高与体重，数据如下表所示。

按体重分组/千克	人数/人	每组平均身高/米
45～47	10	1.54
47～49	12	1.55
49～51	20	1.58
51～53	17	1.60
53～55	14	1.62
55～57	19	1.63
57～59	8	1.65

试计算这 100 名女中学生体重与身高的相关系数。

3. 某集团所属 10 个企业某年的生产性固定资产和工业增加值数据如下表所示。

企 业 编 号	生产性固定资产价值/万元	工业增加值/万元
1	316	528
2	920	1 020
3	200	480
4	405	830
5	425	910
6	502	945
7	328	608
8	1 208	1 542
9	1 025	1 380
10	1 240	1 675

根据表中资料：

（1）计算生产性固定资产价值与工业增加值的相关系数。

（2）若上述两者相关程度较高，试配合工业增加值依生产性固定资产价值的直线回归方程。

（3）计算估计标准误差。

4. 已知数据资料：$\overline{xy}=129.6$，$\overline{x^2}=100$，$\overline{y^2}=225$，$\overline{x}=6$，$\overline{y}=12$。试计算：

（1）直线回归方程。

（2）相关系数。

5. 已知数据资料：$L_{xx} = 18.75$，$L_{yy} = 12$，$L_{xy} = 14.25$，$b_0 = 8$。试计算：

（1）直线回归方程。

（2）相关系数。

6. 某地区最近五年内固定资产投资额的年平均数为 200 亿元，标准差为 44.72 亿元；国内生产总值的年平均数为 1 200 亿元，标准差为 69.28 亿元；五年内固定资产投资额与国内生产总值的乘积之和为 1 215 000 亿元，各年固定资产投资额的平方和为 210 000 亿元，各年国内生产总值的平方和为 7 224 000 亿元。试根据以上资料：

（1）计算相关系数。

（2）配合直线回归方程，估计固定资产投资额为 300 亿元时的国内生产总值。

（3）计算估计标准误差。

7. 设有同一资料以 x 为自变量与以 y 为自变量的直线回归方程分别为：$\hat{y} = 4.4 + 1.4x$，$\hat{x} = -3 + 0.7y$，且 $n=5$，$\sum y^2 = 520$，试计算：

（1）相关系数。

（2）直线回归方程 $\hat{y} = 4.4 + 1.4x$ 的估计标准误差。

8. 某地区家计调查资料得到：每户平均年收入为 80 000 元，方差为 4 900，每户平均年消费支出为 50 000 元，均方差为 50 元，支出对于收入的回归系数为 0.7 元。要求：

（1）计算收入与支出的相关系数。

（2）建立直线回归方程。

（3）解释回归系数的经济意义。

9. 由相关变量 x 与 y 的 10 对数据计算得：$\sum x = 750$，$\sum y = 70$，$\sum xy = 5\,440$，$\sum x^2 = 60\,000$，$\sum y^2 = 500$。要求：

（1）计算相关系数与回归系数。

（2）根据（1）的计算结果，计算以 y 为自变量、x 为因变量的回归方程的回归系数 b_1'。

10. 某农场研究某种农作物耕种深度与产量的关系，其资料如下表所示。

耕种深度/厘米	2~4	4~6	6~8	8~10	10~12	12~14
平均亩产量/千克	190	240	280	330	360	400

根据表中资料：

（1）计算该农作物耕种深度与产量的相关系数。

（2）配合直线回归方程，解释回归系数的含义，估计耕种深度为 11.5 厘米时的平均亩产量。

11. 已知数据资料：$b_0 = 12$，$\sigma_x^2 = 25$，$\sigma_y^2 = 64$，$n = 30$，$r = 0.95$，$\sum (y - \bar{y})^2 = 1920$。试计算：

（1）直线回归方程。

（2）回归平方和与剩余平方和。

（3）估计标准误差。

12．试证明总离差平方和等于回归平方和与剩余平方和之和，即证明：

$$\sum(y-\bar{y})^2 = \sum(\hat{y}-\bar{y})^2 + \sum(y-\hat{y})^2$$

13．试证明估计标准误差 S_{yx} 的计算公式：

$$S_{yx} = \sqrt{\frac{\sum(y-\hat{y})^2}{n-2}} = \sqrt{\frac{\sum y^2 - b_0\sum y - b_1\sum xy}{n-2}}$$

14．在计算一元线性回归方程时，得到方差分析表的部分数据如下表所示，试填写表中的空格，并计算可决系数、F 统计量。

一元线性回归方差分析表

离 差 来 源	离 差 平 方 和	自 由 度	方 差
回归			
剩余	120	27	
总计	2 620		

15．已知数据：$n=7$，$\sum x =1\,890$，$\sum y =31.3$，$\sum x^2 = 535\,500$，$\sum y^2 = 174.15$，$\sum xy = 9\,318$。

要求：

（1）根据上述数据，试确定 y 依 x 的简单直线回归方程。

（2）计算相关系数及可决系数。

（3）计算估计标准误差。

（4）对回归系数进行 t 检验（$\alpha=0.05$）。

16．某工业企业某种产品产量与单位产品成本资料如下表所示。

年　份	第1年	第2年	第3年	第4年	第5年	第6年	第7年	第8年
产品产量/万件	2	3	4	3	4	5	6	7
单位产品成本/（元/件）	73	72	71	73	69	68	66	65

要求：

（1）根据表中资料绘制相关图，判别该数列相关与回归的种类。

（2）配合适当的回归方程。

（3）根据回归方程，指出每当产品产量增加1万件时，单位产品成本的变动情况。

（4）计算相关系数，并进行 r 检验（$\alpha=0.05$）。

（5）计算估计标准误差。

（6）当产量为8万件时，对单位产品成本做置信度为95%的区间估计。

17．某地管理部门随机抽取10个零售企业，对它们某月的商品销售额、流通费用额和利润额情况进行调查，资料如下表所示。

单位：万元

零售企业编号	利润额 y	商品销售额 x_1	流通费用额 x_2
1	1.8	40	4.8
2	2.0	43	4.9

续表

零售企业编号	利润额 y	商品销售额 x_1	流通费用额 x_2
3	2.1	48	5.7
4	1.9	42	5.0
5	1.9	41	4.8
6	2.1	45	5.0
7	2.2	47	5.7
8	2.4	50	5.7
9	2.5	52	6.1
10	2.6	56	6.5

要求：

（1）建立二元线性回归方程。

（2）计算复可决系数、修正的复可决系数、复相关系数。

（3）对回归方程进行显著性水平为 5% 的显著性检验。

（4）对回归系数进行显著性水平为 5% 的显著性检验。

18．下表给出了 y 对 x_1 和 x_2 回归的结果。

离差来源	离差平方和	自由度	方差
回归	2 638		
剩余			
总计	2 640	16	

请填写表中的空格，并计算复可决系数和修正的复可决系数，回答怎样检验 x_1 和 x_2 对 y 是否有显著影响？根据以上信息能否确定 x_1 和 x_2 各自对 y 的贡献为多少？

19．对于二元线性回归方程，y 是电话机的门数（百门）；x_1 是居民人数（万人）；x_2 是居民人均年收入（万元）。现利用 8 个城市的资料已经计算出以下数据。

$$(X'X)^{-1} = \begin{bmatrix} 430.334 & 1.573\,99 & -5.168\,68 \\ 1.573\,99 & 0.006\,36 & -0.019\,93 \\ -5.168\,68 & -0.019\,93 & 0.063\,86 \end{bmatrix} \qquad X'Y = \begin{bmatrix} 2\,748 \\ 821\,058 \\ 478\,675 \end{bmatrix}$$

$$Y'Y = 8\,565\,600 \qquad\qquad \bar{y}^2 = 574.6$$

试根据上述数据，要求：

（1）估计方程的回归系数。

（2）计算随机误差项的方差估计值。

（3）计算修正的复可决系数。

（4）计算各回归系数的 t 统计量。

（5）对整个回归方程进行显著性水平为 5% 的显著性检验。

（6）测算居民人数 150 万人、人均年收入 6 万元时的电话机门数。

20．试证明 F 统计量与复可决系数 r^2 的关系为

$$F = \frac{\sum (\hat{y} - \bar{y})^2 / m}{\sum (y - \hat{y})^2 / (n - m - 1)} = \frac{r^2}{1 - r^2} \times \frac{n - m - 1}{m}$$

21．某地区有九个超市的商品销售额与流通费用率之间的关系呈双曲线趋势，数据如下表所示。

超 市 编 号	商品销售额 x/百万元	流通费用率 y/%
1	1	8.5
2	2	7.3
3	3	6.4
4	4	5.7
5	5	4.5
6	6	4.0
7	7	3.8
8	8	3.6
9	9	3.5

根据表中数据要求：

（1）建立双曲线回归方程。

（2）若某超市计划明年商品销售额为 9.8 百万元，预测明年的流通费用率。

（3）计算相关指数。

22．测得某动物的体长和体重数据如下表所示。

序　号	体重 y/千克	体长 x/厘米
1	1.00	70.70
2	4.85	98.25
3	6.59	112.57
4	9.01	122.48
5	12.34	138.46
6	15.50	148.00
7	21.25	152.00
8	22.11	162.00

要求：

（1）绘制散点图，确立适宜的曲线回归方程。

（2）计算相关指数。

练习题答案

一、单项选择题

1. B	2. C	3. A	4. D	5. D
6. C	7. A	8. B	9. C	10. D
11. A	12. C	13. D	14. B	15. A
16. A	17. D	18. B	19. C	20. B

二、判断题

1. ×	2. √	3. ×	4. ×	5. √
6. ×	7. √	8. ×	9. ×	10. ×
11. √	12. ×	13. ×	14. √	15. √
16. √	17. ×	18. √	19. ×	20. √

三、填空题

1. 函数关系　相关关系
2. 单相关　复相关
3. 正　$0 < r \leqslant 1$
4. $\sigma_{xy}^2 = \dfrac{\sum (x - \bar{x})(y - \bar{y})}{n}$
5. 越强　函数关系
6. $r = b_1 \dfrac{\sigma_x}{\sigma_y}$　相同
7. $\hat{y} = -12 + 1.6x$　0.8
8. 0.902 5　90.25%
9. $\hat{y}_0 - 2S_{yx} \leqslant y_0 \leqslant \hat{y}_0 + 2S_{yx}$　直线
10. $\hat{B} = (X'X)^{-1}X'Y$　$r^2 = \dfrac{\hat{B}'X'Y - n\bar{y}^2}{Y'Y - n\bar{y}^2}$

四、计算题

1. 解:

相关系数计算表

工 人 样 本	x	y	$(x - \bar{x})^2$	$(y - \bar{y})^2$	$(x - \bar{x})(y - \bar{y})$	x^2	y^2	xy
2	2	40	16	100	−40	4	1 600	80
6	3	38	9	64	−24	9	1 444	114
8	4	34	4	16	−8	16	1 156	136
4	5	32	1	4	−2	25	1 024	160
5	7	28	1	4	−2	49	784	196
1	8	25	4	25	−10	64	625	200
7	9	23	9	49	−21	81	529	207
3	10	20	16	100	−40	100	400	200
合计	48	240	60	362	−147	348	7 562	1 293

$$\bar{x} = \frac{\sum x}{n} = \frac{48}{8} = 6 \text{（周）}$$

$$\bar{y} = \frac{\sum y}{n} = \frac{240}{8} = 30 \text{（件）}$$

用积差法计算相关系数：

$$r = \frac{\sigma^2_{xy}}{\sigma_x\sigma_y} = \frac{\dfrac{\sum(x-\bar{x})(y-\bar{y})}{n}}{\sqrt{\dfrac{\sum(x-\bar{x})^2}{n}}\sqrt{\dfrac{\sum(y-\bar{y})^2}{n}}} = \frac{\sum(x-\bar{x})(y-\bar{y})}{\sqrt{\sum(x-\bar{x})^2}\sqrt{\sum(y-\bar{y})^2}}$$

$$= \frac{-147}{\sqrt{60}\times\sqrt{362}} = -0.997\,4$$

用简捷法计算相关系数：

$$r = \frac{n\sum xy - \sum x\sum y}{\sqrt{n\sum x^2 - \left(\sum x\right)^2}\sqrt{n\sum y^2 - \left(\sum y\right)^2}}$$

$$= \frac{8\times1\,293 - 48\times240}{\sqrt{8\times348 - 48^2}\times\sqrt{8\times7\,562 - 240^2}}$$

$$= \frac{-1176}{\sqrt{480}\times\sqrt{2\,896}} = -0.997\,4$$

或

$$r = \frac{\sum xy - n\bar{x}\bar{y}}{\sqrt{\sum x^2 - n(\bar{x})^2}\sqrt{\sum y^2 - n(\bar{y})^2}}$$

$$= \frac{1\,293 - 8\times6\times30}{\sqrt{348 - 8\times6^2}\times\sqrt{7\,562 - 8\times30^2}}$$

$$= \frac{-147}{\sqrt{60}\times\sqrt{362}} = -0.997\,4$$

或

$$r = \frac{\overline{xy} - \bar{x}\,\bar{y}}{\sigma_x\sigma_y} = \frac{\dfrac{\sum xy}{n} - \bar{x}\,\bar{y}}{\sqrt{\dfrac{\sum(x-\bar{x})^2}{n}}\sqrt{\dfrac{\sum(y-\bar{y})^2}{n}}} = \frac{\dfrac{1\,293}{8} - 6\times30}{\sqrt{\dfrac{60}{8}}\times\sqrt{\dfrac{362}{8}}} = \frac{-18.375}{\sqrt{7.5}\times\sqrt{45.25}} = -0.997\,4$$

2．解：

相关系数计算表

体重组中值 x/千克	平均身高 y/米	人数 f/人	xf	yf	x^2f	y^2f	xyf
46	1.54	10	460	15.40	21 160	23.716 0	708.40
48	1.55	12	576	18.60	27 648	28.830 0	892.80
50	1.58	20	1 000	31.60	50 000	49.928 0	1 580.00
52	1.60	17	884	27.20	45 968	43.520 0	1 414.40
54	1.62	14	756	22.68	40 824	36.741 6	1 224.72
56	1.63	19	1 064	30.97	59 584	50.481 1	1 734.32
58	1.65	8	464	13.20	26 912	21.780 0	765.60
合计	—	100	5 204	159.65	272 096	254.996 7	8 320.24

相关系数为

$$r = \frac{\sum f \sum xyf - (\sum xf)(\sum yf)}{\sqrt{\sum f \sum x^2 f - (\sum xf)^2}\sqrt{\sum f \sum y^2 f - (\sum yf)^2}}$$

$$= \frac{100 \times 8\,320.24 - 5\,204 \times 159.65}{\sqrt{100 \times 272\,096 - 5\,204^2} \times \sqrt{100 \times 254.996\,7 - 159.65^2}}$$

$$= \frac{1\,205.40}{\sqrt{127\,984} \times \sqrt{11.547\,5}}$$

$$= 0.991\,5$$

3. 解：

相关系数计算表

企业编号	x	y	x^2	y^2	xy
1	316	528	99 856	278 784	166 848
2	920	1 020	846 400	1 040 400	938 400
3	200	480	40 000	230 400	96 000
4	405	830	164 025	688 900	336 150
5	425	910	180 625	828 100	386 750
6	502	945	252 004	893 025	474 390
7	328	608	107 584	369 664	199 424
8	1 208	1 542	1 459 264	2 377 764	1 862 736
9	1 025	1 380	1 050 625	1 904 400	1 414 500
10	1 240	1 675	1 537 600	2 805 625	2 077 000
合计	6 569	9 918	5 737 983	11 417 062	7 952 198

（1）生产性固定资产价值与工业增加值的相关系数为

$$r = \frac{n \sum xy - \sum x \sum y}{\sqrt{n \sum x^2 - (\sum x)^2}\sqrt{n \sum y^2 - (\sum y)^2}}$$

$$= \frac{10 \times 7\,952\,198 - 6\,569 \times 9\,918}{\sqrt{10 \times 5\,737\,983 - 6\,569^2} \times \sqrt{10 \times 11\,417\,062 - 9\,918^2}}$$

$$= \frac{14\,370\,638}{14\,995\,296.69}$$

$$= 0.958\,3$$

相关系数 0.958 3 大于 0.8，为高度相关。

（2）

$$b_1 = \frac{n \sum xy - \sum x \sum y}{n \sum x^2 - (\sum x)^2} = \frac{10 \times 7\,952\,198 - 6\,569 \times 9\,918}{10 \times 5\,737\,983 - 6\,569^2} = 1.01$$

$$b_0 = \frac{\sum y}{n} - b_1 \frac{\sum x}{n} = \frac{9\,918}{10} - 1.01 \times \frac{6\,569}{10} = 328.33$$

直线回归方程为 $\hat{y} = 328.33 + 1.01x$

（3）估计标准误差为

$$S_{yx} = \sqrt{\frac{\sum y^2 - b_0 \sum y - b_1 \sum xy}{n-2}}$$

$$= \sqrt{\frac{11\,417\,062 - 328.33 \times 9\,918 - 1.01 \times 7\,952\,198}{10-2}}$$

$$= \sqrt{\frac{128\,965.08}{8}}$$

$$= 126.97（万元）$$

4. 解：

（1）

$$b_1 = \frac{\overline{xy} - \overline{x}\,\overline{y}}{\overline{x^2} - (\overline{x})^2} = \frac{129.6 - 6 \times 12}{100 - 6^2} = \frac{57.6}{64} = 0.9$$

$$b_0 = \overline{y} - b_1 x = 12 - 0.9 \times 6 = 6.6$$

直线回归方程为 $\hat{y} = 6.6 + 0.9x$

（2）相关系数为

$$r = \frac{\overline{xy} - \overline{x}\,\overline{y}}{\sqrt{\overline{x^2} - (\overline{x})^2}\sqrt{\overline{y^2} - (\overline{y})^2}} = \frac{129.6 - 6 \times 12}{\sqrt{100 - 6^2} \times \sqrt{225 - 12^2}} = \frac{57.6}{\sqrt{64} \times \sqrt{81}} = 0.8$$

5. 解：

（1）因为 $L_{xx} = \sum (x - \overline{x})^2$，$L_{yy} = \sum (y - \overline{y})^2$，$L_{xy} = \sum (x - \overline{x})(y - \overline{y})$

因此

$$b_1 = \frac{L_{xy}}{L_{xx}} = \frac{14.25}{18.75} = 0.76$$

直线回归方程为 $\hat{y} = 8 + 0.76x$

（2）相关系数为

$$r = \frac{L_{xy}}{\sqrt{L_{xx}L_{yy}}} = \frac{14.25}{\sqrt{18.75 \times 12}} = \frac{14.25}{15} = 0.95$$

6. 解：

（1）相关系数为

$$r = \frac{\overline{xy} - \overline{x}\,\overline{y}}{\sigma_x \sigma_y} = \frac{\dfrac{1\,215\,000}{5} - 200 \times 1\,200}{44.72 \times 69.28} = \frac{3\,000}{3\,098.20} = 0.968\,3$$

（2）建立直线回归方程：

$$b_1 = \frac{n\sum xy - \sum x \sum y}{n\sum x^2 - (\sum x)^2} = \frac{5 \times 1\,215\,000 - 5 \times 200 \times 5 \times 1\,200}{5 \times 210\,000 - (5 \times 200)^2} = \frac{75\,000}{50\,000} = 1.5$$

$$b_0 = \overline{y} - b_1\overline{x} = 1\,200 - 1.5 \times 200 = 900$$

即回归方程为 $\hat{y} = b_0 + b_1 x = 900 + 1.5x$

当固定资产投资额为 300 亿元时，国内生产总值为

$$\hat{y} = b_0 + b_1 x = 900 + 1.5 \times 300 = 1\,350（亿元）$$

（3）估计标准误差为

$$S_{yx} = \sqrt{\frac{\sum y^2 - b_0 \sum y - b_1 \sum xy}{n-2}}$$

$$= \sqrt{\frac{7\,224\,000 - 900 \times 5 \times 1\,200 - 1.5 \times 1\,215\,000}{5-2}} = \sqrt{\frac{1\,500}{3}} = 22.36\text{（亿元）}$$

7．解：

解法 1：

根据最小平方法，由直线回归方程：

$\hat{y} = 4.4 + 1.4x$，$\hat{x} = -3 + 0.7y$ 及 $n = 5$ 有

$$\sum y = 5 \times 4.4 + 1.4 \sum x$$

$$\sum xy = 4.4 \sum x + 1.4 \sum x^2$$

$$\sum x = 5 \times (-3) + 0.7 \sum y$$

$$\sum xy = -3 \sum y + 0.7 \sum y^2$$

由于以上两个直线回归方程是根据同一资料计算的，因此，可以将以上四个等式联立求解，又已知 $\sum y^2 = 520$，所以可计算求得：

$$\sum x = 20，\quad \sum y = 50，\quad \sum xy = 214，\quad \sum x^2 = 90$$

（1）相关系数为

$$r = \frac{n \sum xy - \sum x \sum y}{\sqrt{n \sum x^2 - \left(\sum x\right)^2} \sqrt{n \sum y^2 - \left(\sum y\right)^2}}$$

$$= \frac{5 \times 214 - 20 \times 50}{\sqrt{5 \times 90 - (20)^2} \times \sqrt{5 \times 520 - (50)^2}} = \frac{70}{\sqrt{50} \times \sqrt{100}} = 0.989\,9$$

（2）直线回归方程 $\hat{y} = 4.4 + 1.4x$ 的估计标准误差为

$$S_{yx} = \sqrt{\frac{\sum y^2 - b_0 \sum y - b_1 \sum xy}{n-2}} = \sqrt{\frac{520 - 4.4 \times 50 - 1.4 \times 214}{5-2}} = \sqrt{\frac{0.4}{3}} = 0.37$$

解法 2：

$$\text{由 } \hat{y} = 4.4 + 1.4x，\text{ 有 }\quad r = b_1 \frac{\sigma_x}{\sigma_y} = 1.4 \frac{\sigma_x}{\sigma_y} \tag{1}$$

$$\text{由 } \hat{x} = -3 + 0.7y，\text{ 有 }\quad r = b_1 \frac{\sigma_y}{\sigma_x} = 0.7 \frac{\sigma_y}{\sigma_x} \tag{2}$$

式（1）、（2）方程两边相乘：$r = \sqrt{1.4 \times 0.7} = 0.989\,9$

$$S_{yx} = \sqrt{\frac{\sum (y - \hat{y})^2}{n-2}} = \sqrt{\frac{\sum (y - \overline{y})^2 - \sum (\hat{y} - \overline{y})^2}{n-2}} = \sqrt{\frac{\sum (y - \overline{y})^2 - b_1^2 \sum (x - \overline{x})^2}{n-2}} \tag{3}$$

由 $b_0 = \overline{y} - b_1 \overline{x}$，即有 $\begin{cases} 4.4 = \overline{y} - 1.4\overline{x} \\ -3 = \overline{x} - 0.7\overline{y} \end{cases}$

求解该联立方程可得：$\overline{y} = 10$

式（1）、（2）方程两边相除：$1.4\dfrac{\sigma_x}{\sigma_y}\bigg/0.7\dfrac{\sigma_y}{\sigma_x}=2\dfrac{\sum(x-\bar{x})^2}{\sum(y-\bar{y})^2}=1$

有： $\dfrac{\sum(x-\bar{x})^2}{\sum(y-\bar{y})^2}=\dfrac{1}{2}$ $\sum(x-\bar{x})^2=\dfrac{1}{2}\sum(y-\bar{y})^2$

$$\sum(y-\bar{y})^2=\sum y^2-n\bar{y}^2=520-5\times10^2=20$$

$$\sum(x-\bar{x})^2=\dfrac{1}{2}\sum(y-\bar{y})^2=\dfrac{1}{2}\times20=10$$

将以上计算结果带入式（3）：

$$S_{yx}=\sqrt{\dfrac{\sum(y-\bar{y})^2-b_1^2\sum(x-\bar{x})^2}{n-2}}=\sqrt{\dfrac{20-1.4^2\times10}{5-2}}=0.37$$

8．解：

（1）相关系数为： $r=b_1\dfrac{\sigma_x}{\sigma_y}=0.7\dfrac{\sqrt{4\,900}}{50}=0.98$

（2） $b_0=\bar{y}-b_1\bar{x}=50\,000-0.7\times80\,000=-6\,000$

回归方程为： $\hat{y}=b_0+b_1x=-6\,000+0.7x$

（3）回归系数的经济意义是：当收入每增加 1 元时，消费支出平均增加 0.7 元。

9．解：

（1）相关系数为

$$r=\dfrac{n\sum xy-\sum x\sum y}{\sqrt{n\sum x^2-\left(\sum x\right)^2}\sqrt{n\sum y^2-\left(\sum y\right)^2}}$$

$$=\dfrac{10\times5\,440-750\times70}{\sqrt{10\times60\,000-(750)^2}\times\sqrt{10\times500-(70)^2}}=\dfrac{1\,900}{\sqrt{37\,500}\times\sqrt{100}}=0.981\,2$$

回归系数为 $b_1=\dfrac{n\sum xy-\sum x\sum y}{n\sum x^2-\left(\sum x\right)^2}=\dfrac{10\times5\,440-750\times70}{10\times60\,000-(750)^2}=\dfrac{1\,900}{37\,500}=0.05$

（2）因为：$r^2=b_1b_1'$，所以：$b_1'=\dfrac{r^2}{b_1}=\dfrac{(0.981\,2)^2}{0.05}=19.26$

10．解：

（1）

相关系数计算表

耕种深度/ 厘米	耕种深度组中 值 x/厘米	平均亩产量 y/ 千克	x^2	y^2	xy
2～4	3	190	9	36 100	570
4～6	5	240	25	57 600	1 200
6～8	7	280	49	78 400	1 960
8～10	9	330	81	108 900	2 970
10～12	11	360	121	129 600	3 960
12～14	13	400	169	160 000	5 200
合计	48	1 800	454	570 600	15 860

$$r = \frac{n\sum xy - \sum x \sum y}{\sqrt{n\sum x^2 - \left(\sum x\right)^2}\sqrt{n\sum y^2 - \left(\sum y\right)^2}}$$

$$= \frac{6\times 15\,860 - 48\times 1\,800}{\sqrt{6\times 454 - (48)^2}\times\sqrt{6\times 570\,600 - (1\,800)^2}} = \frac{8\,760}{\sqrt{420}\times\sqrt{183\,600}} = 0.997\,6$$

（2）
$$b_1 = \frac{n\sum xy - \sum x \sum y}{n\sum x^2 - \left(\sum x\right)^2} = \frac{6\times 15\,860 - 48\times 1\,800}{6\times 454 - (48)^2} = \frac{8\,760}{420} = 20.86$$

$$b_0 = \frac{\sum y}{n} - b_1\frac{\sum x}{n} = \frac{1\,800}{6} - 20.86\times\frac{48}{6} = 133.12$$

直线回归方程为　　　　$\hat{y} = b_0 + b_1 x = 133.12 + 20.86x$

回归系数 20.86 的意义是：当耕种深度增加 1 厘米时，平均亩产量增加 20.86 千克。

当耕种深度为 11.5 厘米时，平均亩产量为
$$\hat{y} = 133.12 + 20.86\times 11.5 = 373.01 \ （千克）$$

11．解：

（1）
$$b_1 = r\frac{\sigma_y}{\sigma_x} = 0.95\times\frac{8}{5} = 1.52$$

直线回归方程为　　　　　　$\hat{y} = 12 + 1.52x$

（2）回归平方和为
$$\sum(\hat{y} - \overline{y})^2 = b_1^2\sum(x - \overline{x})^2 = b_1^2\cdot n\cdot\sigma_x^2 = 1.52^2\times 30\times 25 = 1\,732.8$$

剩余平方和为
$$\sum(y - \hat{y})^2 = \sum(y - \overline{y})^2 - \sum(\hat{y} - \overline{y})^2 = 1\,920 - 1\,732.8 = 187.2$$

（3）估计标准误差：$S_{yx} = \sqrt{\dfrac{\sum(y - \hat{y})^2}{n - 2}} = \sqrt{\dfrac{187.2}{30 - 2}} = 2.59$

12．证明：
$$\sum(y - \overline{y})^2 = \sum[(y - \hat{y}) + (\hat{y} - \overline{y})]^2 = \sum(y - \hat{y})^2 + \sum(\hat{y} - \overline{y})^2 + 2\sum(y - \hat{y})(\hat{y} - \overline{y})$$

可以证明上式中：$2\sum(y - \hat{y})(\hat{y} - \overline{y}) = 0$

因为：
$$\begin{aligned}
\sum(y - \hat{y})(\hat{y} - \overline{y}) &= \sum(y - b_0 - b_1 x)(b_0 + b_1 x - b_0 - b_1\overline{x}) \\
&= \sum(y - \overline{y} + \overline{y} - b_0 - b_1 x)(b_1 x - b_1\overline{x}) \\
&= \sum(y - \overline{y} + b_0 + b_1\overline{x} - b_0 - b_1 x)(x - \overline{x})b_1 \\
&= \sum(y - \overline{y} + b_1\overline{x} - b_1 x)(x - \overline{x})b_1 \\
&= b_1\sum[(y - \overline{y}) - b_1(x - \overline{x})](x - \overline{x}) \\
&= b_1\sum[(x - \overline{x})(y - \overline{y}) - b_1(x - \overline{x})^2] \\
&= b_1\left[\sum(x - \overline{x})(y - \overline{y}) - b_1\sum(x - \overline{x})^2\right] \\
&= b_1\left[\sum(x - \overline{x})(y - \overline{y}) - \frac{\sum(x - \overline{x})(y - \overline{y})}{\sum(x - \overline{x})^2}\sum(x - \overline{x})^2\right]
\end{aligned}$$

$$= b_1 \left[\sum (x-\overline{x})(y-\overline{y}) - \sum (x-\overline{x})(y-\overline{y}) \right]$$
$$= 0$$

因此有：
$$\sum (y-\overline{y})^2 = \sum (\hat{y}-\overline{y})^2 + \sum (y-\hat{y})^2$$

证毕。

13．证明：

因为：
$$\sum (y-\hat{y})^2 = \sum (y^2 - 2y\hat{y} + \hat{y}^2) = \sum y^2 - 2\sum y\hat{y} + \sum \hat{y}^2 \qquad (1)$$

式中：
$$\begin{aligned}
\sum \hat{y}^2 &= \sum (b_0 + b_1 x)^2 \\
&= \sum (b_0^2 + 2b_0 b_1 x + b_1^2 x^2) \\
&= n b_0^2 + 2b_0 b_1 \sum x + b_1^2 \sum x^2 \\
&= b_0 (n b_0 + b_1 \sum x) + b_1 (b_0 \sum x + b_1 \sum x^2) \\
&= b_0 \sum y + b_1 \sum xy
\end{aligned} \qquad (2)$$

$$2\sum y\hat{y} = 2\sum y(b_0 + b_1 x) = 2b_0 \sum y + 2b_1 \sum xy \qquad (3)$$

将式（2）、（3）代入式（1）有
$$\begin{aligned}
\sum (y-\hat{y})^2 &= \sum y^2 - 2\sum y\hat{y} + \sum \hat{y}^2 \\
&= \sum y^2 - 2b_0 \sum y - 2b_1 \sum xy + b_0 \sum y + b_1 \sum xy \\
&= \sum y^2 - b_0 \sum y - b_1 \sum xy
\end{aligned}$$

所以：
$$\sqrt{\frac{\sum (y-\hat{y})^2}{n-2}} = \sqrt{\frac{\sum y^2 - b_0 \sum y - b_1 \sum xy}{n-2}}$$

证毕。

14．解：

一元线性回归方差分析表

离 差 来 源	离 差 平 方 和	自 由 度	方 差
回归	2 500	1	2 500
剩余	120	27	4.44
总计	2 620	28	—

可决系数为
$$r^2 = \frac{\sum (\hat{y}-\overline{y})^2}{\sum (y-\overline{y})^2} = \frac{2\,500}{2\,620} = 0.954\,2$$

F 统计量为
$$F = \frac{\sum (\hat{y}-\overline{y})^2}{\sum (y-\hat{y})^2 / (n-2)} = \frac{2\,500}{120/27} = 562.5$$

15．解：

（1）$$b_1 = \frac{n\sum xy - \sum x \sum y}{n\sum x^2 - (\sum x)^2} = \frac{7 \times 9\,318 - 1\,890 \times 31.3}{7 \times 535\,500 - 1\,890^2} = \frac{6\,069}{176\,400} = 0.03$$

$$b_0 = \frac{\sum y}{n} - b_1 \frac{\sum x}{n} = \frac{31.3}{7} - 0.03 \times \frac{1\,890}{7} = -3.63$$

直线回归方程为　　$\hat{y} = -3.63 + 0.03x$

（2）相关系数为

$$r = \frac{n\sum xy - \sum x \sum y}{\sqrt{n\sum x^2 - \left(\sum x\right)^2}\sqrt{n\sum y^2 - \left(\sum y\right)^2}}$$

$$= \frac{7 \times 9\,318 - 1\,890 \times 31.3}{\sqrt{7 \times 535\,500 - 1\,890^2} \times \sqrt{7 \times 174.15 - 31.3^2}}$$

$$= \frac{6\,069}{6\,497.93} = 0.934\,0$$

可决系数为　　$r^2 = 0.934\,0^2 = 0.872\,4$

（3）估计标准误差为

$$S_{yx} = \sqrt{\frac{\sum y^2 - b_0 \sum y - b_1 \sum xy}{n-2}}$$

$$= \sqrt{\frac{174.15 - (-3.36) \times 31.3 - 0.03 \times 9\,318}{7-2}}$$

$$= \sqrt{\frac{8.229}{5}} = 1.28$$

（4）假设：$H_0 : \beta_1 = 0$，$H_1 : \beta_1 \neq 0$

$$S_{b_1} = \sqrt{\frac{S_{yx}^2}{\sum (x-\bar{x})^2}} = \sqrt{\frac{S_{yx}^2}{\sum x^2 - \frac{1}{n}\left(\sum x\right)^2}} = \sqrt{\frac{1.28^2}{25\,200}} = 0.008\,1$$

$$t_{b_1} = \frac{b_1}{S_{b_1}} = \frac{0.03}{0.008\,1} = 3.703\,7$$

由 $\alpha = 0.05$，自由度 $n-2 = 5$，查 t 分布表得临界值 $t_{0.05/2}(5) = 2.570\,6$，则有

$$t_{b_1} = 3.703\,7 > 2.570\,6 = t_{0.05/2}(5)$$

拒绝 H_0 假设，说明 x 与 y 之间存在着显著线性关系。

16．解：

（1）

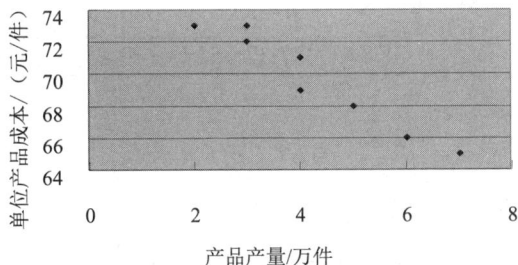

根据相关图判断，该数列为线性相关，应配合一元线性回归方程。

（2）

相关系数计算表

年　　份	产品产量 x/万件	单位产品成本 y/（元/件）	x^2	y^2	xy
第 1 年	2	73	4	5 329	146
第 2 年	3	72	9	5 184	216
第 3 年	4	71	16	5 041	284
第 4 年	3	73	9	5 329	219
第 5 年	4	69	16	4 761	276
第 6 年	5	68	25	4 624	340
第 7 年	6	66	36	4 356	396
第 8 年	7	65	49	4 225	455
合计	34	557	164	38 849	2 332

$$b_1 = \frac{n\sum xy - \sum x \sum y}{n\sum x^2 - \left(\sum x\right)^2} = \frac{8 \times 2\,332 - 34 \times 557}{8 \times 164 - 34^2} = \frac{-282}{156} = -1.81$$

$$b_0 = \frac{\sum y}{n} - b_1 \frac{\sum x}{n} = \frac{557}{8} - (-1.81) \times \frac{34}{8} = 77.32$$

直线回归方程为　　　　　　　　　$\hat{y} = 77.32 - 1.81x$

（3）根据回归方程，每当产品产量增加 1 万件时，单位产品成本降低 1.81 元。

（4）相关系数为

$$r = \frac{n\sum xy - \sum x \sum y}{\sqrt{n\sum x^2 - \left(\sum x\right)^2}\sqrt{n\sum y^2 - \left(\sum y\right)^2}}$$

$$= \frac{8 \times 2\,332 - 34 \times 557}{\sqrt{8 \times 164 - 34^2} \times \sqrt{8 \times 38\,849 - 557^2}}$$

$$= \frac{-282}{291.05} = -0.968\,9$$

由 α=0.05，自由度为 $n-2=6$，查相关系数检验表得临界值 $r_{0.05}(8-2) = 0.707$，则有：

$$|r| = 0.968\,9 > 0.707 = \alpha_{0.05}(6)$$

故在 5%显著水平上检验通过，说明产品产量与单位产品成本之间线性相关关系显著。

（5）估计标准误差为

$$S_{yx} = \sqrt{\frac{\sum y^2 - b_0 \sum y - b_1 \sum xy}{n-2}}$$

$$= \sqrt{\frac{38\,849 - 77.32 \times 557 - (-1.81) \times 2\,332}{8-2}}$$

$$= \sqrt{\frac{2.68}{6}} = 0.67 \text{（元）}$$

（6）当产量 x_0 =8 万件时，单位产品成本为

$$\hat{y}_0 = 77.32 - 1.81 \times 8 = 62.84 \text{（元）}$$

已知 α=0.05，$n-2=8-2=6$，查 t 分布表得临界值 $t_{0.05/2}(6) = 2.45$，则 y_0 的 95%置信程度

的区间估计为

$$\hat{y}_0 - t_{\alpha/2}(n-2)S_{yx}\sqrt{1 + \frac{1}{n} + \frac{(x_0 - \bar{x})^2}{\sum(x - \bar{x})^2}} \le y_0 \le \hat{y}_0 + t_{\alpha/2}(n-2)S_{yx}\sqrt{1 + \frac{1}{n} + \frac{(x_0 - \bar{x})^2}{\sum(x - \bar{x})^2}}$$

$$62.84 - 2.45 \times 0.67 \times \sqrt{1 + \frac{1}{8} + \frac{(8 - 4.25)^2}{19.5}} \le y_0 \le 62.84 + 2.45 \times 0.67 \times \sqrt{1 + \frac{1}{8} + \frac{(8 - 4.25)^2}{19.5}}$$

即为　　　　　　　　$60.61元 \le y_0 \le 65.07元$

当产量为 8 万件时，单位产品成本有 95%的可能性在 60.61～65.07 元之间。

17. 解：

（1）

二元线性回归计算表

零售企业编号	x_1	x_2	y	x_1^2	x_2^2	y^2	$x_1 x_2$	$x_1 y$	$x_2 y$
1	40	4.8	1.8	1 600	23.04	3.24	192.0	72.0	8.64
2	43	4.9	2.0	1 849	24.01	4.00	210.7	86.0	9.80
3	48	5.7	2.1	2 304	32.49	4.41	273.6	100.8	11.97
4	42	5.0	1.9	1 764	25.00	3.61	210.0	79.8	9.5
5	41	4.8	1.9	1 681	23.04	3.61	196.8	77.9	9.12
6	45	5.0	2.1	2 025	25.00	4.41	225.0	94.5	10.5
7	47	5.7	2.2	2 209	32.49	4.84	267.9	103.4	12.54
8	50	5.7	2.4	2 500	32.49	5.76	285.0	120.0	13.68
9	52	6.1	2.5	2 704	37.21	6.25	317.2	130.0	15.25
10	56	6.5	2.6	3 136	42.25	6.76	364.0	145.6	16.90
合计	464	54.2	21.5	21 772	297.02	46.89	2 542.2	1 010.0	117.90

由上表可计算出：

$$L_{11} = \sum x_1^2 - \frac{1}{n}\left(\sum x_1\right)^2 = 21\,772 - \frac{1}{10} \times 464^2 = 242.4$$

$$L_{12} = L_{21} = \sum x_1 x_2 - \frac{1}{n}\sum x_1 \sum x_2 = 2\,542.2 - \frac{1}{10} \times 464 \times 54.2 = 27.32$$

$$L_{22} = \sum x_2^2 - \frac{1}{n}\left(\sum x_2\right)^2 = 297.02 - \frac{1}{10} \times 54.2^2 = 3.256$$

$$L_{10} = \sum x_1 y - \frac{1}{n}\sum x_1 \sum y = 1\,010 - \frac{1}{10} \times 464 \times 21.5 = 12.4$$

$$L_{20} = \sum x_2 y - \frac{1}{n}\sum x_2 \sum y = 117.9 - \frac{1}{10} \times 54.2 \times 21.5 = 1.37$$

$$b_1 = \frac{L_{10}L_{22} - L_{20}L_{12}}{L_{11}L_{22} - L_{12}^2}$$

$$= \frac{12.4 \times 3.256 - 1.37 \times 27.32}{242.4 \times 3.256 - 27.32^2}$$

$$= \frac{2.946}{42.872} = 0.068\,7$$

$$b_2 = \frac{L_{20}L_{11} - L_{10}L_{21}}{L_{11}L_{22} - L_{12}^2}$$

$$= \frac{1.37 \times 242.4 - 12.4 \times 27.32}{242.4 \times 3.256 - 27.32^2}$$

$$= \frac{-6.68}{42.872} = -0.155\,8$$

$$b_0 = \frac{\sum y}{n} - b_1 \frac{\sum x_1}{n} - b_2 \frac{\sum x_2}{n}$$

$$= \frac{21.5}{10} - 0.068\,7 \times \frac{464}{10} - (-0.155\,8) \times \frac{54.2}{10}$$

$$= -0.193\,2$$

二元线性回归方程为 $\hat{y} = -0.193\,2 + 0.068\,7x_1 - 0.155\,8x_2$

（2）复可决系数为

$$r^2 = \frac{\sum(\hat{y} - \overline{y})^2}{\sum(y - \overline{y})^2} = \frac{b_1 L_{10} + b_2 L_{20}}{\sum y^2 - \frac{1}{n}(\sum y)^2}$$

$$= \frac{0.068\,7 \times 12.4 - 0.155\,8 \times 1.37}{46.89 - \frac{1}{10} \times 21.5^2}$$

$$= 0.960\,1$$

修正的复可决系数为

$$\overline{r^2} = 1 - (1 - r^2) \times \frac{n-1}{n-m-1} = 1 - (1 - 0.960\,1) \times \frac{10-1}{10-2-1} = 0.948\,7$$

复相关系数为

$$r = \sqrt{\frac{\sum(\hat{y} - \overline{y})^2}{\sum(y - \overline{y})^2}} = \sqrt{0.960\,1} = 0.979\,8$$

（3）假设：$H_0: \beta_1 = \beta_2 = 0$

$$F = \frac{r^2}{1 - r^2} \times \frac{n-m-1}{m} = \frac{0.960\,1}{1 - 0.960\,1} \times \frac{7}{2} = 84.22$$

由 $\alpha = 0.05$，查 F 分布表得临界值：$F_{0.05}(2,7) = 4.74$，则有

$$F = 84.22 > 4.74 = F_{0.05}(2,7)$$

故拒绝假设 $H_0: \beta_1 = \beta_2 = 0$，所求得的二元线性回归方程足以说明利润额的变化情况。

（4）假设：$H_0: \beta_1 = 0$，$H_0: \beta_2 = 0$

$$S_{y(x_1, x_2)}^2 = \frac{\sum(y - \hat{y})^2}{n-m-1} = \frac{\sum y^2 - b_0 \sum y - b_1 \sum x_1 y - b_2 \sum x_2 y}{n-m-1}$$

$$= \frac{46.89 + 0.193\,2 \times 21.5 - 0.068\,7 \times 1\,010 + 0.155\,8 \times 117.90}{7}$$

$$= 0.003\,7$$

$$r_{12}^2 = \frac{\left[\sum(x_1 - \bar{x}_1)(x_2 - \bar{x}_2)\right]^2}{\sum(x_1 - \bar{x}_1)^2 \sum(x_2 - \bar{x}_2)^2} = \frac{L_{12}^2}{L_{11}L_{22}}$$

$$= \frac{27.32^2}{242.4 \times 3.256} = 0.945\,7$$

$$S_{b_1} = \sqrt{\frac{S_{y(x_1,\ x_2)}^2}{L_{11}(1 - r_{12}^2)}} = \sqrt{\frac{0.003\,7}{242.4 \times (1 - 0.945\,7)}} = 0.016\,8$$

$$S_{b_2} = \sqrt{\frac{S_{y(x_1,\ x_2)}^2}{L_{22}(1 - r_{12}^2)}} = \sqrt{\frac{0.003\,7}{3.256 \times (1 - 0.945\,7)}} = 0.144\,7$$

$$t_{b_1} = \frac{b_1}{S_{b_1}} = \frac{0.068\,7}{0.016\,8} = 4.089\,3$$

$$t_{b_2} = \frac{b_2}{S_{b_2}} = \frac{-0.155\,8}{0.144\,7} = -1.076\,7$$

取 $\alpha = 0.05$，查 t 分布表得临界值：$t_{0.05/2}(10 - 2 - 1) = 2.364\,6$。则有

$$t_{b_1} = 4.089\,6 > 2.364\,6 = t_{0.05/2}(7)$$

$$|t_{b_2}| = 1.076\,7 < 2.364\,6 = t_{0.05/2}(7)$$

因此拒绝假设 $H_0 : \beta_1 = 0$，说明商品销售额对利润额有显著的影响；接受 $H_0 : \beta_2 = 0$，说明流通费用额对利润额没有显著的影响，该变量应从线性回归方程式中删去。

18．解：

方差分析表

离 差 来 源	离 差 平 方 和	自 由 度	方 差
回归	2 638	2	1 319
剩余	2	14	0.14
总计	2 640	16	—

复可决系数为 $\qquad r^2 = \dfrac{\sum(\hat{y} - \bar{y})^2}{\sum(y - \bar{y})^2} = \dfrac{2\,638}{2\,640} = 0.999\,2$

修正的复可决系数为 $\qquad \overline{r^2} = 1 - (1 - r^2)\dfrac{n-1}{n-m-1} = 1 - (1 - 0.999\,2) \times \dfrac{16}{14} = 0.999\,1$

F 统计量为 $\qquad F = \dfrac{\sum(\hat{y} - \bar{y})^2/m}{\sum(y - \hat{y})^2/(n-m-1)} = \dfrac{1\,319}{0.14} = 9\,421.43$

F 统计量远比 F 临界值大，说明 x_1 和 x_2 对 y 有显著影响，但不能确定 x_1 和 x_2 各自对 y 的贡献为多少。

19．解：

（1）方程的回归系数为

$$\hat{B} = (X'X)^{-1}X'Y = \begin{bmatrix} 430.334 & 1.573\,99 & -5.168\,68 \\ 1.573\,99 & 0.006\,36 & -0.019\,93 \\ -5.168\,68 & -0.019\,93 & 0.063\,86 \end{bmatrix} \begin{bmatrix} 2\,748 \\ 821\,058 \\ 478\,675 \end{bmatrix} = \begin{bmatrix} 777.01 \\ 7.26 \\ 0.97 \end{bmatrix}$$

（2）随机误差项的方差即为剩余方差 S^2 ：

$$S^2 = \frac{\boldsymbol{Y'Y} - \hat{\boldsymbol{B}}'\boldsymbol{X'Y}}{n-m-1} = \frac{8\,565\,600 - 8\,559\,491}{8-2-1} = \frac{6\,109}{5} = 1\,221.80$$

（3）复可决系数为

$$r^2 = \frac{\hat{\boldsymbol{B}}'\boldsymbol{X'Y} - n\bar{y}^2}{\boldsymbol{Y'Y} - n\bar{y}^2} = \frac{8\,559\,491 - 8\times574.6}{8\,565\,600 - 8\times574.6} = \frac{8\,554\,894.2}{8\,561\,003.2} = 0.999\,3$$

修正的复可决系数为

$$\overline{r^2} = 1 - (1-r^2)\times\frac{n-1}{n-m-1} = 1 - (1-0.999\,3)\times\frac{8-1}{8-2-1} = 0.999\,0$$

（4）各回归系数的 t 统计量为

$$t_{b_1} = \frac{B_1}{\sqrt{S^2 C_{11}}} = \frac{7.26}{\sqrt{1\,221.80\times0.006\,36}} = 2.60$$

$$t_{b_2} = \frac{B_2}{\sqrt{S^2 C_{22}}} = \frac{0.97}{\sqrt{1\,221.80\times0.063\,86}} = 0.11$$

（5）整个回归方程的显著性检验，即检验假设 $H_0:\beta_1 = \beta_2 = 0$ 是否成立，F 统计量为

$$F = \frac{(\hat{\boldsymbol{B}}'\boldsymbol{X'Y} - n\bar{y}^2)/m}{(\boldsymbol{Y'Y} - \hat{\boldsymbol{B}}'\boldsymbol{X'Y})/(n-m-1)} = \frac{8\,559\,491 - 4\,596.8}{6\,109}\times\frac{5}{2} = 3\,500.94$$

由 $\alpha = 0.05$ ，查 F 分布表知临界值：$F_{0.05}(2,5) = 5.79$ 。则有

$$F = 3\,500.94 > 5.79 = F_{0.05}(2,5)$$

故拒绝假设 $H_0:\beta_1 = \beta_2 = 0$ ，由此可知所得的二元线性回归方程有显著的意义，y 与 x_1、x_2 存在着线性关系。

（6）当居民人数 150 万人、人均年收入 6 万元时的电话机门数为

$$\hat{\boldsymbol{Y}}_0 = \boldsymbol{X}_0\hat{\boldsymbol{B}} = \begin{bmatrix} 1, & 150, & 6 \end{bmatrix}\begin{bmatrix} 777.01 \\ 7.26 \\ 6 \end{bmatrix} = 1\,871.83 \text{（百门）}$$

20．证明：

$$\text{左} = F = \frac{\sum(\hat{y}-\bar{y})^2/m}{\sum(y-\hat{y})^2/(n-m-1)} = \frac{\dfrac{\sum(\hat{y}-\bar{y})^2}{\sum(y-\bar{y})^2}}{\dfrac{\sum(y-\hat{y})^2}{\sum(y-\bar{y})^2}}\times\frac{n-m-1}{m}$$

$$= \frac{\dfrac{\sum(\hat{y}-\bar{y})^2}{\sum(y-\bar{y})^2}}{\dfrac{\sum(y-\bar{y})^2 - \sum(\hat{y}-\bar{y})^2}{\sum(y-\bar{y})^2}}\times\frac{n-m-1}{m} = \frac{\dfrac{\sum(\hat{y}-\bar{y})^2}{\sum(y-\bar{y})^2}}{1 - \dfrac{\sum(\hat{y}-\bar{y})^2}{\sum(y-\bar{y})^2}}\times\frac{n-m-1}{m}$$

$$= \frac{r^2}{1-r^2}\times\frac{n-m-1}{m} = \text{右}$$

证毕。

21．解：

（1）由双曲线函数方程：$\hat{y}=b_0+b_1\dfrac{1}{x}$

令：$x'=\dfrac{1}{x}$

则得到转换的线性回归方程：$\hat{y}=b_0+b_1x'$

双曲线回归计算表

超 市 编 号	x	y	x'	$x'y$	x'^2	y^2	$\hat{y}$	$(y-\hat{y})^2$
1	1	8.5	1.000 0	8.500 0	1.000 0	72.25	9.249 5	0.561 8
2	2	7.3	0.500 0	3.650 0	0.250 0	53.29	6.337 1	0.927 2
3	3	6.4	0.333 3	2.133 1	0.111 1	40.96	5.366 2	1.068 7
4	4	5.7	0.250 0	1.425 0	0.062 5	32.49	4.880 8	0.671 1
5	5	4.5	0.200 0	0.900 0	0.040 0	20.25	4.589 6	0.008 0
6	6	4.0	0.166 7	0.666 8	0.027 8	16.00	4.395 4	0.156 3
7	7	3.8	0.142 9	0.543 0	0.020 4	14.44	4.256 7	0.208 6
8	8	3.6	0.125 0	0.450 0	0.015 6	12.96	4.152 7	0.305 5
9	9	3.5	0.111 1	0.388 9	0.012 3	12.25	4.071 8	0.327 0
合计	—	47.3	2.829 0	18.656 8	1.539 7	274.89	—	4.234 2

$$b_1=\frac{n\sum x'y-\sum x'\sum y}{n\sum x'^2-(\sum x')^2}=\frac{9\times18.656\,8-2.829\,0\times47.3}{9\times1.539\,7-2.829\,0^2}=\frac{34.099\,5}{5.854\,1}=5.824\,9$$

$$b_0=\frac{\sum y}{n}-b_1\frac{\sum x'}{n}=\frac{47.3}{9}-5.824\,9\times\frac{2.829\,0}{9}=3.424\,6$$

得到 $\hat{y}=3.424\,6+5.824\,9x'$

双曲线回归方程为 $\hat{y}=3.424\,6+5.824\,9\dfrac{1}{x}$

（2）当某超市计划明年商品销售额为9.8百万元时，流通费用率的预测值为

$$\hat{y}=3.424\,6+5.824\,9\times\frac{1}{9.8}=4.019\,0\%$$

（3）相关指数为

$$R=\sqrt{1-\frac{\sum(y-\hat{y})^2}{\sum(y-\bar{y})^2}}$$
$$=\sqrt{1-\frac{\sum(y-\hat{y})^2}{\sum y^2-\frac{1}{n}(\sum y)^2}}$$
$$=\sqrt{1-\frac{4.234\,2}{274.89-\frac{1}{9}\times47.3^2}}$$
$$=0.916\,0$$

计算结果说明该曲线回归方程拟合度较高。

22．解：

（1）

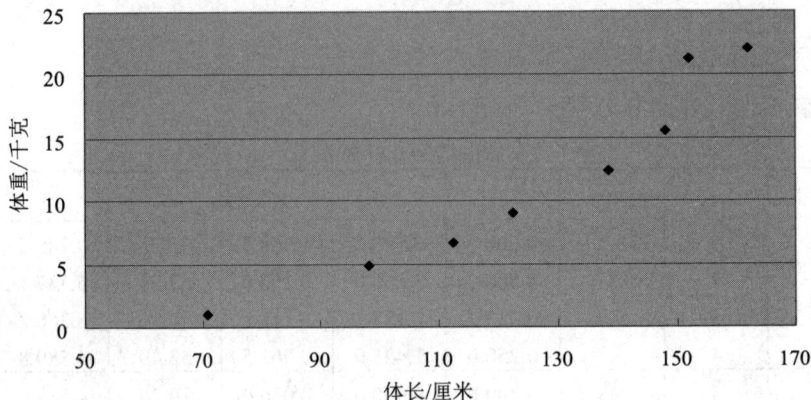

根据散点图可以看到，图形比较接近幂函数曲线，因此采用幂函数方程：

$$\hat{y} = b_0 x^{b_1}$$

对方程两边取对数后得：$\lg \hat{y} = \lg b_0 + b_1 \lg x$

令：$\hat{y}' = \lg \hat{y}$，$b_0' = \lg b_0$，$x' = \lg x$

则得到转换的线性回归方程：$\hat{y}' = b_0' + b_1 x'$

曲线回归计算表

序号	x	y	x'	y'	x'^2	$x'y'$	y^2	$\hat{y}$	$(y-\hat{y})^2$
1	70.70	1.00	1.849 4	0	3.420 3	0	1.000 0	1.165 1	0.027 3
2	98.25	4.85	1.992 3	0.685 7	3.969 3	1.366 1	23.522 5	3.864 2	0.971 8
3	112.57	6.59	2.051 4	0.818 9	4.208 2	1.679 9	43.428 1	6.343 9	0.060 6
4	122.48	9.01	2.088 1	0.954 7	4.360 2	1.993 5	81.180 1	8.627 1	0.146 6
5	138.46	12.34	2.141 3	1.091 3	4.585 2	2.336 8	152.275 6	13.487 0	1.315 6
6	148.00	15.50	2.170 3	1.190 3	4.710 2	2.583 3	240.250 0	17.192 9	2.865 9
7	152.00	21.25	2.181 8	1.327 4	4.760 3	2.896 1	451.562 5	18.947 3	5.302 4
8	162.00	22.11	2.209 5	1.344 6	4.881 9	2.970 9	488.852 1	23.898 4	3.198 4
合计	1 004.46	92.65	16.684 1	7.412 9	34.895 6	15.826 6	1 482.070 9	—	13.888 6

$$b_1 = \frac{n\sum x'y' - \sum x' \sum y'}{n\sum x'^2 - \left(\sum x'\right)^2} = \frac{8 \times 15.826\,6 - 16.684\,1 \times 7.412\,9}{8 \times 34.895\,6 - 16.684\,1^2} = \frac{2.935\,2}{0.805\,6} = 3.643\,5$$

$$b_0' = \frac{\sum y'}{n} - b_1 \frac{\sum x'}{n} = \frac{7.412\,9}{8} - 3.643\,5 \times \frac{16.684\,1}{8} = -6.672\,0$$

得到 $\hat{y}' = -6.672\,0 + 3.643\,5 x'$

即 $\lg \hat{y} = -6.672\,0 + 3.643\,5 \lg x$

曲线回归方程为 $\hat{y} = 2.128\,1 \times 10^{-7} x^{3.643\,5}$

（2）相关指数为

$$R = \sqrt{1 - \frac{\sum(y - \hat{y})^2}{\sum(y - \overline{y})^2}} = \sqrt{1 - \frac{\sum(y - \hat{y})^2}{\sum y^2 - \frac{1}{n}\left(\sum y\right)^2}}$$

$$= \sqrt{1 - \frac{13.888\,6}{1\,482.070\,9 - \frac{1}{8} \times 92.65^2}}$$

$$= 0.982\,9$$

计算结果说明该曲线回归方程拟合度较高。